本书受河南大学哲学社会科学创新团队培育计划：“哲学创新与当代中国社会发展研究”（编号：2019CXTD001）资助。

马克思

《1857—1858 年经济学手稿》的历史观

THE HISTORICAL VIEW IN

ECONOMIC MANUSCRIPTS OF 1857-1858 OF KARL MARX

王建刚　著

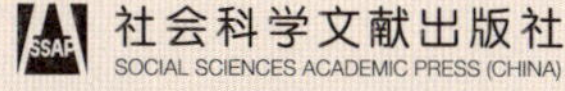
社会科学文献出版社
SOCIAL SCIENCES ACADEMIC PRESS (CHINA)

内容简介

《1857—1858年经济学手稿》是马克思花费了15年黄金时间研究政治经济学的成果，被学术界普遍认为是《资本论》的第一稿，其内容博大精深，既包含丰富的经济学思想，也包含丰富的哲学思想，尤其是历史观思想。在这部手稿中，马克思借助于经济学的话语和研究方法，分别从人的发展与社会历史形式、科学技术与历史发展，以及前资本主义社会历史形式的比较三个层面出发，为我们全面呈现了唯物史观的发展图景。因此，从文本学的研究视域出发，探寻和还原马克思在《1857—1858年经济学手稿》中的历史观思想，对于我们在当下全面呈现马克思经济学手稿中历史观的本来面貌，抵御历史虚无主义错误思潮的侵扰，进一步丰富和发展唯物主义历史观的基本理论，具有重要的理论价值和实践意义。

全书共分七个部分。第一部分是导论部分，重点谈了本书的选题缘由、意义、研究现状、研究方法及创新点，以及与本书研究相关的概念和本书历史观研究思想的整体概述。本书研究的是马克思的历史观，因此，在研究前厘清与历史观相关的概念，以及科学区分这些概念之间的内在差异，对于我们在研究过程中避免犯概念含糊、概念误用的常识性错误，具有重要的意义。

第二部分是《1857—1858年经济学手稿》之前马克思历史观的逻辑嬗变。这一部分主要探讨了马克思在《1857—1858年经济学手稿》之前，对历史观研究的基本概况。共分三节：第一节是《1857—1858年经济学手稿》之前马克思历史观的理论来源。在理论来源上，本书重点从三个层面来谈，第一个层面是最直接理论来源，即黑格尔的历史观思想；第二个层面是重要理论来源，即费尔巴哈的历史观思想；第三个层面是一般理论来源，即英国古典政治经济学家、三大空想社会主义者，以及法国复辟时期历史学家的历史观思想。第二节是《1857—1858年经济学手稿》之前马克思历史观的理论进路。主要探讨了马克思在《1857—1858年经济学手稿》之前历史观的演变历程。通过探讨和分析，不难发现，马克思这一时期的历史观，在理论进路上，主要经历了从以自我意识为核心的观念史观，到政治异化史观、异化劳动史观，再到唯物史观的长期逻辑演变。第三节是《1857—1858年经济学手稿》之前马克思历史观的理论反思。这一节主要分析了《1857—1858年经济学手稿》之前马克思历史观研究的主要特点，以及研究存在的理论空场。

第三部分是人的发展与社会历史形式。这一部分主要探讨了经济学意义上的人的发展，与三种社会历史形式之间的关系。共分四节：第一节指出人是历史主体的经济学确证，即从经济学的层面出发，系统考察了人在历史活动过程中的主体性作用，以及经济学因素对历史主体自身发展的影响。第二节是"人的依赖关系"的社会历史形式。重点考察了"人的依赖关系"的社会历史形式的形成、生产特性以及基本内涵。第三节是"物的依赖关系"的社会历史形式。重点考察了"物的依赖关系"的社会历史形式的形成、生产特性以及基本内涵。第四节是"人的自由全面发展"的社会历史形式。重点考察了马克思对这种社会历史形式的最初研究、《1857—1858年经济学手稿》对这一社会历史形式本质内涵的全面论述，以及这种社会历史形式的实现路径等问题。

第四部分是科学技术与历史发展。这一部分主要探讨了科学技术作为生产力的重要组成部分，对历史发展起着至关重要的推动作用，是历史发展的动力。共分三节：第一节是科学技术与历史发展关系的初步考察。重点考察了马克思之前的学者，以及马克思本人对科学技术与历史发展关系的最初认识。第二节是历史发展的动力。主要探讨了生产力与生产关系的矛盾运动推动历史的发展，是历史发展的内在动力。第三节是科学技术推动历史的发展。主要探讨了科学技术作为生产力的重要组成部分，是如何通过推动生产力的发展，而推动历史发展的。

第五部分是前资本主义社会历史形式的比较。这一部分主要探讨了前资本主义社会的三种社会历史形式，以及它们之间的内在关系。共分三节：第一节是学界关于前资本主义社会历史形式的论争。主要探讨了目前国内外学术界对这一问题研究的基本现状。第二节是马克思对前资本主义社会历史形式的考察。第三节是前资本主义社会三种历史形式的内在比较。主要探讨了前资本主义社会三种历史形式在同一时期和在不同时期之间的内在区别。

第六部分是马克思《1857—1858年经济学手稿》中历史观的当代反思。这一部分共分两节：第一节是马克思《1857—1858年经济学手稿》中历史观的当代价值。主要谈了《1857—1858年经济学手稿》中历史观思想的当代理论价值和实践意义。其理论价值在于：①有利于澄清和纠正各种对马克思历史观的误读和曲解；②有利于进一步丰富和发展马克思的唯物史观；③有利于实现自然观和历史观的辩证统一；④有利于为各门具体的社会科学，提供科学的世界观和方法论。实践意义在于：①有利于推进和加速中国特色社会主义现代化建设；②有利于昭示我们必须以积极主动的态度应对经济全球化。第二节是马克思《1857—1858年经济学手稿》历史观研究的当代启示。主要探讨了《1857—1858年经济学手稿》中的历史观研究，对我们今后研究马克思历史观的一些启示。其启示在于：①对历史观研究必须要认真研读原著，反对篡改和曲解原著；②以发展的眼光看待马克思的历史观，反对将其公式化、教条化；③坚持用唯物史观来指导历史观的研究。

第七部分是结语，对本书的研究作了一个小结，并提出了马克思经济学手稿中历史观思想的研究，在今后马克思的历史观研究中，仍然是一个不容忽略的重要研究课题。

序

前几天，建刚博士把他即将出版的《马克思〈1857－1858 年经济学手稿〉的历史观》的三校清样发送给我，希望我在他的新著出版时写上几句话。建刚博士是我在武汉大学马克思主义学院指导的最后几位博士生之一，他的专业是马克思主义发展史，他的新著就是在博士论文基础上修改而成的。读了他的新著清样，我感到，经过这几年的精心修改，建刚博士对马克思在《1857－1858 年经济学手稿》历史观的研究，无论在学术上还是在思想上都有了显著提高。

马克思的《1857—1858 年经济学手稿》（下简称《手稿》）写于 1857 年 7 月到 1858 年 5 月。《手稿》写作之前 10 年，马克思和恩格斯发表了《共产党宣言》；《手稿》写作之后 10 年，马克思《资本论》第一卷德文第 1 版正式面世。《手稿》是继《共产党宣言》之后马克思思想发展的重要路标，也是马克思向《资本论》进展的思想驿站。

从马克思经济思想发展历史来看，《手稿》是马克思从对以政治经济学理论批判为主的研究，向以政治经济学体系构建为主的理论叙述转变的标志。这一转变的直接成果就是出版于 1859 年的《政治经济学批判》第一分册，最重要的成果就是出版于 1867 年的《资本论》第一卷德文第 1 版。在《手稿》中，马克思第一次对劳动价值论、剩余价值论和资本主义经济运动趋势理论作了较为系统的论述，特别是完成了劳动价值论的科学革命，首次提出剩余价值范畴，初步阐述了剩余价值的来源、生产方式、流通过程和资本主义经济危机等重要问题，《手稿》成为马克思经济学理论创新的重要标识，奠定了《资本论》理论大厦的基石。

《手稿》不仅在马克思经济思想的历史发展中有着重要的地位，而且在马克思整体思想发展中也有着重要的意义。《手稿》涉及马克思关于哲学、政治学、社会学、历史学的一系列重要理论观点，许多重要观点在马克思以后的包括《资本论》在内的著述中，没有再度出现后没有再次直接论及。《手稿》无疑是探索马克思整体思想及其内在联系的历史档案和重要文献。在这些理论中，最为显著的，一是《手稿》提出的人的发展的三大形式理论，这是以人为主体的社会历史发展观，是马克思关于经济的社会形态演进理论的重要内容；二是《手稿》考察的前资本主义社会的各种所有制形式，主要如亚细亚的所有制形式、古代的所有制形式、日耳曼的所有制形式等，展示了马克思理解的“世界历史”的理论视域，彰显了马克思对东方社会理解的理论意蕴；三是《手稿》对异化劳动和资本、机器体系和科学技术的资本主义使用方式和劳动过程的异化、资本主义的普遍化趋势与异化，以及对异化和经济社会危机等问题论述，这是青年马克思思想的赓续，也是理解当代资本主义社会本质的理论指南；四是《手稿》对科学技术是生产力的重要判断、对机器体系的发展及其社会应用意义的理解，凸显了马克思对于科学技术革命社会意义的准确判断、对自动化时代人类文明进步与挑战的天才预测，是马克思留下的弥足珍贵的理论遗产；五是《手稿》对未来共产主义社会的预测，特别是对人的自由而全面发展理论的阐述，对人的现实关系和观念关系的全面性的探讨等，成为全面理解马克思关于未来社会理论的必修读本。

建刚博士的新著，着力于对《手稿》中人的发展与社会历史形式、科学技术与历史发展、前资本主义社会历史形式等三个层面问题的研究，旨在全面呈现马克思唯物史观的发展图景。在《手稿》中，这三个层面的问题同上述提到政治经济学、哲学、历史学和社会学诸多问题紧密地结合在一起。由此可见，建刚的新著力求从马克思《手稿》整体思想上来理解和探析马克思的历史观，以此丰富和发展唯物史观的科学原理和科学精神，展现其中的理论智慧和思想力量。在这些方面，建刚博士的新著做出了可贵的努力，既提出了一些富有创新性的理论观点，也有许多不乏深刻的思想启示。

在这里，对建刚博士新著的出版表示祝贺，也希望建刚博士继续努力，在这一课题研究中再现学术建树。

顾海良

2019 年 7 月 20 日

目录

导　论

一　选题缘由及意义

（一）选题缘由

历史观问题，是西方哲学史研究中的一个既古老而又常新的论题。说它古老，是由于从古希腊荷马和赫西俄德史诗、赫拉克利特、普罗泰戈拉、苏格拉底、柏拉图、亚里士多德、奥古斯丁、笛卡尔、斯宾诺莎，再到康德、费希特、黑格尔、维科、马克思等人都对历史观问题进行了不同程度、不同形式的探讨和研究。说它常新，是因为随着马克思付诸实践概念，提出科学历史观——唯物史观，实现了对历史观问题的革命性和创造性解答以来，不少学者纷纷转向对马克思历史观的研究，以表达不同的理论诉求和现实关切，从而使对马克思历史观的研究逐渐成为马克思主义哲学研究中的一门炙手可热的显学。

我国对马克思历史观的研究始于1919年1月李大钊在《新青年》上发表的《我的马克思主义观》，从那个时候起，国内学者便开始从不同的研究视角探寻和挖掘马克思历史观的理论特质，出版了一系列高质量的学术专著和高水平的学术论文。改革开放以来，我国改变了传统以计划经济为主体的经济建设模式，把市场经济作为社会主义经济建设的核心和法宝，不断推进中国特色社会主义市场经济建设，从而使我国的社会生产力取得了突飞猛进的发展。但是，在社会主义市场经济建设取得恢宏成就的同时，哲学历史观领域也不断凸显一系列新情况、新问题。

比如，生产力与生产关系之间的关系问题、经济基础与上层建筑之间的关系问题、社会主义的历史阶段划分问题等，这些新情况、新问题的解决程度，直接影响中国特色社会主义现代化建设的进程。

基于此种状况，国内学界顺应时代发展需要，开始重点对马克思的历史观，尤其是唯物史观进行了广泛研究，从而促使对马克思历史观的研究成为马克思哲学研究中的一种时尚。有学者开始重新审视马克思哲学的既有解释向度，甚至提出了“马克思哲学是历史哲学”的论断。可以说，目前学界关于马克思历史观的研究正如火如荼、方兴未艾，大有成为马克思哲学研究的主流之势。故此，作为马克思主义研究者，就应当顺应当前学术前沿的发展趋势，积极参与关于马克思历史观研究的理论论争，推动马克思历史哲学的繁荣和发展。

《1857—1858 年经济学手稿》是马克思花费了 15 年黄金时间研究政治经济学的理论结晶，被学术界公认为是《资本论》的第一稿，其内容博大精深，既包含丰富的经济学思想，也包含丰富的哲学思想，尤其是历史观思想。然而，目前国内外学者对马克思历史观的研究，仅仅注重从马克思的哲学著作或政治学著作中来探寻马克思的历史观思想，很少有学者从马克思的经济学手稿，尤其是《1857—1858 年经济学手稿》中挖掘其历史观的本质内涵。这种单一的研究视域，不利于从整体上把握马克思在不同时期历史观思想的基本样态和发展趋势。因此，选择对《1857—1858 年经济学手稿》中的历史观思想进行研究，更能够从整体上呈现和把握马克思历史观的原貌，进一步丰富和发展唯物史观的基本理论。

（二）选题意义

对马克思《1857—1858 年经济学手稿》中的历史观进行研究，归整起来，主要有以下三个方面的研究意义。

（1）有利于从整体上把握马克思主义的思想。在对马克思主义思想的理解和把握上，传统观点通常把德国古典哲学、英国古典政治经济学和法国空想社会主义视为马克思主义的三大理论来源，并相应地将马克思主义理论划分为哲学、政治经济学和科学社会主义三部分，而忽视了马克思主义学说各组成部分之间的内在关联。事实上，在马克思主义思想的形成和发展过程中，三个组成部分之间是内在地、有机地结合在一起的。马克思主义哲学是马克思主义全部学说的理论基础，政治经济学是对马克思主义哲学的运用与证明，科学社会主义既是对马克思主义哲学和政治经济学的运用，又是马克思主义哲学和政治经济学的落脚点，这三个组成部分共同构筑了马克思主义完整的科学体系。

历史观作为马克思主义哲学的核心，是整个马克思主义理论体系的基础。因此，我们要从整体上把握马克思主义的思想，必须要系统、准确、完整地掌握马克思的历史观。然而，由于马克思本人并没有给我们留下系统的历史观理论，这就为后人片面理解马克思的历史观留下了余地和空间。造成诸多学者对马克思历史观的理解仅局限于马克思研究的某个学科领域或某个时期，而忽视了多学科交叉进行研究的理论价值。故此，从马克思的经济学手稿中挖掘马克思的历史观思想，打破学科间绝缘的研究状态，有利于凸显和印证马克思的哲学思想与政治经济学思想之间的内在关联，反驳那些将马克思主义三个组成部分完全对立起来的错误思潮，从整体上把握和还原马克思主义的思想和内在本质。

（2）有利于深化唯物史观的研究。从马克思历史观的形成和发展历程可以看出，马克思历史观的发展大体上经历了理想主义历史观、理念论历史观、人道主义历史观和唯物主义历史观四个层级。其中，唯物主义历史观是马克思历史观发展的高级阶段，是马克思历史观的科学形态，是马克思本人在《德意志意识形态》中明确而肯定地表述过的历史观；同时，它也是中国化马克思主义的哲学基础，是科学的世界观和方法论的统一。其本身所蕴含的唯物辩证法、生产力与生产关系、经济基础与上层建筑等科学理论，为我们正确认识历史现象、科学把握社会历史发展规律，提供了重要的理论指导。

然而，当今社会，科学技术迅猛发展，经济全球化和文化全球化不断凸显，人类正经历着从地域民族历史走向世界历史的发展过程。在这一全球化的发展过程中，各种质疑和否定马克思唯物史观的理论和学说不断涌现，直接影响和威胁了马克思唯物史观的主体地位。因此，面对时代课题，针对马克思唯物史观发展面临的各种挑战，立足于马克思主义的经典文本，以马克思的《1857—1858 年经济学手稿》为研究切入点，反思社会历史发展问题，深入挖掘马克思历史观的思想实质，把握马克思在不同时期历史观变革的真义，无疑会为我们进一步深化唯物史观研究，解决当下的时代问题，提供学术基础和实践指导。

（3）有利于凸显马克思经济学手稿的哲学价值。马克思的经济学手稿是马克思思想的实验室，它不同于《资本论》的正稿，正稿由于受论述主题和出版环境的限制和制约，它的主题无法跳跃，它的内容也无法随着思想的变动而自由驰骋。手稿却不同，手稿是马克思对经济问题研究的初想或构思，在手稿中，随处可见马克思思想的大幅跳跃，从一个主题引申出另一个主题，进而得出令人惊叹的结论。同时，在手稿中，马克思的思想是原生态的，思想的张合和凝聚不受章节的限制，却反映出与世界观的强烈对话。正是具体问题与世界观的不断碰撞导致了马克思思想的发展，手稿的优点就在于真实地再现和还原了马克思当时思想的发展历程。

马克思的《1857—1858 年经济学手稿》长期以来被理论界公认为一部经济学、哲学著作，其经济学价值在马克思政治经济学整体思想中所占据的地位是不言而喻的，然而其哲学价值则长期被理论界忽视和低估。改革开放以来，尽管国内学术界对《1857—1858 年经济学手稿》进行了积极的研究，但研究大多停留于手稿在《资本论》创作史上的地位、意义，手稿的研究方法和结构，以及手稿中的相关经济理论等方面，很少有学者涉及哲学层面，尤其是哲学历史观的研究，即便涉及，也大多停留在手稿某一阶段或某一篇章历史观的研究，没有对整个手稿的历史观思想，进行全面系统的梳理和把握。因此，从整体上对马克思《1857—1858 年经济学手稿》中的历史观思想进行研究，有利于全面还原马克思历史观思想的本真，凸显《1857—1858 年经济学手稿》的哲学价值。

二　研究现状

众所周知，目前国内外学者在研究马克思的《1857—1858 年经济学手稿》时，过多地将注意力放置于对手稿经济思想的研究，很少有学者从哲学历史观层面对手稿进行整体性研究；同样，对马克思历史观思想的研究，国内外学者在研究视域上，也大都将研究的侧重点放置于哲学层面或政治学层面，很少有学者从经济学层面，尤其是从经济学手稿层面全面探寻和挖掘马克思历史观的思想真谛。基于此种研究状况，本书在做文献综述时，将分两个层面展开：一是国内外学者对马克思《1857—1858 年经济学手稿》的研究概况；二是国内外学者对马克思历史观的研究概况。通过两个层面的文献综述，发掘当下马克思《1857—1858 年经济学手稿》和马克思历史观研究的短板，寻求二者研究的内在互通性。

（一）马克思《1857—1858 年经济学手稿》国内外研究相关概况

1. 国外研究相关概况

国外学者对马克思《1857—1858 年经济学手稿》的研究，主要集中于以下几个方面思想的研究：《1857—1858 年经济学手稿》的意义、《1857—1858 年经济学手稿》的结构、《1857—1858 年经济学手稿》的具体经济理论，以及《1857—1858 年经济学手稿》的哲学思想等。

（1）《1857—1858 年经济学手稿》的意义研究。针对《1857—1858 年经济学手稿》的意义，国外学者更多地侧重于其现实意义的研究。英国学者霍布斯鲍姆认为《1857—1858 年经济学手稿》“不仅提供了有关那部连《资本论》也仅仅是其中一部分的专著的唯一全方位指南，还提供了对于成熟马克思的方法论的独特介绍。它包含能使得马克思对资本主义的分析适用于远远大于 19 世纪的范围的分析和洞见。”[①] 意大利学者马塞罗·默斯托认为：“迄今为止，《大纲》的写作已经有150年的历史了。今天，它向我们证明了马克思解释当代世界的持久能力。它将对资本主义历史作用的概述——即资本主义比它以前的任何社会都创造了更加先进和更加国际化的社会——与对阻碍了社会和个人更加全面发展的它的内在矛盾的批判结合了起来。”[②] 意大利学者奈格里认为：“《大纲》一书不仅仅是一本经典性（genetico）的著作，而根本上是一本展望性（prospettico）的著作。”[③]

（2）《1857—1858年经济学手稿》的结构研究。苏联学者伊丽娜·安东诺娃着重考察了《1857—1858年经济学手稿》的结构，她认为：“人们对《1857—1858年经济学手稿》（《大纲》）中马克思的理论阐述的各个方面已作过透彻的研究。但是，仍不能说对手稿的结构尤其是对手稿所制定的方法的考察就很全面了。”“举例来说，在《1857—1858年经济学手稿》中专门的经济学问题与哲学问题的联系，其实要比表现在《资本论》第1卷某些章节的还要密切。在那个时期，哲学阐述的方面涉及物质生产的一般结构问题、它在资产阶级社会内部所处的地位的确定问题，也就是资产阶级社会本身的历史顺序问题。手稿对这个问题的研究占了重要篇幅，在某种意义上说，它决定了手稿的结构特点。”[④]

（3）《1857—1858年经济学手稿》的具体经济理论研究。《1857—1858年经济学手稿》作为《资本论》的重要组成部分，其新的价值在于进一步发展了经济理论的重要方面。基于此，对《1857—1858年经济学手稿》经济理论的研究便成了西方学者研究《1857—1858年经济学手稿》的首要议题。德国学者乌尔里克·加兰德对《1857—1858年经济学手稿》中资本主义社会经济运动规律进行了全面的分析和研究；俄国学

① 杨金海主编《马克思主义研究资料》第5卷，中央编译出版社，2014，第223页。

② 〔意〕马塞罗·默斯托主编《马克思的〈大纲〉——〈政治经济学批判大纲〉150年》，闫月梅等译，中国人民大学出版社，2011，第26页。

③ 〔意〕奈格里：《〈大纲〉：超越马克思的马克思》，张梧、孟丹、王巍译，北京师范大学出版社，2011，第4页。

④ 杨金海主编《马克思主义研究资料》第5卷，中央编译出版社，2014，第171~172页。

者阿·科甘对《1857—1858年经济学手稿》中马克思的货币理论进行了全面分析，认为马克思在《1857—1858年经济学手稿》中对货币理论的论述，“在研究上超出《资本论》的抽象水平范围的重要出发点”。[①] 日本学者内田弘研究了《1857—1858年经济学手稿》中的“资本和利润”的问题。

（4）《1857—1858年经济学手稿》的哲学思想研究。基于《1857—1858年经济学手稿》自身内含丰富的哲学思想，国外学者在对其经济思想进行研究的前提下，也对其哲学思想进行了系统探讨。民主德国学者G. 法比翁克对《1857—1858年经济学手稿》中的哲学方法论进行了研究，认为“政治经济学的认识发展过程和理论展开过程中的两条道路和两种方法的作用问题，即从具体上升到抽象和从抽象上升到具体的作用问题，决不能同马克思的政治经济学的研究方法和叙述方法的关系问题直接混为一谈。”它们“无论从逻辑上或从历史上来说，都是不可分割的唯物辩证统一过程。”[②] 英国学者特雷尔·卡弗研究了《1857—1858年经济学手稿》中的异化概念，认为：“异化概念是《大纲》中的基本概念，马克思在《大纲》中突出强调的不是对象化的状态而是异化、外化和取消的状态，（强调的）不是属于工人而是属于物化为资本的生产条件的巨大的对象化权力这一事实，这种对象化权力把社会劳动本身当作自身的一个要素而置于同自己相对立的地位。”[③]

2. 国内研究相关概况

国内对《1857—1858年经济学手稿》的研究论题主要集中于《1857—1858年经济学手稿》与《资本论》的关系、《1857—1858年经济学手稿》中的哲学思想，以及《1857—1858年经济学手稿》中的相关经济理论等方面。

（1）《1857—1858年经济学手稿》与《资本论》的关系研究。关于

① 杨金海主编《马克思主义研究资料》第5卷，中央编译出版社，2014，第362页。

② 杨金海主编《马克思主义研究资料》第5卷，中央编译出版社，2014，第178~179页。

③ 杨金海主编《马克思主义研究资料》第5卷，中央编译出版社，2014，第415~416页。

《1857—1858 年经济学手稿》与《资本论》之间的关系，目前国内学术界存在两种不同的观点，第一种观点认为：《1857—1858 年经济学手稿》是《资本论》的重要组成部分，是《资本论》的第一稿。当前持此种观点的学者居多，尤以中央编译局的张钟朴先生和苏州大学的朱炳元教授为代表。第二种观点认为：《1857—1858 年经济学手稿》不是《资本论》的第一稿，但《1857—1858 年经济学手稿》对于全面理解和研究《资本论》具有重要意义。我国著名经济学家顾海良教授持此种观点。他认为："马克思《1857—1858 年经济学手稿》和《1861-1863 年经济学手稿》是以'政治经济学批判'为题并按照'六册计划'撰写的经济学手稿。这两部手稿长期被看作是《资本论》第 1 稿和第 2 稿，这显然是不很确切的。这两部手稿并不是按照《资本论》的结构撰写的，甚至马克思那时还没有意识到要撰写以《资本论》为标题的经济学著作。"①

（2）《1857—1858 年经济学手稿》的哲学思想研究。目前，国内学术界关于《1857—1858 年经济学手稿》的哲学思想的研究，可谓仁者见仁、智者见智。但研究主要集中于《1857—1858 年经济学手稿》中的唯物史观思想。复旦大学的孙承叔教授和北京大学的王东教授在这方面做了深入研究，他们于 1988 年合作撰写的《对〈资本论〉历史观沉思（现代历史哲学构想）》一书，首次探讨了《1857—1858 年经济学手稿》中的历史哲学思想，对马克思历史观的制高点进行了重新审视。之后，孙承叔教授又出版了专著《真正的马克思——〈资本论〉三大手稿的当代意义》和《资本与历史唯物主义：〈资本论〉及其手稿当代解读》，进一步探讨了《1857—1858 年经济学手稿》中的历史唯物主义思想，在他看来，《1857—1858 年经济学手稿》所凸显的马克思的历史观是一种现代史观，只有"坚持马克思的现代史观，并把马克思的现代史观看作马克思哲学的最高表现，我们才能真正理解马克思。也就是说，马克思一生奋斗的目标不是为了建立某种普遍规律的体系，而是要解决

① 顾海良：《马克思经济学手稿中的思想精粹》，《光明日报》2015 年 2 月 4 日。

当下人的生存问题。”[①] 可见，孙承叔教授从一种新的视角也即生存论的视角，探讨了《1857—1858 年经济学手稿》中的历史哲学思想，为我们进一步研究《1857—1858 年经济学手稿》中的历史观思想提供了有益的借鉴和启示。中国人民大学的安启念教授针对《1857—1858 年经济学手稿》与唯物史观之间的关系问题，也提出了自己的看法，他认为：“马克思政治经济学研究的基本方法是什么？毫无疑问，是唯物史观。”[②] 此外，南京大学的张一兵教授，对《1857—1858 年经济学手稿》中的“货币章”进行了哲学解读，探究了其内含的历史现象学思想。清华大学的杨兴业教授和邹广文教授同样也对《1857—1858 年经济学手稿》中的“货币章”进行了哲学解读，探讨了货币的本质观，彰显了马克思货币本质观所体现的唯物史观的价值诉求。

（3）《1857—1858 年经济学手稿》中的相关经济理论研究。国内学者对《1857—1858 年经济学手稿》中的相关经济理论研究，主要集中于《1857—1858 年经济学手稿》中的生产力理论、《1857—1858 年经济学手稿》经济学解读的新视域，以及经济形态、本源共同体等问题的研究。针对《1857—1858 年经济学手稿》中的生产力理论，我国著名的马克思主义经济学家顾海良教授和杭州大学的汪斌教授都发表了自己独特的看法。顾海良教授重点探讨了生产力的重要地位，以及科学技术与生产力之间的内在关系，他指出：“在马克思看来，对资本主义这一特定社会经济形态的研究，离开对生产力发展状态的研究，离开对生产力和生产关系矛盾运动的研究，是不可能得出任何科学结论的。”“由科学在生产中的应用而产生的‘动因的力量’，成为社会生产力提高的第一要素。”[③] 在重点研究了《1857—1858 年经济学手稿》中生产力理论的基

① 孙承叔：《资本与历史唯物主义：〈资本论〉及其手稿当代解读》，复旦大学出版社，2013，第 4 页。

② 安启念：《从〈1857-1858 年经济学手稿〉看马克思的唯物史观》，《中国社会科学报》2013 年 12 月 13 日。

③ 顾海良：《神奇与腐朽：生产力和科学的资本主义利用形式——马克思〈1857-1858 年经济学手稿〉研究》，《〈资本论〉与当代经济》1993 年第 3 期。

础上，顾海良教授还探讨了《1857—1858 年经济学手稿》经济学解读的新视域问题，他立足于《马克思恩格斯文集》第 8 卷摘选评价，提出了自己独特的观点，他认为“马克思经济学手稿已经成为马克思经济学研究的重要方面。特别是《政治经济学批判（1857-1858 手稿）》和《政治经济学批判（1861-1863 手稿）》，无论对马克思经济思想史还是对《资本论》创作史研究，都有着重要的意义……对马克思三部经济学手稿的选编，特别是对《政治经济学批判（1857-1858 手稿）》的摘选，展示了马克思经济学和马克思整体思想研究的宽广视域，显示了对马克思经济学手稿的新读解取向。”① 武汉大学的颜鹏飞教授探讨了《1857—1858 年经济学手稿》中的经济形态问题，尤其是关于共产主义经济形态的特征。他认为生产力的全面发展，社会个人的关系和能力的普遍性和全面性以及时间节约是共产主义经济形态的最新特征。②

（二）马克思历史观国内外研究相关概况

1. 国外研究相关概况

近几年来，国外学者对马克思的历史观进行了较为深入和全面的研究，并取得了一系列丰硕的研究成果。归整国外学者对马克思历史观的研究，概括起来主要包括三大方面的研究议题：关于马克思历史观的论争、关于马克思历史观的创造性理解研究，以及马克思历史观的前途命运的研究。

（1）关于马克思历史观的论争。关于马克思历史观的论争，国外学者持有两种较为鲜明的态度：一种是肯定支持的态度，另一种是否定怀疑的态度。列宁对马克思的历史观持支持肯定的态度，列宁称马克思社会历史理论为“科学的社会学”，“唯一的科学的历史观”和“社会科学的唯一科学方法即唯物主义的方法”。分析的马克思主义的代表人物科

① 顾海良：《马克思经济学手稿读解的新视域》，《马克思主义与现实》2012 年第 3 期。

② 参见颜鹏飞《〈1857-1858 年经济学手稿〉研究——关于共产主义经济形态之特征》，《经济评论》1992 年第 5 期。

恩（或译柯亨）对马克思的历史观也持肯定支持的态度，同时他对马克思的历史理论进行了补充和论证，并注入了新的思想内容，丰富了马克思的社会历史理论。他认为，历史唯物主义总体上正确，但是不能把唯物主义原则过分夸大。因此，科恩主张一种受到限制的历史唯物主义。在他看来，受到限制的历史唯物主义在能及的范围上更适度。科恩的理解和主张符合恩格斯的“没有肯定过比这更多的东西”的思想。日裔美籍学者弗朗西斯·福山则对马克思的历史观持有否定怀疑的态度，他认为历史终结于资本主义的自由民主制度，这种终结也可以理解为一种制度和文化达到了高峰。同时，他还从苏联解体、东欧剧变的事件中，指出共产主义的终结，提出西方资本主义社会制度是人类终结的社会制度。

（2）关于马克思历史观的创造性理解研究。西方马克思主义者卢卡奇、葛兰西、哈贝马斯等人都对马克思的历史观进行了创造性理解，并结合时代特点做出了自己的解释。首先，卢卡奇将马克思的历史观创造性地理解为“总体论”的历史观，他在《历史与阶级意识》这部著作中声称：“不是经济动机在历史解释中的首要地位，而是总体的观点，使马克思主义同资产阶级科学有决定性的区别。”[①] 这一解释直接颠覆了强调经济首要性的历史唯物主义基本原理。其次，葛兰西把马克思的历史观理解为“实践论”的历史观。他把马克思主义哲学称为“实践哲学”，认为历史过程中首要的是人的创造性和能动性精神而不是经济基础。马克思主义的辩证法强调人的实践活动的重要性，历史只不过是人的活动的历史，人的主观意志是历史过程的重要组成部分，历史的必然性离开了人的主观能动性也就无从体现。最后，哈贝马斯的“重建论”历史观。他在《重建历史唯物主义》一书中认为：“历史唯物主义只有通过重建，才能成为一种富有生命力的普遍的社会进化理论。”[②] 哈贝马斯从

---

① 〔匈〕卢卡奇：《历史与阶级意识》，王伟光、张峰译，重庆出版社，1989，第79页。

② 参见〔德〕哈贝马斯《重建历史唯物主义》，郭官义译，社会科学文献出版社，2000，第4页。

社会发展的基础角度，说明了社会发展的动力已由物质生产变为社会交往。因此，他形成了一套以交往理论为基础的框架的社会交往理论，从而对历史唯物主义进行了重建。

（3）关于马克思历史观的前途命运的研究。苏东剧变以后，社会主义在世界范围内的发展遭受极大挫折。苏联社会主义的覆灭，给马克思历史观的前途和命运予以了重大打击。马克思的历史观是否科学、是否能够真正揭示和预测历史发展的基本规律，这些问题已成为时代发展不可回避的重大现实问题。针对马克思历史观的前途命运问题，雅克·德里达进行了深刻的研究，并出版了专著《马克思的幽灵：债务国家、哀悼活动和新国际》。在这本著作中，德里达认为："从一个完全不同的方面说，马克思主义的命运如何的确已是一个摆在和我们同处一个时代的绝大多数年轻人面前的问题了。同样的问题已经被提出过了，但提问的方式完全不同。并且就提问的内容而言，今天晚上正在引起共鸣的东西也与以往有所不同。"[①] 由此可见，人们所关注的马克思主义的命运，包括马克思历史观的命运，在当代没有形成一个完整的成熟的答案。那么，马克思主义的前途命运以及马克思历史观的前途命运又将如何呢？德里达指出，马克思主义是不会消逝的，也不可能死去。马克思主义在现实社会的前途命运是坎坷曲折的，马克思历史观具有和马克思主义同样的命运。

2. 国内研究相关概况

国内学者对马克思历史观的研究，主要围绕马克思历史观产生的理论渊源、马克思历史观的本质，以及马克思历史观的当代价值等问题展开。

（1）马克思历史观产生的理论渊源研究。关于马克思历史观产生的理论渊源，国内学者进行了广泛的研究，并出版和发表了一系列学术成果。中国人民大学的陈先达教授在其专著《走向历史的深处——马克思

---

① 〔德〕雅克·德里达：《马克思的幽灵：债务国家、哀悼活动和新国际》，中国人民大学出版社，1999，第23页。

历史观研究》一书中，探讨了马克思历史观产生的理论渊源，他认为马克思的历史观是对19世纪西欧社会理论优秀成果的综合吸收，“但就其主要来源说，是德国古典哲学、英国古典政治经济学、19世纪三大空想社会主义思潮综合起作用的结果。”[①] 中国人民大学的段忠桥教授也在其著作《重释历史唯物主义》中，专门就马克思历史观产生的理论渊源做了较为深入的研究。他认为：“马克思历史观的理论渊源主要包括18世纪法国唯物主义者、古典政治经济学家、19世纪空想社会主义者、复辟时代法国历史学家、黑格尔、费尔巴哈等人在社会历史观方面的积极成果。”[②] 综合国内学者对马克思历史观产生的理论渊源所做的科学探讨，不难发现，马克思历史观的产生，吸收和继承了德国古典哲学家、英国古典政治经济学家，以及19世纪空想社会主义者等对历史观研究的积极成果。

（2）马克思历史观的本质研究。关于马克思历史观的本质研究，学术界的讨论异常活跃，并取得了一定的研究成果。目前国内学术界对马克思历史观本质的认定，共形成了三种具有代表性的观点。第一种观点认为马克思的历史观在本质上是社会历史观。中国人民大学陈先达教授持这种观点。他在其论文《论唯物主义历史观的本质与当代价值》中认为：“马克思主义历史唯物主义的最伟大发现不是对人的发现，而是对社会规律的发现。”[③] 第二种观点认为马克思的历史观在本质上是科学的历史研究范式。中国人民大学郝立新教授持这种观点。他在其论文《马克思历史观的本质》一文中指出：“马克思在历史认识领域所实现的伟大变革之一，就是扬弃了传统决定论与非决定论的对立，超越了旧的历史观范式的局限性，从而确立了科学的历史研究范式。”[④] 第三种观点认为马克思的历史观在本质上是一种生成论的历史观。黑龙江大学郭艳君

① 陈先达：《走向历史的深处——马克思历史观研究》，中国人民大学出版社，2006，第19页。

② 段忠桥：《重释历史唯物主义》，江苏人民出版社，2009，第21页。

③ 陈先达：《论唯物主义历史观的本质与当代价值》，《高校理论战线》2002年第5期。

④ 郝立新：《马克思历史观的本质》，《教学与研究》1990年第1期。

副教授持这种观点。他在其论文《马克思历史观的生成论本质》中认为:"马克思历史观既不是决定论的,也不是选择论的,就其本质而言是生成论的。"①

(3)马克思历史观的当代价值研究。关于马克思历史观的当代价值研究,国内学者研究比较深刻。但研究主要集中于两个层面:一个是学术层面的价值,另一个是国家社会发展层面的价值。学术层面的价值研究比较突出的是云南师范大学的刘化军教授,他从历史观与马克思哲学,以及马克思主义理论体系之间的关系出发来探讨其当代价值,他认为:"时至今日,马克思主义唯物史观依然具有重要的理论和实践价值,唯物史观对于观察、分析和解决当今重大理论实践问题依然具有指导性的意义,在新的历史条件下仍然凸显强有力的解释力、批判力和说服力,在当代仍然是不可超越的。"② 对国家社会发展层面的价值研究比较突出的是中国人民大学的陈先达教授,他从社会科学的发展,以及国家的前途命运角度出发,探讨马克思历史观的当代价值,他认为:"历史唯物主义在当代是不可超越的,是观察当代世界的科学理论和方法,事关社会主义国家的前途和命运。"③

(三)国内外学者目前研究存在的不足

通过以上国内外学者对马克思《1857—1858 年经济学手稿》和马克思历史观研究基本概况的梳理,我们可以看出,目前国内外学者已经对马克思的《1857—1858 年经济学手稿》和马克思的历史观进行了较为全面和深刻的研究,并取得了一系列丰硕的研究成果。但是,对马克思的《1857—1858 年经济学手稿》和马克思的历史观研究仍然存在不足。归整这些不足,主要表现在以下三个方面。

---

① 郭艳君:《马克思历史观的生成论本质》,《学习与探索》2010 年第 3 期。

② 刘化军:《社群主义方法论的批判性分析——兼论唯物史观的当代价值》,科学出版社,2013,第 191~192 页。

③ 陈先达:《论唯物主义历史观的本质与当代价值》,《高校理论战线》2002 年第 5 期。

第一，研究态度不够积极。通过以上综述及研究统计，我们不难发现，目前国内外学者对马克思《1857—1858年经济学手稿》的研究态度不够积极，研究视域也比较凌乱和分散，没有形成气候。近几年来，对于《1857—1858年经济学手稿》的研究，国内外学者出版的学术专著只有意大利学者奈格里著的《〈大纲〉：超越马克思的马克思》（北京师范大学出版社，2011年版），顾海良著的《马克思"不惑之年"的思考》（中国人民大学出版社，1993年版），黄晓武主编的《〈1857-1858年经济学手稿〉研究》（中央编译出版社，2014年版），韩秉新、雷红霞合著的《（导言）摘自1857-1858年经济学手稿释义》（新疆人民出版社，1986年版）4部；发表的高质量学术论文不足60篇。同样，由于受20世纪90年代东欧剧变、苏联解体后，国外诸多专家和学者全盘否定马克思历史观的价值，提出马克思历史观过时论的观点的影响，近些年来，国内外学者对马克思历史观研究的积极性也有所降低。

第二，研究视角不够全面。通过以上文献综述可以看出，近些年来，国内外学者对马克思《1857—1858年经济学手稿》的研究，在研究思路上，过多地将研究视角定位于对《1857—1858年经济学手稿》经济思想、结构等方面的研究，很少有学者去挖掘其哲学思想或政治学思想，尤其是其哲学历史观思想。对马克思历史观的研究同样如此，学者们也是大多将研究视角定位于哲学著作或政治学著作中，很少有学者去涉猎经济学著作，尤其是经济学手稿中的哲学思想。这种单一的研究视角是极其片面的，因为它忽视了经济学和哲学两大学科之间的内在关联，否定了马克思主义思想的整体性。因此，在当下对马克思历史观的研究，必须要更新研究视角，既要站在学科交叉的角度，寻求经济学和哲学两大学科内在的互通性，又要改变传统对马克思历史观研究视角的单一性。唯有如此，我们才能够从整体上多维度审视和全面把握马克思的历史观，呈现马克思历史观的本来面貌。

第三，多重理论诉求研究不够深入。任何一种理论能够得以存在的活力，就在于其对当代社会发展的指导。然而，目前，国内外学者对马克思《1857—1858 年经济学手稿》的研究，过多地侧重于对其形成结构、形成时间、基本经济思想、理论意义等方面的研究，而忽略了对其当代性的研究；对马克思历史观的研究同样也是如此，仅仅将研究重点放置于马克思历史观产生的条件、理论来源、主要内容及理论意义等方面，而忽略了对马克思历史观多重理论诉求和当代启示的研究。因此，在当下对马克思《1857—1858 年经济学手稿》和马克思历史观的研究，必须要转变研究理念，将研究重点倾向于对其多重理论诉求和当代价值的研究，唯有如此，才能够更完满地把握其思想的理论特质，充分展示其思想的当代性和可行性。

三　本书的研究方法及创新点

（一）本书的研究方法

本书在撰写过程中，主要采用文本解读法、系统研究法、逻辑与历史相统一的方法、理论与实践相统一的方法、比较分析法，以及“新文化史”的研究方法。

（1）文本解读法

文本解读法的核心在于拒斥一切外在的权威理解，回到文本本身，认真对文本做详尽的分析和审慎的解读，体味它的本真之义。文本解读法对于马克思主义的研究、特别是对马克思经济学手稿中关于历史观问题的研究，具有特别重要的意义。因为当前国内对马克思历史观以及经济学手稿的研究，存在这样一种误向，即有些人不是通过研究马克思的经典原著来解读马克思的思想，而是依托于其他经典作家对马克思思想的解读来佐证马克思的思想，或者完全靠二手资料来诠释马克思的思想。这种做法难免会脱离马克思思想的研究语境，篡改或误读马克思思想的本真。所以，只有回归文本、深耕文本，才能够真正走近马克思，还原马克思思想的本真。故此，本书在研究过程中采用文本解读法，并将其贯穿于全书的始终。

（2）系统研究法

系统研究法是指在对自然界和人类社会进行研究时，要从组成事物整体的各个部分的相互联系中把握事物的结构、功能和特性。这种研究方法与其他社会科学的研究方法相比，具有更大的优越性。因为它不仅包含分析、综合、归纳、演绎等逻辑手段，而且还将其与现代科学理论——计算技术融为一体。同时，在研究过程中，它不仅将研究对象置于历史的纵的方向来考察，而且又将其置于与其他事物横向联系的大系统中来考察。因而，它更能够完美地揭示和呈现事物的内在本质。

毋庸置疑，针对马克思的历史观思想，马克思本人在其经典著作中，并没有做过系统性的论述。故此，国内外一些学者便依据这一历史事实，立足于马克思经典文本的部分章节，片面地界定马克思历史观的思想内涵，从而得出不同版本的历史观思想。显然，国内外学者这种研究马克思历史观的方法是不科学的。尽管马克思在其经典文本中对历史观问题没有做过系统论述，但这并不意味着马克思没有历史观思想。马克思在其一生的革命和实践过程中，在不同的历史时期，都对历史观问题进行过思考，其思想散落于大量的经典著作中，包括哲学、政治经济学和科学社会主义早中期的著作。因此，对马克思历史观的全面把握，不能只依靠几部哲学著作或者经济学著作，而是要利用系统研究法，将哲学著作和经济学著作结合起来，进行全景式考察，系统梳理。唯有如此，才能够从整体上把握马克思历史观的本真，还原马克思历史观的全貌。

（3）逻辑与历史相统一的方法

逻辑与历史相统一的方法是马克思分析和研究问题的基本方法。逻辑的方法，就是通过概念、范畴的逻辑演绎来揭示客观事物的本质和规律。历史的方法，就是按照历史发展的进程来揭示事物的发展过程及其内在规律。逻辑是凝缩了的历史，历史则是展开了的逻辑。马克思的历史观不是现成的而是生成的，不是凝固不变的而是发展变化的。因此，研究马克思的历史观，必须要采用逻辑与历史相统一的方法，深入具体的历史背景与特殊的文化语境去考察马克思历史观的生成，全面把握马克思历史观的多重理论诉求。唯有如此，才能正确揭示人类社会历史发展的基本规律。

（4）理论与实践相统一的方法

所谓理论与实践相统一的方法，就是指在马克思科学理论指导下，从实际出发占有材料，经过分析研究，从中找出规律并用于指导我们的行动，且在实践活动中使理论得到验证和发展。马克思创立的历史观是马克思进行理论研究与革命实践双重探索的过程。因此，我们研究它的时候，既要阅读分析它的基本理论，同时又要把握其基本理论和实践相结合的过程。相反，如果我们在研究过程中只重视理论，而忽视实践，就会使我们在研究过程中陷入本本主义错误；如果我们在研究过程中只重视实践而忽视理论，就会使我们在研究过程中失去方向，犯盲动主义错误。因此，在当下对马克思的历史观进行研究，必须要既注重理论又注重实践，坚持理论与实践相统一。唯有如此，我们才能够从本质上更全面准确地把握马克思历史观的理论要旨及其当代价值。

（5）比较分析法

比较分析法是自然科学和社会科学研究中常用的一种研究方法，它是指通过对事物异同点的比较，区别事物，达到对事物本质的深入了解和认识。一般情况下，这种研究方法可以分为两种，即横向比较法和纵向比较法。马克思历史观的形成，是一个长期演进的历史过程，其在不同时期都对同一个历史问题有所认识。因此，我们在研究马克思的历史观时，必须要运用比较分析的研究方法，科学比较马克思在不同时期或同一时期对同一历史问题的认识，坚持横向比较和纵向比较的有机结合。唯有如此，我们才能够科学把握马克思对同一历史问题认识的演变逻辑，全面掌握马克思历史观的思想本质。

（6）“新文化史”的研究方法

“新文化史”的研究方法是美国历史学教授艾尔曼提出的，就是将社会史和思想史结合起来研究思想发展史。因为思想的进程和历史的进程是并行的，是随着历史的发展而发展的；思想从来是历史的思想，离开历史，进步的可以说成反动的，正确的可以说成错误的。新文化史的研究方法不同于社会史的研究方法，其在研究方法上最大的贡献在于推动了历史解释方式的变化，使历史的解释方式从因果分析转向意义阐释。马克思的《1857—1858 年经济学手稿》，融合了马克思的经济思想史和哲学历史观思想。因此，对马克思《1857—1858 年经济学手稿》中的历史观思想进行研究，我们必须要采取“新文化史”的研究方法。只有采用这种研究方法，才能够将历史观思想的发展，放置于其经济思想史发展的过程中进行全面考量，才能够更深刻地把握马克思历史观运作的整体复杂性，科学图示其在《1857—1858 年经济学手稿》中的历史观原像。

（二）本书的创新点

本书的创新点主要体现在以下三个方面。

（1）研究视域的创新。传统学界对马克思历史观的研究，在研究视域上只注重从哲学或政治学层面来把握马克思历史观的本质内涵，很少有学者从经济学，尤其是经济学手稿中探寻马克思历史观的原像。本书在研究过程中突破了传统学界研究视域的局限，即在对马克思历史观的研究过程中，既注重从哲学或政治学层面来把握马克思的历史观，又注重从经济学层面来把握马克思的历史观，更注重从哲学和经济学学科交叉的层面来把握马克思的历史观，实现了对马克思历史观研究视域的创新。

（2）研究方法的创新。本书在研究过程中，除了采用传统的文本解读法、系统研究法，以及比较分析法等研究方法之外，还尝试着采用了“新文化史”的研究方法。“新文化史”的研究方法是目前历史学界凸显的研究历史观的新的方法。它注重从社会史与思想史的内在统一中把握历史观的本质内涵。《1857—1858 年经济学手稿》既是一部政治经济学思想史，同时也是一部社会发展史。因此，在对其历史观的研究过程中，采用“新文化史”的研究方法，将政治经济学思想史与社会发展史结合起来，更能从本质上全面展示马克思历史观发展的基本历程。

（3）研究观点的创新。本书在系统阐述《1857—1858年经济学手稿》中谈到的人的发展与社会历史形式、科学技术与历史发展等唯物主义历史观思想的基础上，尝试着运用比较分析的研究方法，全面系统地比较了前资本主义社会的三种历史形式，在不同时期或同一时期之间的内在差异，并指出劳动主体与劳动客体的结合或分离，是前资本主义社会三种历史形式发展演变的根本原因。这一观点的提出，为我们进一步研究马克思经济学手稿中的历史观思想，提供了全新的研究视角。

四　概念厘清

（一）历史与历史观

（1）历史

历史概念是马克思历史唯物主义的核心概念，对历史概念进行科学的阐释和界定，是理解马克思历史观的前提条件。然而，到底何为历史？历史在其本质内涵上又为何物？这个问题历来是历史学家、经济学家和哲学家争论不休的根本问题。

不言而喻，在历史学家的视域中，历史通常被看成在时间维度上依次更替的社会事件或社会现象，是已经发生和完成的事实。作为历史学家，其存在的根本任务就是如实地记载那些已经完成的客观事实。故此，在他们看来，历史学从其本质上来讲，就是一门根据一定的事实线索或价值偏好客观呈现和描述历史事实的学问。可以认为，这种对历史概念的阐释，仅仅只是一种记叙性的历史话语，未能从本质上碰触和涉猎历史概念的基本内涵。

古典政治经济学家也对历史概念有过尝试性的描述，其中以斯密尤为突出，斯密对历史概念理解的特性，在于首次将历史放置于独立的经济生活领域。在他看来，经济生活的线索已不再只是一种政治发展史的陪衬，而已经展开为一种独立的社会生活研究的理论平台，只有在经济生活领域观察和研究历史，才能够真正把握历史的本质内涵。

然而，斯密的这种理解也是不完善的，比如，在他的视野中，历史还不是一个完整的社会总体。不但经济线索没有被置于基础地位，而且经济与政治、道德、法等各种社会要素自身的发展也是相互独立的、互不相干的。总而言之，斯密对历史概念的理解，未能从事实上发现不同时期经济阶段更替之间的内在真实动力，也即没有真正把握和描述历史的基质。

在历史学家和经济学家对历史概念理解的基础上，哲学家摒弃了历史学家和经济学家仅仅只对既有历史事实进行简单直观描述和孤僻从某一领域界定历史概念的局限，注重从哲学层面来阐释历史概念，即将对历史概念的理解放置于对既有历史事实背后的本质和本源的追问和反思。毋庸置疑，从哲学史发展的基本脉络来看，德国古典哲学家尤其是黑格尔特别注重从这一层面来界定历史概念，在黑格尔看来，人类历史是“绝对理念”或“世界精神”的外化或显现，是一个合理的过程；历史的本质是作为绝对精神展开自身的表现，绝对精神在其最初的发展阶段便包含历史的全部内容，历史是由绝对精神创造的。历史事件的更迭或纷乱，是“绝对理念”自己为完善自己而设置的“狡计”。不难看出，在黑格尔那里，历史被纳入一个逻辑的进程，理性本身就隐藏和包含历史，它凸显自身的过程就是人们见到的世界历史的进展。由此可见，黑格尔的历史概念，是一种思辨的纯粹抽象原则，他的历史的过程性被生生地限定在他的“辩证的逻辑”框架中。历史的理性原则成为世界历史的精神内核和动力。因而黑格尔的历史概念完全是一个哲学本体论的概念。

作为黑格尔哲学思想的批判和继承者，马克思在高度评价黑格尔为世界历史所创造的全面结构的基础上，批判地吸收和继承了黑格尔历史是辩证发展的过程的观点。但是，马克思的历史概念在根本性原则上超越了黑格尔的历史概念，因而在学理上绝不可以将马克思的历史概念，按照黑格尔的方式或某种变相的黑格尔的方式去理解。和黑格尔这种对历史概念作神秘化的唯心主义理解相反，马克思立足于客观的现实，把历史的基础归结为客观的人类物质生产活动，或者说马克思的历史逻辑是物质生产基础上的实实在在的人类历史客观的“自然进程”。因此，我们对马克思历史概念的科学诠释，不能仅将其界定在哲学层面，要拓展研究视域，回归马克思进行经济学研究的语境，科学阐释其本质内涵。

通过对马克思撰写经济学著作和研究经济思路的分析，我们不难发现，马克思不同于传统唯心主义者对历史概念考察点的抽象解读，而是将对历史概念的考察点，放置于活生生的资本主义的经济现实。虽然其历史概念有对整个人类史的溯及能力，但这一概念的萌发之处是资本主义社会的工业生产和商品交换的现实状况。也就是说，马克思历史概念的产生是马克思对英国和法国古典政治经济学潜心研读和思考的结果。在《1844年经济学哲学手稿》中，马克思谈到了他对历史概念的基本认识，他认为：“历史本身是自然史的一个现实部分，即自然界生成为人这一过程的一个现实部分。”① 在本质上，它“不外是人通过人的劳动而诞生的过程，是自然界对人来说的生成过程。”② 由此可见，在马克思看来，自然、社会和历史是统一的整体。理解历史概念，必须要从人类史和自然史内在的关联出发，并将其二者有机地结合起来，从人与自然界之间交融互动的发展过程中，探寻历史概念的本质内涵。

（2）历史观

一般而言，历史观又称社会史观，是人们对社会历史的根本观点和总的看法，是世界观的组成部分。但是，由于人们的社会地位、社会环境、教育背景，以及观察问题的角度等各方面的不同，就促使人们在看待社会历史时，形成了各种不同形式的历史观。

历史观有广义和狭义之分。广义历史观包括人们的自然史观和人类史观。在《德意志意识形态》中，马克思和恩格斯系统地论述了历史观的广义性。他们认为：“我们仅仅知道一门唯一的科学，即历史科学。历史可以从两方面来考察，可以把它划分为自然史和人类史。但这两方

---

① 《马克思恩格斯文集》第1卷，人民出版社，2009，第194页。

② 《马克思恩格斯文集》第1卷，人民出版社，2009，第196页。

面是不可分割的；只要有人存在，自然史和人类史就彼此相互制约。”[①] 此外，早在《1844年经济学哲学手稿》中，马克思同样也论述过这一观点，他指出：“全部历史是为了使‘人’成为感性意识的对象和使‘人作为人’的需要成为需要而作准备的历史（发展的历史）。历史本身是自然史的一个现实部分，即自然界生成为人这一过程的一个现实部分。”[②] 显然，马克思在这里谈的“全部历史”就是广义的历史观，它涵盖了自然史和人类史两部分。

狭义的历史观在概念的外延上，不同于广义的历史观，它仅仅指人类史观。马克思和恩格斯在《德意志意识形态》中也进行了相应的论述，他们将在《德意志意识形态》中论述的唯物主义历史观称为狭义的历史观，在他们看来：“我们需要深入研究的是人类史，因为几乎整个意识形态不是曲解人类史，就是完全抛开人类史。”[③]

总之，作为一般历史哲学理论的历史观，从其本质上讲，不是指人们对特定历史环境条件下，历史发展中某个具体阶段或某个具体事件的具体观点，而是指人们对历史发展过程的总的认识和根本观点。

（二）唯物史观与唯心史观

（1）唯物史观

何为唯物史观？马克思在其经典著作尤其是《德意志意识形态》中尽管谈到和论述了唯物史观的某些基本原理，但他并未对唯物史观的本质内涵作一科学的界定。恩格斯在《卡尔·马克思〈政治经济学批判·第一分册〉》中把马克思的历史观概括为唯物史观，他指出：“从这个观点来看，在充分认识了该阶段社会经济状况（而我们那些专业历史编纂学家当然完全没有这种认识）的条件下，一切历史现象都可以用最简单的方法来说明，同样，每一历史时期的观念和思想也可以极其简单地

---

① 《马克思恩格斯文集》第1卷，人民出版社，2009，第516页。

② 《马克思恩格斯文集》第1卷，人民出版社，2009，第194页。

③ 《马克思恩格斯文集》第1卷，人民出版社，2009，第519页。

由这一时期的经济的生活条件以及由这些条件决定的社会关系和政治关系来说明。历史破天荒第一次被置于它的真正基础上；一个很明显的而以前完全被人忽略的事实，即人们首先必须吃、喝、住、穿，就是说首先必须劳动，然后才能争取统治，从事政治、宗教和哲学等等，——这一很明显的事实在历史上的应有之义此时终于获得了承认。”[①] 显然可以看出，在恩格斯的视域中，唯物史观就是一种认识人类社会历史发展规律的方法论。

继恩格斯之后，第二国际的马克思主义理论家针对唯物史观的本质内涵也进行了系列论述，其中尤以拉法格、梅林、考茨基、伯恩斯坦等最为代表。作为 19 世纪末 20 世纪初法国和国际工人运动的著名活动家，法国工人党和第二国际的主要创建人之一的拉法格，他在批判法国思想家让·饶勒斯对唯物史观错误理解的基础上，根据当时意识形态领域内的新特征，并结合当时科学和哲学发展的基本状况，专门撰写了《马克思的经济唯物主义》、《唯心史观和唯物史观》和《马克思的唯物主义和康德的唯心主义》等重要著作，对马克思的唯物史观进行了独到的阐释。1894 年 12 月，法国思想家让·饶勒斯在对其著作《唯心史观和唯物史观》的演讲中，提出唯心史观和唯物史观是可以综合的，在这种综合中找出社会发展的动力才是有意义的，而非要找出物质和意识谁为第一性毫无意义，他把社会发展的动力归结为“博爱和正义的概念”。拉法格揭露和批判了让·饶勒斯的错误理论，认为对唯物史观的理解应该从论证唯物史观产生的历史必然性和对以狄尔泰为代表的思想家否定历史规律的批判两个方面展开。在拉法格的著作中，唯物史观有专门的称谓，“经济决定论或唯物史观、历史唯物主义、经济唯物主义都是意义相同的说法。”[②] 显然，拉法格用“经济决定论”或“经济唯物主义”等概念来表述马克思的唯物史观是不科学的，但是他把马克思的唯物史

---

① 《马克思恩格斯选集》第 3 卷，人民出版社，1995，第 334~335 页。

② 〔法〕拉法格：《思想起源论：卡尔·马克思的经济决定论》，王子野译，生活·读书·新知三联书店，1963，第 221 页。

观理解为科学的社会历史观和方法论是正确的。

梅林作为第二国际时期“唯一的哲学通”，也对马克思的唯物史观进行了最一般意义上的解读。他在《论历史唯物主义》一文中，继续沿袭费尔巴哈的哲学思想，把马克思的唯物史观看作形式上区别于先前的唯物主义，是对自然科学唯物主义的补充。依据梅林的观点，自然科学唯物主义并不是它本身应当受到批判，而是因为它有时所呈现的一些畸形的形式应当受到批判。原因就在于唯物史观和自然科学唯物主义在本质上的差别仅仅是形式上的。不难看出，梅林对马克思唯物史观的解读，混淆了马克思唯物史观与以费尔巴哈为代表的自然科学唯物主义的本质区别，带有浓厚的自然主义倾向。这种纯理论逻辑形式的解读，淡化或忽略了马克思唯物史观的本质性，因此，梅林不可能真正揭示马克思唯物史观的本质内涵。

作为第二国际时期最具争议性的思想家，考茨基摒弃了以往理论家解读历史社会主义的伦理学倾向，注重从科学精神层面来阐释，把马克思的唯物史观视为一种实证科学。他在六卷本的《唯物主义历史观》一书中谈到了唯物主义历史观的本质，在他看来，唯物史观是马克思有关历史、经济研究的“总的结果”，是其“用来作为指导研究工作的指针。”① 不难看出，在这里，考茨基立足于方法论意义的角度，将马克思唯物史观的本质界定为一种“嵌在他们的方法之中的”非教义式的理论体系，凸显了马克思唯物史观的本质内涵，但是，他这种解读忽略了唯物史观的理论特质，最终会走上方法论上的折中主义。

爱德华·伯恩斯坦对马克思唯物史观的解读是作为同时期马克思主义发展过程中不能不涉及的一部分。他是在对当时国内外庸俗经济决定论进行有力批判的基础上，来阐释马克思唯物史观的本质的。他认为对于马克思唯物史观的理解，人们容易轻视其观念并夸大其物质因素的作用，这样的理解无疑会对社会主义运动造成极大的危害。同时，他还认

---

① 参见〔德〕卡尔·考茨基《唯物主义历史观》（第一分册），　　　译，上海人民出版社，1964，第23页。

为对唯物史观的理解过多地强调物质因素的作用，容易走向宿命论和独断论。因此，在他看来，社会历史是多种因素相互作用的结果，对唯物史观的理解必须要充分考虑物质力量和思想力量的相互作用，马克思的唯物史观更多的是关于根本法则的历史观。由此可见，伯恩斯坦所理解的唯物史观已经不再是纯粹的唯物史观，而是旨在强调精神因素和思想力量在社会历史发展中的作用，是一种折中主义的唯物史观。

综观恩格斯以及第二国际理论家对马克思唯物史观的论述，我们可以看出，马克思的唯物史观在本质上是一种立足于唯物主义基础之上的科学的社会历史观，是人们改造社会的一般方法论。

（2）唯心史观

唯心史观是指一种与唯物史观相对立的历史观，通常情况下我们一般把它的概念外延界定为马克思主义之前的历史观。尽管长期以来，我们对唯心史观在认识上一直持否定态度，将其理解为一种错误的、不科学的历史观。但从比较性研究方面考虑，我们非常有必要对其概念内涵在新的角度上给予科学界定。

追溯唯心史观的历史发展脉络，不难发现，其发展主要经历了古希腊时期的英雄史观、中世纪时期的神本史观、文艺复兴时期的人本史观、近代时期的理性史观的长期逻辑演变。

古希腊时期的英雄史观是在古希腊特定的自然条件和社会条件下萌发的。我们所称的“古希腊”世界，是在更古的希腊人的被人遗忘的废墟上兴起的。史称的古希腊人已经不是希腊的土著，而是公元前2000年前后由多瑙河下游“在连续的海浪中”南移来的印欧语族，这个民族长期进行着民族迁徙活动。迁徙充满着饥饿和病痛的磨炼，又有不断的冲突和残杀，必然具有敢于冒险、无所畏惧的英雄气概；长途跋涉、海上漂泊再加上频繁的战争，促使他们极其需要既有组织领导能力，又能驾驭全局和应付事变的领袖人物。惊心动魄的历史以及在这种历史中成长起来的大智大勇的“头人”成为他们心目中的大英雄。同时，这个民族为了自身的生存，还经常进行海外殖民活动，族人也十分崇尚竞技和争强好斗。

总之，民族迁徙的冒险精神，海外殖民的开拓意识，竞技活动的强者心理，再加上城邦的民主制度，使个人的自然素质、智慧和才能对社会发展起着决定性的作用，造就了英雄史观的呈现。英雄史观把社会发展的决定力量归结为英雄——“哲学王”“至善者”“超人”。认为社会控制的铁掌在英雄那里，社会理想化的关键在于培养和选拔这样的英雄。这种英雄史观过分崇尚个人在社会发展过程中的力量，忽视社会发展的基本规律以及群众在历史发展过程中的主体性地位，因此在本质上是不科学的。

中世纪时期，宗教哲学盛行，人们信奉神或上帝，认为神或上帝具有无穷大的力量，决定着自然、人类自身以及社会的存在和发展。这种认识所构筑的历史观就是神本史观。神本史观是欧洲人认识社会、改造社会中的产物，作为神本史观中的“神”或者“上帝”源于人类实践中的两股基本力量：一是人类有无尽追求并在无限中方能满足欲望的特性；二是人自身和人生活于其中的自然、社会限制着人类需求的满足，使人不能如愿以偿；这两种力量交互作用，使得人求生存而又认识到死亡的必然，求自由而又处处受到限制；这就必然出现人对自身、自然和人类社会的超越——把人和自然提升为神，把社会提升为天国。一旦提升完成，一种新的社会，与人和世俗社会相对立的宗教社会便得以建构。

总之，神本史观在本质上以上帝存在为理论前提，论证了上帝与自然、社会和人类行为之间的各方面的关系，回答了社会向何处去，人类的最终命运如何等问题，为人类对未知社会的实现寻找了一种心灵依托。但是，神本史观建立在上帝存在这一虚设的前提下，注定了它的发展演变过程是自我否定的过程。因此，其在本质上仍然属于唯心史观。

到了 14 世纪，资本主义生产方式开始在封建社会这个孱弱的母体中躁动，社会发展的客观现实，要求人的生存困境亟须突破。正如恩格斯所说，这个时代，“是一个需要巨人而且产生了巨人——在思维能力、激情和性格方面，在多才多艺和学识渊博方面的巨人的时代。”① 顺应时代发展的需要，以崇尚人本主义精神，张扬人的个性的文艺复兴运动，便在资本主义生产方式发展较为成熟的意大利展开。文艺复兴运动倡导注重人的行为自由和现实享乐的人本史观，排挤和拒斥宗教的神本史观。人本史观由于其产生的特殊时代，其不得不面临排除上帝的影响，确立人的中心地位，弘扬完整的人性的特殊任务。

故此，我们可以看到这样的现象，人本史观和神本史观都讲神和人，但是二者讲神和人的目的是不同的，神本史观讲人是为了显示神的全知全能；人本史观讲神是为了说明人，说明人的美、人的自由、人的价值、人的尊严等，把人抬高到神的地位上去。显而易见，人本史观注重对自我世界的关注和对自我现实的追求，同时，又企及于将对自我世界的关注和自我实现的追求，扩展到对整个世界的关注，把天国理想变为尘世理想。可见，人本史观在本质上仅仅只注重人之主体的发展和实现，而忽视了整个世界的整体联系，是不科学的。

18世纪末19世纪初的德国古典哲学，崇尚理性，并把理性作为社会历史观的概念范畴，提出了理性历史观。但是，德国哲学家在诠释理性概念时又提出了客观理性和主观理性之分，这就使理性史观出现了两个不同的理论形态。即主观理性史观和客观理性史观。主观理性史观产生于17世纪，繁荣于18世纪，它探讨了人的情感和理性、个人理性和社会理性、理性与社会环境、理性与物质利益的关系，回答了前人提出而未能给予回答的人的卑劣与高贵、伟大与渺小的根源，以及社会理想化的主观依据。客观理性史观产生于德国古典哲学，德国古典哲学家们也崇尚理性，但他们又把主观理性史观宣扬为主观理性，即主观上的“应该”变成客观的、超验的“应该”，把它说成历史发展的基础、根本动力或必然道路，形成了客观理性史观。当他们用所谓客观理性解释社会发展的时候，历史就被涂上了令人迷惑的色彩；而当他们用客观理性

① 《马克思恩格斯选集》第4卷，人民出版社，1995，第262页。

统摄社会现实，使社会现实理想化时，又显得十分虚弱和胆怯。显然，这种理性历史观自身不乏内含革命的火种，但这种火种被德国古典哲学的思辨体系伪装包裹起来，让世人几乎无法察觉，再加上唯心主义在德国的复辟，使这种历史观本身无法摆脱唯心主义的特性。

综观马克思之前唯心史观的发展脉络和演变历程，不难发现，马克思之前的唯心史观，它不是简单地从属于某一个哲学流派，但它们有一个共同特性，正是由于这一特性，它们才被冠以唯心史观这一总称。它们的共同特性就像恩格斯指出的那样，在于一种具有共性的作为方法论原则的观念基础，即“一切历史变动的最终原因，应当到人们变动着的思想中去寻求。”[①]

（三）历史学与历史哲学的历史理解模式

对历史的理解，目前存在两种模式，即历史学的理解模式和历史哲学的理解模式。历史学的理解模式是由历史学家完成的。他们对历史的理解主要在于把历史理解为时间演化的过程，即认为历史是由历史学家记录下来的，对过去发生的事情的叙述。这种对历史的理解侧重于强调历史的客观性。詹姆斯·哈威·鲁滨逊在他的《新史学》中特别强调，历史学家最重要的任务，首先在于如实地记载前人确实做过的事情和确实说过的话，而不管是怎样的言行。不难看出，由此出发所理解的历史，只不过是对人类发展过程所做的客观记录。但由于每一个记录者在记录时难免会受他所处的时代、历史条件以及自身的目的性和倾向性的限制，因此，他所做的记录并非真实可靠的记录。针对此问题，黑格尔早在兰克之前就曾经明确指出，“忠实地把握历史的东西是首要的条件，但是，在‘忠实地’和‘把握’这样的普遍性表述中包含歧义。即使寻常的、平庸的历史学家，虽然他认为并且装作自己仅仅抱着一种接受的态度，仅仅致力于现存的东西，他的思想也不是消极的，他带来了自己的范畴，

① 《马克思恩格斯选集》第3卷，人民出版社，1995，第334页。

用这些范畴来观察现存的东西。真实的东西并不在感性的表面上。尤其是在一切居科学之名的场合里，理性都不可以沉睡着，反思必须得到运用。谁用理性的目光来看世界，世界就对他也是显出合理性的样子。二者的关系是交互的。”[①] 这就意味着历史学家不可能、也没有必要把一切事实都一一记录下来，他也必然按照自己的标准进行选择、剪裁，纯粹客观的历史是无意义的，也是不存在的。

历史哲学的理解模式，不同于历史学家的理解模式，它是由历史哲学家来完成的，即认为对历史的理解不应该局限于对历史现象和事实的记述，以及资料的整理上，而要通过对历史现象的反思，透过历史现象外在的、偶然的联系，深入历史进程的内部，从中挖掘出历史发展的内在本质以及必然联系，进而从整体上把握整个历史发展的客观进程。历史哲学的理解模式，通常被区分为思辨的历史哲学模式和分析批判的历史哲学模式。思辨的历史哲学模式，在理解历史时，试图在历史中（在事件的过程中）发现一种超出一般历史学家视野之外的模式或意义，它主要探讨的是历史演变的动力、历史演变的过程和历史演变的规律等问题，这种探讨属于历史本体论领域。分析批判的历史哲学模式，不同于思辨的历史哲学模式，它所探讨的是历史认识或历史理解的性质等基本问题。其探讨的目的在于划定历史研究在知识的地图上应占有什么样的位置，属于历史认识论领域。这种划分历史哲学的方法是英国的历史哲学家沃尔什在他的代表作《历史哲学：导论》一书中首先提出来的。他认为，在我们所进行的实际历史研究过程中，有自然哲学和科学哲学两个与我们正在做出的区分相应的研究术语，尽管它们并不总是以严格的准确性在使用着。前一个术语所关注的是研究自然事件的实际过程，着眼于构造一种宇宙论或者是作为一个整体来说明自然界。后一个术语的任务则是对科学思维的过程进行反思，检查科学家们所使用的基本概念以及这类的问题。也就是说，针对前一个术语的学科是一种思辨的学科，

---

① 〔德〕黑格尔：《历史中的理性》，霍夫麦斯特编，汉堡1995年，第31页。转引自李秋零《德国哲人视野中的历史》，中国人民大学出版社，1994，第7页。

后一个术语所对应的学科则是一种批判的学科。

五　马克思《1857—1858 年经济学手稿》中的历史观概述

《1857—1858 年经济学手稿》是马克思花费了 15 年黄金时间，深入研究政治经济学的理论结晶，主要由“导言”、“货币章”和“资本章”三个重要部分构成，三个部分之间相互联结，在内容上不仅包含丰富的经济学思想，而且也包含丰富的哲学思想，尤其是哲学历史观思想。其涵盖的历史观思想主要包括以下几个方面。

（一）“导言”和“货币章”：人的发展与社会历史形式

“导言”写于 1857 年 8 月底，是马克思专门论述政治经济学的研究对象和研究方法的重要篇章，但它同时也是一部重要的哲学著作。在“导言”中，马克思除了详细地论述了研究方法、叙述方法、历史与逻辑的方法等政治经济学的研究方法之外，还在批判卢梭、斯密、李嘉图、蒲鲁东等人抽象地认识历史主体的基础上，从生产的社会性、生产的一般与特殊形式、生产关系内诸要素之间的相互关系，以及物质资料生产对精神生产的制约性等方面出发，概括地表达了唯物史观对物质资料生产的本质和作用的看法，以及人作为历史主体的社会性问题。为其在“货币章”中，科学阐释人的发展与社会历史形式的演变，提供了重要的理论前提。

“货币章”是马克思探讨劳动价值论的重要章节，在这一章，马克思除了第一次从商品价值的内在规定上，推导出货币的起源和本质，从而使货币理论建立在科学的劳动价值论基础上之外，还在坚持唯物史观基本原则的状况下，重点谈了人的发展与三大社会历史形式之间的关系问题。在马克思看来，人的发展存在三大阶段，也即“人的依赖关系”阶段、“以物的依赖性为基础的人的独立性”阶段和“个人的全面发展”阶段，这三大阶段在不同时期的发展，构筑了不同的社会历史形式，也即“人的依赖关系”的社会历史形式、“物的依赖关系”的社会历史形式和“人的自由全面发展”的社会历史形式。因此，人的发展与社会历史形式之间存在不可分割的内在关联，人的发展的层次性，直接影响着社会历史形式的变革；社会历史形式的变革，又推动着人自身向更高层次的发展。

（二）“货币章”和“资本章”：科学技术与历史发展

在《1857—1858年经济学手稿》的“货币章”和“资本章”中，马克思首先探讨了历史的发展动力问题。在他看来，生产力决定生产关系，生产力与生产关系之间的矛盾运动推动历史的发展，是历史发展的唯一动力，生产力的变革会直接影响历史的发展。

随后，马克思又探讨了科学技术对生产力的变革，尤其是社会历史发展的重要作用。在马克思看来，科学技术作为生产力组成部分的一个重要因素，其在资本主义生产过程中的广泛运用，直接调整了劳动主体对劳动客体的控制关系，推动了生产力的发展；然而，生产力的发展又会引起社会历史的变革，因此，科学技术在历史的运行、发展、演进过程中起着至关重要的作用，从某种程度上讲，它直接推动着历史的发展。

（三）“资本章”：前资本主义社会不同历史形式的比较

“资本章”是《1857—1858年经济学手稿》的重要篇章，占据了《1857—1858年经济学手稿》的大部分篇幅。在这一章中，马克思第一次对资本主义经济运动过程进行了透彻的分析，创立了科学的剩余价值理论。同时，他还在这一章的“资本主义生产以前的各种形式”一节，花费了大量笔墨，依据劳动主体与劳动客体的结合和分离关系，系统探讨了前资本主义的三种社会历史形式，也即“亚细亚的”、“古代的”和“日耳曼的”社会历史形式。

然而，马克思对前资本主义社会历史形式的探讨不仅仅只开始或停留于《1857—1858年经济学手稿》时期，在《德意志意识形态》时期和晚年时期，马克思也都从不同程度、不同侧面对前资本主义的社会历史形式进行了探讨。因此，系统梳理马克思在不同时期或同一时期对前资本主义社会历史形式研究的成果，科学比较它们之间的内在差异，为我们在新的形势下，全面把握社会历史形式演进的基本规律，坚持和发展唯物史观的基本内涵，提供了一把真正的钥匙。

第一章 《1857—1858年经济学手稿》之前马克思历史观的逻辑嬗变

第一节 《1857—1858年经济学手稿》之前马克思历史观的理论来源

任何一种先进理论的产生都不是一蹴而就的，都是在批判和继承前人先进理论的基础上形成的，都有其产生的理论来源。《1857—1858年经济学手稿》之前马克思历史观的形成同样如此，也有其自身的理论来源。从对马克思经典文本的系统分析，不难发现，《1857—1858年经济学手稿》之前马克思历史观的形成，主要是在批判和继承黑格尔、费尔巴哈以及18世纪法国唯物主义者、古典政治经济学家、19世纪空想社会主义者、复辟时代法国历史学家等在历史观方面的积极成果的基础上形成的。根据这些传统历史观对马克思历史观形成的理论影响程度，可以把它们划分为马克思历史观形成的最直接理论来源、重要理论来源和一般理论来源。

一 最直接理论来源——黑格尔的历史观

黑格尔是德国古典哲学时期最伟大的哲学家，针对历史观问题，他在《历史哲学》中提出了许多合理的思想，甚至是精辟的见解，为《1857—1858年经济学手稿》之前马克思历史观的形成提供了最直接的理论来源。恩格斯曾经明确地说过，黑格尔“是第一个想证明历史中有一种发展、有一种内在联系的人，尽管他的历史哲学中的许多东西现在在我们看来十分古怪，如果把他的前辈，甚至把那些在他以后敢于对历史作总的思考的人同他相比，他的基本观点的宏伟，就是在今天也还值得钦佩。在《现象学》《美学》《哲学史》中，到处贯穿着这种宏伟的历史观，到处是历史地、在同历史的一定的（虽然是抽象地歪曲了的）联系中来处理材料的。这个划时代的历史观是新的唯物主义观点的直接的理论前提"①。那么，黑格尔对马克思历史观形成的影响，主要体现在哪些方面呢？

首先，黑格尔的哲学思想影响了马克思对哲学的研究。1836年10月22日，马克思在柏林大学最初是攻读法律专业的，他想通过对法律的研习进行哲学思考，试图创造出一种法的哲学，以求解决德国出现的种种社会生活问题。但当他为这一法的哲学撰写形而上学的导言时，现实的东西和应有的东西之间的对立，使其无法克服。康德和费希特的哲学思想尽管在某种程度上极大地启发了他，但是他们的思想是抽象的体系，就像几何一样，由公理到结论，不可能解决其所面临的困惑。黑格尔哲学当时在柏林占据着统治地位，他把德国唯心主义哲学尤其是费希特和谢林的哲学结合为一个包罗万象的体系，把整个自然界、历史和精神世界看作一个不断运动、变化和发展的过程来进行研究。面对这种哲学所凸显出来的极大吸引力，马克思开始放弃其原先的浪漫唯心主义，在爱德华·甘斯的引导下，逐渐转向信仰黑格尔哲学，以求利用黑格尔哲学来解决其所遇到的精神危机。

但是，从马克思在大学期间撰写《德谟克利特的自然哲学和伊壁鸠鲁的自然哲学的差别》（以下简称《博士论文》）到《莱茵报》时期发表的相关政论性文章，可以看出，马克思并不是一个正统的黑格尔主义者，他对黑格尔的哲学思想尤其是历史观思想，是随着其对社会问题认识的不断加深而发生变化的，他继承了黑格尔历史观思想的合理成分，

① 《马克思恩格斯选集》第2卷，人民出版社，1995，第42页。

但是又背离和超越了黑格尔的历史观思想，不断向新的历史观靠拢。《德意志意识形态》的问世，标志着马克思同黑格尔的唯心主义历史观彻底决裂，逐渐转向一种新的历史观。因此，从马克思的哲学创作过程可以看出，《1857—1858年经济学手稿》之前马克思历史观的形成既是从黑格尔哲学出发，又是同它脱离的过程。

其次，黑格尔将辩证法运用于对历史的认识，直接影响了马克思。马克思指出："唯物主义历史观及其在现代的无产阶级和资产阶级之间的阶级斗争上的特别应用，只有借助于辩证法才有可能。"① 不难看出，在马克思看来，人类的历史是辩证法的历史，而历史观念的辩证法只不过是社会历史的客观辩证法在人脑中的主观反映而已。因此，只有将辩证法运用于对历史的认识，才能够建立科学的历史观理论体系。没有辩证法，唯物史观的产生是不可想象的。黑格尔关于历史必然性的观点，关于劳动是人自我实现和自我创造的观点，关于矛盾是事物发展动力的观点等，对马克思科学揭示历史自身的辩证发展过程起到了良好的诱导作用。

黑格尔十分注重将辩证法运用于对历史的认识过程中，他是第一个用辩证法的观点来对待历史的。他把一切社会现象都放到历史发展的过程中，即从这些现象的产生、发展和灭亡之中去考察，这正是黑格尔的历史观比前人历史观的高明之处。在他看来，人类社会的发展是服从一定的规律的，历史人物的表面动机和真实动机都不是历史事变的最终原因，在这些动机的后面，还有应当加以探索的动力。他力求揭示历史运动的有规律的过程，并且到某些不以人的意志为转移的力量中去寻找历史运动的解释。这些思想无疑是深刻的。

但是黑格尔在社会历史观方面的这些贡献最终又都淹没在他的唯心主义体系中，因为他最后把历史发展的最终动力归结为"民族精神""时代精神"，认为它们才是一切社会制度、政治制度、宗教观点、伦理

① 《马克思恩格斯文集》第3卷，人民出版社，2009，第495页。

道德观点的最终决定者。显然，这种历史辩证法淡化和磨灭了历史中的物质因素，使思辨范畴的具体性和客观性受到弱化。因为历史是人的有目的的自觉活动，人们自己创造自己的历史，其创造过程受制于一定的物质性条件。所以，只有遵循一定的物质条件，客观揭示物质生产过程的客观性和必然性，才能彰显人们创造历史活动的必然性和客观性。

马克思在将辩证法运用于对历史的认识过程中，意识到了黑格尔辩证法的不足，他指出："我的辩证方法，从根本上来说，不仅和黑格尔的辩证方法不同，而且和它截然相反。在黑格尔看来，思维过程，即他称为观念而甚至把它变成独立主体的思维过程，是现实事物的创造主，而现实事物只是思维过程的外部表现。我的看法则相反，观念的东西不外是移入人的头脑并在人的头脑中改造过的物质的东西而已。"[①] 可见，马克思在物质实践活动的基础上，颠倒了黑格尔辩证法的主体，将思维或观念的主体转化为物质的主体，内在地超越了黑格尔的辩证法，使其辩证法在思辨形式中获得了丰富的现实性和物质性。正是在批判和借鉴黑格尔将辩证法运用于历史认识的基础上，立足于唯物主义辩证法，马克思才逐渐实现了对历史本质的科学认识。因此，黑格尔将辩证法运用于对历史认识的思想，对马克思科学历史观的形成意义重大。

最后，黑格尔为马克思历史观的创立提供了最直接的思想资料。对于这一点，恩格斯在《费尔巴哈论》《反杜林论》等著作中都做过较为详尽的说明。列宁在《哲学笔记》中也多次称历史唯物主义"是在黑格尔那里处于萌芽状态的天才思想——种子——的一种应用和发展。"[②] 这些天才思想，特别是历史辩证法思想，均成为马克思创立新的历史观的重要思想资料。例如，黑格尔关于社会发展的内在联系和客观必然性的思想，就被恩格斯称为是"一个伟大的基本思想"。这一"伟大的基本思想"的"革命方面"，由马克思批判地继承下来了，并成为马克思历史观的主要内容。马克思的《资本论·第一卷·第一版序言》中就有和

---

① 《马克思恩格斯全集》第23卷，人民出版社，1972，第24页。

② 《列宁全集》第55卷，人民出版社，1990，第160页。

黑格尔同样的论断，即“我的观点是：社会经济形态的发展是一种自然历史过程。”① 黑格尔关于要探索历史发展终极原因的思想，即所谓“动力的动力”思想。黑格尔本人虽然没有解决自己提出的这个问题，但恩格斯认为，这是无关紧要的，他划时代的功绩在于提出这个任务，并为马克思所解决。马克思恩格斯在《神圣家族》一书中，通过批判青年黑格尔派布·鲍威尔的所谓“历史的发源地不在尘世的粗陋的物质生产中，而是在天上的茫茫云雾中”② 的观点，提出了“物质生产是历史的发源地”的论断，从而科学地解决了黑格尔提出的“动力的动力”问题。

总之，从以上三个方面来看，黑格尔历史观是马克思历史观的最直接的理论来源，这是无法否认的事实。但是，“最直接的理论来源”并不等于是“简单的扩展”。西方一些思想家和哲学家把马克思的历史观说成黑格尔的“精神现象学”和“人的异化的辩证法”的简单扩展，这显然是歪曲事实，抹杀了马克思历史观和黑格尔历史观的原则区别。马克思历史观的创立，虽然批判地吸取了黑格尔历史观的合理成分，但绝不是黑格尔的“精神现象学”和“人的异化的辩证法”的简单扩展，而是对资本主义客观现实进行辩证分析后的理论概括。

二　重要理论来源——费尔巴哈的历史观

费尔巴哈作为使唯物主义重新登上王座的德国古典哲学中最杰出的唯物主义者，尽管与黑格尔相比，他的历史观显得非常贫乏，但是他的社会历史观思想中的合理成分为马克思历史观的形成和创立提供了重要的理论来源。通过对费尔巴哈的有关论著进行系统分析和研究，不难发现，费尔巴哈对马克思历史观形成的理论影响，主要体现在以下三个方面。

第一，为马克思历史观的创立，提供了唯物主义基础。马克思新历

① 《列宁选集》第1卷，人民出版社，1995，第4页。

② 《列宁全集》第55卷，人民出版社，1990，第30页。

史观的形成和创立是离不开基础的，而这个基础就是唯物主义。因此，只有将新的历史观建立在唯物主义基础上，才能够将黑格尔颠倒的辩证法重新扶正，才能够真正把握社会历史发展的客观现实，并对社会历史发展的一般规律和基本状况做出科学概括。马克思历史观创立这一唯物主义基础，正是费尔巴哈提供的。费尔巴哈作为德国古典哲学家，最早打破了黑格尔哲学的唯心主义体系，使唯物主义登上哲学的王座。但是，由于其所倡导的唯物主义是一种直观的、机械的唯物主义，因而，不能够对黑格尔哲学的合理内核——历史辩证法进行有力的批判和吸收。因为费尔巴哈的唯物主义和旧唯物主义一样，在本体论层面仍然是从抽象性上谈论世界的本质，将世界划分为两个实体，即自然和人。但是，他所谈论的自然界不是人类生活于其中的自然界，而是抽象的自然界。他所谈论的人也不是现实的活生生的生活于自然界中的人，而是抽象的人，他认为“现实的人类活动也就是一群单个的人的活动。”① 因此，正如恩格斯所言，费尔巴哈“他下半截是唯物主义者，上半截是唯心主义者。”②

马克思意识到费尔巴哈唯物主义的不足，他在批判费尔巴哈旧唯物主义的基础上，建立了新唯物主义——实践唯物主义。马克思首先指出费尔巴哈建立在抽象自然观基础上的唯物主义是错误的，因为这种唯物主义严重脱离了人的实践活动，是站立在自然之外的自然。然后，对费尔巴哈这种抽象的自然观进行了严厉的批判，他指出：“这种先于人类历史而存在的自然界，不是费尔巴哈在其中生活的那个自然界，也不是那个除去在澳洲新出现的一些珊瑚岛以外今天在任何地方都不再存在的、因而对费尔巴哈说来也是不存在的自然界。”③ 也就是说，在马克思看来，人们所生活于其中的自然界，是与人的实践活动紧密相连的自然界，是一种“人化自然”。最后，马克思又在《关于费尔巴哈的提纲》中明

① 《马克思恩格斯全集》第 2 卷，人民出版社，1972，第 108 页。

② 《马克思恩格斯选集》第 4 卷，人民出版社，1995，第 226 页。

③ 《马克思恩格斯全集》第 3 卷，人民出版社，1972，第 50 页。

确地区分了他的唯物主义与费尔巴哈唯物主义之间的本质差别："从前的一切唯物主义（包括费尔巴哈的唯物主义）的主要缺点是：对对象、现实、感性，只是从客体的或者直观的形式去理解，而不是把它们当做感性的人的活动，当做实践去理解，不是从主体方面去理解。"①

正是在这种实践唯物主义的指导下，马克思扶正了被黑格尔颠倒的历史辩证法，把唯物主义和社会历史结合起来，创立了新的历史观。因此，费尔巴哈的直观唯物主义，为马克思建立实践唯物主义，创立科学的历史观奠定了重要的基础。

第二，为马克思历史观的创立，提供直接的思想资料。费尔巴哈在批判和扬弃欧洲宗教文化和黑格尔思辨唯心主义哲学的基础上，针对历史观问题，提出了许多新颖的观点，使人与人的社会关系成了历史观理论的基本原则。在费尔巴哈看来，社会和人是客观的存在，是有其独立的本质的；社会和人不仅是一种有客观独立本质的存在物——自然界的产物，而且是它的一个组成部分。社会的本质同人的本质是不同的，但人的存在不可能脱离社会的存在而单独存在。"人是人的作品，是文化、历史的产物。"② "人的本质只是包含在团体之中，包含在人与人的统一之中，但这个统一只是建立在'自我'和'你'的区别的实在性上面的。"③ 通过以上论述，不难看出，费尔巴哈是试图从人与人的社会关系来说明人的本质的。正如马克思所言，费尔巴哈"创立了真正的唯物主义和实在的科学，因为费尔巴哈使'人与人之间的'社会关系成了理论的基本原则"④，可见，把人与人之间的社会关系引入历史观的理论中，是费尔巴哈对历史观研究做出的重要贡献。

此外，关于实践在认识过程中的作用问题，费尔巴哈没有真正弄懂，

① 《马克思恩格斯文集》第 1 卷，人民出版社，2009，第 499 页。

② 〔德〕费尔巴哈：《费尔巴哈哲学著作选集》（上卷），荣震华、李金山译，商务印书馆，1984，第 247 页。

③ 〔德〕费尔巴哈：《费尔巴哈哲学著作选集》（上卷），荣震华、李金山译，商务印书馆，1984，第 185 页。

④ 《马克思恩格斯文集》第 1 卷，人民出版社，2009，第 200 页。

总是在说法上表现出不一致。但是，我们又不能不看到，费尔巴哈在认识论的基本问题上，把人类实践的综合当作认识论的基础。总之，费尔巴哈在自己哲学活动的创作过程中，从各个层面都显露了历史唯物主义的因素和胚芽，这些因素和胚芽，在一定程度上成了马克思创立历史观的重要的思想资料。

第三，为马克思历史观的创立，提供了许多具有发展能力萌芽的观点。费尔巴哈在其历史观研究中，提出了许多新颖独到的观点，这些观点内含发展能力的萌芽，启发和推动了马克思历史观的创立。正如马克思和恩格斯在论述费尔巴哈的宗教观时所指出的那样："由于费尔巴哈揭露了宗教世界是世俗世界的幻想……，在德国理论面前就自然而然产生了一个费尔巴哈所没有回答的问题：人们是怎样把这些幻想塞进自己头脑的？这个问题甚至为德国理论家开辟了通往唯物主义世界观的道路。"[①] 马克思和恩格斯这一系统论述，充分表明他们关于宗教问题的论断，是深受费尔巴哈宗教思想启发的。除此以外，马克思在探讨和考察人的本质、人的本质的异化等问题时，都显示出费尔巴哈发展能力萌芽的观点对其创立历史观的积极影响。

总之，通过以上系统论述，可以看出，费尔巴哈的历史理论思想是马克思历史观的重要理论来源。但是，这并不是说马克思的历史观是费尔巴哈历史观的直接延续，费尔巴哈的历史观可以和马克思的历史观相提并论。从马克思历史观的创立过程来看，马克思的历史观和费尔巴哈的历史观无论是在历史的出发点，还是在历史的发展动因，以及历史未来的发展趋势等方面都存在原则性的区别。费尔巴哈从抽象的人的角度出发来研究历史的发展，在本质上从属于唯心主义历史观。马克思从现实的人的物质性生产活动出发来探讨历史的发展，显然是对费尔巴哈唯心主义历史观的一种超越。

---

① 《马克思恩格斯全集》第3卷，人民出版社，1960，第261页。

三 一般理论来源——其他思想家的历史观

《1857—1858年经济学手稿》之前马克思历史观的形成，除了受到黑格尔和费尔巴哈历史观理论的直接影响之外，还受到了英国古典政治经济学家、三大空想社会主义者，以及法国复辟时期历史学家历史观的影响，这些思想家的历史观尽管从本质上讲均属于唯心主义历史观，但是他们在某些方面的探讨已经涉及了唯物主义历史观的基本内涵，为马克思唯物主义历史观的创立和形成提供了重要的思想材料和理论启发。

（一）英国古典政治经济学家的历史观

英国古典政治经济学是马克思思想的重要理论来源之一，尽管它最直接的研究对象是经济问题，并且重视生产，把整个经济学的研究领域转向生产领域，但是它是以经济学的形式对劳动作为主体自我创造能力的肯定，内含丰富的历史观思想。探究英国古典政治经济学家的历史观思想，对于我们理解马克思的历史观，以及认识人类自我反思的历史进程，具有重要的价值和意义。

英国古典政治经济学家首先是从所谓“人类的本性”出发，来说明经济生活并建立他们的理论体系的。在他们看来，人的本性是多种多样的，但最根本的本性是利己主义，它是人所具有的天性，这种观点以斯密最为有代表性。斯密在其重要著作《国富论》中，系统阐释了“人类的利己本性”问题。在他看来，人生活在社会中，与动物不同，因为人们之间有协同工作、互相交易、互相援助的必要。每个人为了自己的利益，需要别人的帮助；而给予援助的人本身为了利己的目的，同样也需要从别人那里得到这种援助。因此，只有唤起别人的利己心，才能达到自己的目的。正因为只有唤起别人的利己心才能实现自己的利己目的，所以，站在别人的立场上来看，自己越是充分利己，就对别人、社会越有利。

在探讨了资本主义生产方式的出发点之后，英国古典政治经济学家还从经济学的角度分析了资本主义社会的阶级结构、阶级关系，以及阶级对立的根源。虽然他们的着眼点停留在分配方式，没有揭示阶级划分的实质，但从经济学而不是法权角度来分析阶级无疑是一个进步。法国古典政治经济学家魁奈在其著作《经济表》中，最早明确提出了社会阶级结构的思想。他在叙述社会总产品的分配、流通和再生产时，把国民分为三个阶级——“生产阶级、土地所有者阶级和不生产阶级”。但是，魁奈没有从生产资料的占有形式来划分阶级，因而或者把资本家也看作生产阶级，或者把劳动者看作非生产阶级。所以，他对阶级的划分，不可能正确反映资本主义社会的阶级结构。英国古典政治经济学家斯密和李嘉图，在阶级划分上超越了魁奈的不足，比较正确地描述了资本主义社会的阶级结构。斯密在其著作《国民财富的性质和原因的研究》中，比较全面系统地说明了资本主义社会的阶级结构。他指出：“一国土地和劳动的全部年产物，或者说，年产物的全部价格，自然分为土地地租、劳动工资和资本利润三部分。这三部分构成三个阶级人民的收入，即以地租为生、以工资为生和以利润为生这三种人的收入。此三阶级，构成文明社会的三大主要和基本阶级。一切其他阶级的收入，归根结底，都来自这三大阶级的收入。”[①] 李嘉图和斯密一样，也把资本主义社会明确划分为地主、资本家和工人三大阶级。在科学划分了资本主义社会的阶级结构以后，斯密和李嘉图紧接着又以劳动价值论为武器，系统探讨了三大阶级之间的关系，以及导致三大阶级之间对立和斗争的经济根源——私有制。

针对英国古典经济学家提出的“人本性自私论”是资本主义经济学出发点的理论和三大阶级划分理论，马克思给予了积极的批判。

第一，对英国古典经济学家提出的“人本性自私论”是资本主义经济学出发点理论的批判。马克思首先在《关于费尔巴哈的提纲》中，从实践观出发，科学地界定了人的本质。他认为：“人的本质不是单个人

① 〔英〕亚当·斯密：《国民财富的性质和原因的研究》（上卷），商务印书馆，1979，第240~241页。

所固有的抽象物，在其现实性上，它是一切社会关系的总和。”① 也就是说，人的本质就是人的劳动本性、人的社会性。随后，马克思在这种科学人本思想的指导下，对亚当·斯密的利己主义人本性观进行了批判。他认为，亚当·斯密的利己主义人本性观，从人的经济利益角度出发来探讨和说明人的本质，把人的本质理解为对个人物质利益的追求，显然是不科学的。因为他不懂得决定人类社会历史发展的物质性因素不是利益，而是人们的物质劳动及其物质生产方式，利益也是由人的物质劳动及其物质生产方式决定的。同时，人们的利益也是多样化的，仅仅把利益单纯地归结为个人的物质利益，也是错误的。

第二，对英国古典政治经济学家三大阶级划分理论的批判。英国古典政治经济学家从物质财富的分配领域出发，把资本主义社会的阶级结构划分为地主、资本家和工人三大阶级。马克思认为，这种阶级划分标准是不科学的。因为对阶级的划分不应该将其划分依据放置于分配领域或者其他非经济领域，而应该将其放置于物质生产过程，以及在物质生产过程中各个阶级所处的地位和对生产资料的占有关系。在资本主义社会，依据各个阶级在生产过程中所处的地位和对生产资料的占有程度，阶级可以直接划分为拥有劳动工具、原料和生活资料进行剥削的资产阶级和没有劳动工具、原料和生活资料被剥削的无产阶级两大直接对立的阶级。

综上论述，不难看出，英国古典政治经济学家从人的本性出发，来分析资本主义社会的生产形式，并系统探讨了资本主义社会的阶级结构以及各阶级之间的内在关联，这些无疑为马克思历史观的形成提供了宝贵的资料。但是，他们从人的本性出发引出生产活动，并把一定历史阶段上人性的某些具体内容——利己作为人的根本属性，颠倒了二者之间的真实关系，是对资本主义私有制关系的反映。同时，他们没有把阶级的产生和存在看作同社会生产发展的一定历史阶段相联系的现象，而是

① 《马克思恩格斯文集》第3卷，人民出版社，2009，第501页。

把它看作自然的和永恒的。因此，他们的历史观从本质上来讲，属于唯心主义历史观。

（二）三大空想社会主义者的历史观

19世纪初，在欧洲盛行的以圣西门、傅立叶、欧文为代表的三大空想社会主义者，他们对社会的历史发展也进行了必要的探索，并提出了不少合理的见解和天才猜测。归整他们的历史观学说，不难发现，他们关于社会历史观的见解主要包括以下五个方面。

第一，理性决定历史，人类社会的历史是理性发展的历史。自法国启蒙运动以来，“理性”一直被启蒙运动者推崇为揭示一切和衡量一切事物的唯一标准。三大空想社会主义者深受启蒙运动的影响，也坚持以“理性”来解释一切，认为社会历史发展的根本动力，是人的天性，用圣西门的话来说是“理性和科学的进步”，用傅立叶的话来说是“人类的情欲”。在他们看来，整个历史就是人类理性不断进化的历史。与此同时，圣西门从人的理性决定历史出发，还把整个人类历史划分为三个“伟大的时代”，即准备工作时代、假设体系的组织时代，以及实证体系的组织时代。

第二，天才人物是理性的化身，人类社会的历史是由天才人物创造的。三大空想社会主义者，不仅把理性看作决定社会历史发展的根本动力，而且还把天才人物视为人类理性的化身。在他们看来，依靠天才人物的理性就可以改造社会，使人类历史从一个阶段发展到另一个阶段。圣西门在对法国大革命进行评价时，认为法国居民虽然是一种物质力量，并且热烈地希望恢复秩序，但是他们只有依靠有天才人物，才能在社会关系方面得到改造。可大自然又是吝啬的，它为全人类提供的天才人物太少。傅立叶认为，社会之所以能够和谐发展，是因为有了他这个天才和他的发现才能够得以实现。他把自己看作历史命运的决定者，是他把人类从痛苦和不幸中拯救出来的。欧文也和圣西门、傅立叶一样，把天才人物看作历史发展的决定者。他认为社会制度的好坏取决于教育制度的好坏，而教育制度的好坏取决于有理性、有知识的上等人。

第三，社会历史的发展是有其普遍规律的，是一个不断进步、逐渐上升的过程。三大空想社会主义者从理性决定社会历史的视域出发，对人类社会的历史进行了深入的研究和探索，认为社会历史的发展是有其规律的，是一个不断进步、逐渐上升的过程。圣西门认为，“万有引力规律”是一个普遍的、绝对的规律，它不仅支配着自然界，而且支配着人类社会历史的发展，所有科学的一般理论，都是建立在万有引力观念的基础上的。同时，他还用数学中的“级数”和“项”来形容历史的阶段的发展。在他看来，人类历史的发展是一个必然的、进步的、上升的过程，每种社会制度都是以前一社会为前提的，并在这一前提的基础上向前发展的结果。傅立叶不同于圣西门，他认为，社会的历史就是社会运动的历史，社会运动规律不同于自然运动规律，它是所有运动规律中的最高级的运动形式。欧文在考察社会历史运动的规律时，尽管没有圣西门和傅立叶考察的那么深刻和系统，但是他同样也认为，人类社会历史的发展是有规律的，每一个历史阶段都超越前一个历史阶段，并不断向更高级的历史阶段发展，整个社会历史的发展是一个不断进步、向上的过程。

第四，资本主义社会违背人类的理性，必然走向灭亡。三大空想社会主义者基于理性决定历史的认识，对当下资本主义制度的剥削和欺诈进行了无情的批判和揭露，认为资本主义制度的建立，在本质上违背了人类的理性和社会公益，因而必然走向灭亡。圣西门认为，资本主义社会是一个黑白颠倒的世界，专横、无能和阴谋是现实社会最主要的三个弊病。傅立叶认为，雇佣劳动制是复活了的奴隶制，工厂是温和的监狱，贫困是由于富裕产生的。欧文认为，私有制是人类所犯罪行和遭受各种灾难的唯一原因，它对人类社会危害极大。

第五，社会主义社会是人类未来的理想社会，和平方式是实现理想社会的唯一途径。三大空想社会主义者在批判现有资本主义社会不合理的基础上，也勾画出了未来的理想社会，即社会主义社会，并对其具体特征进行了描述和猜测。圣西门所勾画的社会制度是“实业制度”，傅立叶所勾画的社会制度是“和谐制度”，欧文所勾画的社会制度是“劳动公社”。他们在勾画了各自的理想社会以后，还对如何实现未来的理想社会进行了设想，他们一致认为，采用和平方式是变革资本主义制度，实现未来理想社会的唯一途径。

针对三大空想社会主义者所提出的一系列社会历史观思想，马克思进行了批判和超越。

第一，对三大空想社会主义者提出的“理性决定历史”的观点的批判。马克思认为，三大空想社会主义者所提出的“理性决定历史”的观点，把历史发展的原因归结为人的理性，从本质上讲是一种唯心主义历史观，是不科学的。他强调从人类的物质资料生产实践活动出发来探寻历史发展的决定性因素。在《神圣家族》一书中，他就系统阐明了物质生产是历史的发源地。在之后的《关于费尔巴哈的提纲》和《德意志意识形态》两部著作中，马克思又系统阐述了他的“新唯物主义”历史观，明确地提出了“实践”的观点，把历史看作社会存在发展的有规律的历史，把物质生产活动中所形成的生产力与生产关系的矛盾作为历史发展的最终原因。

第二，对三大空想社会主义者社会发展规律理论的批判。马克思指出，三大空想社会主义者认为人类社会的历史发展是有其内在规律的，是一个不断运动上升的过程，这种认识是值得肯定的。但是，他们把这种规律的形成和发展依托于人的理性，却是错误的，是一种唯心主义的社会历史观。马克思站在无产阶级的立场上，运用科学的方法，对社会历史发展的规律进行了系统阐释。他认为，人类社会发展同自然界一样，是具有客观规律的，只有科学揭示了这些规律，才能够正确理解人类发展的过去、现在和未来。但是，规律不是建立在理性基础之上的，而是建立在客观的物质基础之上，是客观的，是不以任何人的主观意志为转移的。正如恩格斯所言：“历史是这样创造的：最终的结果总是从许多单个的意志的相互冲突中产生出来的，而其中每一个意志，又是由于许多特殊的生活条件，才成为它所成为的那样。这样就有无数互相交错的力量，有无数个力的平行四边形，由此就产生出一个合力，即历史结果，而这个结果又可以看做一个作为整体的、不自觉地和不自主地起着作用的力量的产物。”①

通过以上的分析和探讨，我们不难发现，三大空想社会主义者的社会历史观，从本质上讲是唯心主义的，因为他们崇尚理性，把理性作为人类历史发展的根本动力和决定力量，忽视现有的物质存在。但是，他们提出的关于社会历史发展的规律性思想、理性的相对论思想、阶级划分和阶级斗争思想，以及对未来理想社会的勾画和猜测，都在某种层面蕴含马克思唯物史观的萌芽，为马克思唯物史观的创立，提供了许多有价值的思想材料。

（三）法国复辟时期的历史学家的历史观

法国复辟时期的历史学家深刻地总结了人类文明史，特别是英国革命和法国大革命的历史经验，用阶级斗争和物质利益的观点分析人类历史发展，把社会历史看作人民群众斗争的历史，在历史观方面提出了不少深刻的思想和合理的猜测。

拿破仑政权崩溃失败以后，波旁王朝复辟。在复辟时期，出现了以基佐、米涅和梯叶里为代表的资产阶级历史学派，他们对社会历史的发展提出了许多自己独特的观点。

第一，他们认为历史是发展变化的，历史事件都有它的客观性。历史是变化的，还是永恒不变的，是发展前进的，还是倒退的，这是任何历史理论都必须要解决的一个重要问题。复辟时期的历史学家针对这一问题，在当时社会激烈动荡的现实环境的影响下，按照历史的本来面目，认识到了历史是发展变化的。他们认为，历史不是千古不变的，而是发展变化的，历史有它自己的进程。在肯定了历史是发展变化的同时，他们还认识到了历史事件的客观性，提出在对历史事件进行研究时，不仅

① 《马克思恩格斯文集》第10卷，人民出版社，2009，第592页。

要对其进行单独考察，把握其个性；还要将历史事件放置在其所发生的社会环境和整个历史过程中，把握其共性。唯有如此，才能客观全面地把握历史的本来面貌。

第二，他们认为人民群众创造历史。历史就是人民群众的历史，这是复辟时期历史学派的重要观点，对此他们都有过经典论述。梯叶里认为，历史并非从英国国王查理、法国国王菲利普开始的，而是从人民开始的。以往的历史理论在描述历史时，总是以帝王将相、英雄豪杰为中心，没有给人民群众的活动留下地位。因此，以这种理论为前提所叙述的历史不是真实的历史，这种考察历史的方法不是现代历史学家所应有的方法。在研究历史时，应该首先恢复人民群众的历史地位，研究人民群众的历史，人民群众是具有历史首创精神和思想的，只要他们需要某一社会制度或某一社会事业，就会从他们那里萌发按照这个方向去行动的意志，并且他们就是实现这个制度和这个事业的主要参加者。因此，只有研究人民群众的历史，才能科学呈现社会历史发展的基本过程和基本规律，为我们的行动提供榜样。

第三，他们认为文明史是阶级斗争的历史，暴力是阶级斗争的有效手段。以前所有的历史观都认为，在一切历史变动中最重要的并且起决定作用的是政治斗争。复辟时期的历史学派则改变了传统的认识，在他们看来，引起政治变动的是阶级斗争。因为阶级斗争根源于物质利益的对立，经济生活发生了变化，破坏了原有的物质利益关系，引起新的冲突，才造成政治变动。正是基于这种状况，阶级斗争成为复辟时期历史学派研究的一个中心问题。米涅、基佐以及梯叶里都对阶级斗争进行了较为系统深入的研究，探讨了历史发展过程中阶级斗争的演变过程、阶级斗争的解决方式，以及阶级斗争的历史作用。在他们看来，欧洲古代史和近代史就是阶级斗争的历史，是不同的阶级在不同的历史进程中进行斗争并取得胜利的历史，是一个阶级取得政权，接着被别的阶级所代替，从而丧失政权的历史。同时，他们还通过从经济利益出发，对阶级矛盾和阶级斗争的性质，以及解决阶级斗争的途径的深入考察，提出阶级矛盾是不能调和好的，解决阶级矛盾最好的形式就是暴力革命。

第四，他们认为社会革命是历史的发展。复辟时期的历史学派从阶级斗争出发，把革命看作阶级斗争的必然结果。他们认为社会革命是历史发展的必然形式，是不可避免的。但是，革命不是一蹴而就的，而是诸多具体社会条件和因素共同促成的。因此，对社会历史的分析，必须要看到诸多因素对社会革命的极大推动作用和引导作用。

第五，他们认为财产关系是社会制度的基础，经济利益支配着人们的思想和行动。复辟时期的历史学家没有停留在历史的表面现象上，而是企图通过表面的历史现象，来把握这些现象背后的深刻的历史动因。在他们看来，一个国家的政治制度和风俗习惯之间无疑存在相互作用，但它们归根到底又是为第三个更深刻的因素，即人们的财产关系所规定。按照他们的观点，历史学家只有注意到这种财产关系，才能提供理解历史事变的钥匙。同时，他们还认为财产关系不仅支配着政治制度和法律，而且还支配着人们的思想意识。

总体而言，复辟时期的历史学家针对社会历史的发展问题，提出了许多真知灼见。他们这些对历史认识的思想，处在从唯心主义向唯物主义转化的过程中，动摇了历史唯心主义的统治地位，为马克思唯物史观的形成提供了前奏。但是，复辟时期历史学家所提出的历史观的阶级局限性也是非常明显的，始终没有摆脱唯心主义思想和资产阶级利益的支配。比如，他们认为社会制度的变化依然是以人们的心智状况和道德观念为转移的，所谓某一社会制度的退位，不过是因为它不符合更高的道德观念要求；他们所认为的阶级斗争仅仅只限于资产阶级同封建贵族的斗争等。针对复辟时期历史学家历史观中的这些不足，马克思给予了积极批判。他认为，复辟时期历史学家历史观中的这些不足，主要是由复辟时期资产阶级史学家的阶级性所决定的。他们阶级利益的狭隘性使他们不可能真正科学地认识历史的发展规律；他们所谈的阶级斗争，只是为了利用这种学说来论证资产阶级自由主义者的政治纲领和目的，最终是为了维护资产阶级的利益。显而易见，复辟时期历史学家所提出的阶级斗争学说，自始至终都与马克思所提出的科学的阶级斗争学说是相对立的。正如列宁所言："谁要是仅仅承认阶级斗争，那他还不是马克思主义者，他还可以不超出资产阶级思想和资产阶级政治的范围。把马克思主义局限于阶级斗争学说，就是阉割马克思主义，歪曲马克思主义，把马克思主义变为资产阶级可以接受的东西。只有承认阶级斗争、同时也承认无产阶级专政的人，才是马克思主义者。"①

总之，马克思早期的历史观就是在批判和继承这些传统资产阶级唯心主义历史观的基础上形成的。传统资产阶级唯心主义历史观中的合理成分，理所当然地成为马克思早期历史观形成的一般理论来源。

第二节 《1857—1858年经济学手稿》之前马克思历史观的理论进路

从对《1857—1858年经济学手稿》之前马克思经典文本的系统分析和逻辑梳理，不难发现，马克思这一时期历史观的理论进路，主要经历了《博士论文》和《莱茵报》时期构筑以自我意识为核心的观念史观、克罗茨纳赫时期构筑以政治异化为特征的异化史观、《1844年经济学哲学手稿》时期构筑以经济异化为特征的异化劳动史观、《神圣家族》时期科学阐释构筑历史观的基本要素、布鲁塞尔时期为历史观的唯物转向提供理论准备、《德意志意识形态》时期从整体上呈现唯物主义历史观的基本样态，以及《德意志意识形态》之后进一步完善和发展唯物史观的长期逻辑演进。

一 《博士论文》和《莱茵报》时期：构筑以自我意识为核心的观念史观

以自我意识为核心的观念史观，其形成和系统阐发，主要见之于马克

① 《列宁选集》第3卷，人民出版社，1995，第139页。

思的《博士论文》。在《博士论文》中，马克思倡导一种“自我意识”的历史哲学，他以“自我意识”来取代黑格尔观念史观的宿命论立场，并借以激活人类活动的主动性和创造性，赋予历史发展一种充分的可能性。

在黑格尔的哲学体系中，自我意识在其最基础的层面上不是任何个体的自我意识，而是“精神”的自我意识或“绝对”的自我意识，是“客观精神”体系逻辑展开的一个中间环节，是“意识”到“理性”的过渡阶段，存在在客观概念的层面上就是自我完成的总体。也就是说，在黑格尔看来，自我意识必然是循环的，它表示纯思维或纯概念的具体的、发展了的总体性。可是，我们也应该看到，尽管黑格尔赋予了“自我意识”以能动性，但是他所理解的能动性是先在“客观精神”的能动性，而不是人的能动性。马克思不同于黑格尔和其他自我意识哲学家，他对“自我意识”哲学体系的钻研，主要是基于反对普鲁士专制制度的政治需要，他的目标是将人作为自我意识的主体，而不是相反。因此，在《博士论文》中，马克思借助于伊壁鸠鲁的“原子偏斜说”来表达他这一观点。

伊壁鸠鲁和德谟克利特都认为世界是由“原子”和“虚空”构成的，但是在涉及原子在虚空中的运动时，二者存在明显的差别。“伊壁鸠鲁认为原子在虚空中有三种运动。一种运动是直线式的下落；另一种运动起因于原子偏离直线；第三种运动是由于许多原子的互相排斥而引起的。承认第一种和第三种运动是德谟克利特和伊壁鸠鲁共同的；可是，原子脱离直线而偏斜却把伊壁鸠鲁同德谟克利特区别开来了。”[①] 针对伊壁鸠鲁和德谟克利特关于原子脱离直线而偏斜运动的差异，马克思指出，原子脱离直线而出现偏斜的现象，不是偶然地出现在伊壁鸠鲁物理学中的。“相反，偏斜所表现的规律贯穿于整个伊壁鸠鲁哲学，因此，不言而喻，这一规律出现时的规定性，取决于它被应用的范围。”[②] 马克思这种关于原子运动偏斜的认识，打破了机械决定论和盲目必然性的支配，

---

① 《马克思恩格斯全集》第1卷，人民出版社，1995，第30页。

② 《马克思恩格斯全集》第1卷，人民出版社，1995，第35页。

因为原子运动偏离直线就是自由意志。

在马克思看来，如果原子只有直线运动，那就是把原子只看作空间的一个点，只有空间的规定性，缺乏自我运动的原则。而伊壁鸠鲁在承认直线运动的同时，还提出偏离直线的运动，从而赋予原子以能动的原则，使“运动被设定为自我规定”。因为斜线运动是对直线运动的否定和扬弃，而在斜线运动这种否定中又包含肯定。同样是一个原子，由于偏斜而发生众多原子的相互排斥和碰撞。正是由于众多原子的冲击和碰撞才形成世界。正如马克思所形象地描绘的：“就象宙斯是在库列特的嘈杂的战争舞蹈声中长大的一样，在这里，世界就是在原子的斗争声中形成的。”[①] 所以，马克思同意卢克来修关于偏斜打破了命运的束缚的论断，并且认为只有偏斜运动才表述了原子的真实的灵魂，即自我意识的绝对性和自由。

马克思很重视伊壁鸠鲁原子偏斜说所包含的追求自由的象征，但是不同意他把自由看成脱离外界的自我意识的宁静。“正像原子由于脱离直线，偏离直线，从而从自己的相对存在中，即从直线中解放出来那样，整个伊壁鸠鲁哲学在抽象的个别性概念，即独立性和对同他物的一切关系的否定，应该在它的存在中予以表述的地方，到处都脱离了限制性的定在。”[②] 可见，马克思此时赋予人的自我意识以脱离痛苦和枷锁的无限可能性。

不难看出，马克思在写《博士论文》期间，勾勒出了以“自我意识”为原则的观念史观，脱离了黑格尔的以“绝对精神”为核心的观念建构原则，强调“自我意识”与外界的统一。尽管此时马克思仍然将建构原则放置于人类自身的主体性中，但是，他这种建构在本质上仍然是以某一原则为出发点的，忽视了人类的物质生存现实。因此，他对历史的认知，最终也将掉进形而上学的泥沼，走向用观念来说明历史的观念史观。

自《莱茵报》时期开始，马克思在《博士论文》期间建构的以自我

---

① 《马克思恩格斯全集》第40卷，人民出版社，1982，第123页。

② 《马克思恩格斯全集》第1卷，人民出版社，1995，第35页。

意识为核心的观念史观，逐渐由书斋走向现实的社会，并不断受挫。马克思把自己的研究视域从观念转向尘世生活，首先遇到的是关于出版自由的问题。争取出版自由在当时德国既是争取一切自由的前提，同时也是政治斗争中的一个迫切的现实问题。没有出版自由，其他自由都将成为泡影。在《关于新闻出版自由和公布省等级会议辩论情况的辩论》一文中，马克思系统地论述了自由的本质和内涵。

在黑格尔看来，自由在本质上是精神的本性，精神的一切属性都是立足于自由而得以成立，自由是精神的唯一真理，人类历史是自由意识的历史，历史的发展是自由意识的进展。不难看出，黑格尔把自由看作人的意识的产物，在本质上是客观唯心主义的，但是他把历史和社会的进步同人类的自由意识的进展联系起来，从整个历史和社会发展的角度来看待自由，却是合理的。马克思不同于黑格尔，他把自由看成精神（理性）的特性，认为每一个人不仅有权表露自己的精神面貌，而且有权采用自己的风格，即表现方式。因此，在他看来，出版自由和书报检查制度的根据是完全不同的，出版自由是思想自由的体现，它的权利是不能剥夺的；出版自由的反对者反对的不仅是出版的自由，更是人的自由。显而易见，马克思在这里立足于人的本性，从人的本性出发来衡量书报检查制度和出版自由，就政治倾向方面而言是革命的，但就历史观层面，却是唯心主义的。

继新闻出版自由问题之后，马克思在《莱茵报》期间还遇到了关于物质利益问题的讨论。莱茵省议会企图把农民拣拾枯树枝列为盗窃，通过颁布所谓《林木盗窃法》来加重对农民的掠夺，他们所要求的不是法的人类内容，而是法的动物形式，即把法变成动物界一个种掠夺另一个种的手段。针对这种现象，马克思进行了严厉的批判，“利益是没有记忆的，因为它只考虑自己。它所念念不忘的只是一件东西，即它最关心的东西——自己。”[1] 按照要求，真正的立法者在反对不法行为的基础

---

① 《马克思恩格斯全集》第1卷，人民出版社，1995，第163页。

上，不应该有任何动机，他们应该以伟大的人道精神制订出公正的法律预防犯罪。然而，事实正好相反，莱茵省的立法者不是以公正的态度来制订法律，而是把私人利益作为立法的根据和最终目的，把一切触犯他们私人利益的行为都看作违法行为。由于私人利益成为立法的动机和依据，立法者的本质便发生了异化，他们所制订的法律也不可能是人道的。

可见，马克思在此时对历史观的考察，已经突破了仅仅从观念层面进行阐释的局限，而转向普遍的现实物质生活，转向具体的物质利益，实现了历史观认识论上的巨大飞跃。但是，他此时的历史观仍然是以理性精神为基础的，没有从本质上超越唯心主义历史观的局限。

二 克罗茨纳赫时期：构筑以政治异化为特征的异化史观

马克思在《莱茵报》时期，通过对普鲁士书报检查令和《林木盗窃法》的批判，实现了历史观本体论上的根本转变，使对历史观的研究逐渐从天国走向了尘世。但在《莱茵报》因革命倾向被查封后，马克思回到了克罗茨纳赫。在克罗茨纳赫，他继续进行新的科学研究，反思在《莱茵报》期间碰到的现实的政治经济问题。通过研究，他发现这些现实的政治经济问题同信仰黑格尔哲学之间发生矛盾。按照黑格尔的国家观，普鲁士国家是绝对观念的体现，是人类自由精神的实现。马克思曾对此深信不疑，可是《莱茵报》期间的大量事实证明，普鲁士国家在思想、政治和经济上，总是在为维护封建贵族、特权等级的利益而服务的，是它们的工具和奴仆。这些不争的事实，开始使马克思对原先信仰的黑格尔哲学，尤其是黑格尔的国家学说进行怀疑，进而撰写了《黑格尔法哲学批判》。在这部著作中，马克思通过对市民社会和国家等问题的批判分析，构建了以政治异化为特征的新的历史观——政治异化史观，从而使对历史观的研究获得了突破性进展。

毋庸置疑，市民社会和国家的关系问题是《黑格尔法哲学批判》的中心问题。黑格尔把观念变成独立主体，把家庭和市民社会对国家的现实的关系理解为观念的内在想象活动。在他看来，精神把国家概念分解为家庭和市民社会两个领域，其目的是要超出这两个领域而使自身成为自为的无限的现实精神。马克思批判了黑格尔这种把现实关系头足倒置的思辨唯心主义。他从揭示人的自我异化的神圣形象到非神圣形象的角度，对国家问题进行了系统探讨。他认为："国家的理性对国家的材料在家庭和市民社会中间的分配没有任何关系。国家是从家庭和市民社会之中无意识地偶然地产生出来的。家庭和市民社会仿佛是黑暗的天然的基础，从这一基础上燃起了国家的火炬。"[①] 通过以上论述，可以看出，马克思把市民社会看作政治国家产生的基础，把国家的产生看作一种无意识的客观过程，否定了国家产生于理念的错误观点，实现了对国家概念本质认识的唯物主义转向。

在涉及政治国家和家庭、市民社会之间的关系问题上，黑格尔认为政治国家依存于家庭和市民社会，它们之间具有同一性，同时它们之间又是相互分离的。对于这种分离，黑格尔企图通过中介来进行调和，且断言国家的力量在于它的普遍的最终目的和个人的特殊利益的统一。马克思不同于黑格尔，他结合自己对历史的研究，从历史发展的顺序出发，考察了政治国家同市民社会相异化的过程。在马克思看来，古代奴隶社会，政治国家同市民社会之间存在实体性的统一，国家并没有采取凌驾于各阶级之上的虚幻的共同体的形态。在封建社会，政治国家同市民社会之间的统一达到了顶峰。市民社会的一般等级成为政治意义上的等级。但是，到了资本主义社会，政治国家和市民社会之间这种统一已经消失了，二者变成了两个完全不同的领域，政治国家和市民社会完全分离，也即政治国家同市民社会之间发生异化。因为在资本主义社会，政治国家似乎变成了超阶级的、凌驾于敌对利益之上的共同体，变成了一种与市民社会相脱离、与市民社会无关的存在。正如马克思所言，在人民生活的各个不同环节中，政治国家即国家制度的形成是经历了最大的困难

---

① 《马克思恩格斯全集》第1卷，人民出版社，1995，第286页。

的。对其他领域来说，它是作为普遍理性、作为彼岸之物而发展起来的。但是，它的彼岸存在就是要确定它们这些特殊领域的异化。政治制度到现在为止一直是宗教的领域，是同人民生活现实性的人间存在相对立的人民生活普遍性的上天，政治生活是人民生活的经院哲学。君主制是这种异化的完整的表现，共和制则是这种在它自己的领域内的否定。

可见，马克思在这里把政治国家同宗教相比较，把它看成政治生活中的宗教领域。正如同人把自己的本质异化为神，异化为全知全能的上帝一样，在政治领域中，人们把资产阶级国家看成平等的天国，是同人民现实生活相对立的另一个“上天”，这就是异化。在分析了政治国家和市民社会之间的异化问题后，马克思还分析了政治制度本身的异化问题。在马克思看来，国家是人的客体化。正如不是宗教创造人，而是人创造宗教一样，不是国家制度创造人民，而是人民创造国家制度，民主制正体现了这个原则。为此，马克思推崇民主制，把它作为国家制度的类概念，以民主制来衡量其他国家制度。

综上可知，马克思在克罗茨纳赫时期，通过对黑格尔法哲学的批判，系统论述了政治国家和市民社会，以及政治制度自身的内在异化问题，构建了以政治为特征的政治异化史观，为进一步构筑唯物主义历史观开辟了新的途径。

三 《1844 年经济学哲学手稿》时期：构筑以经济异化为特征的异化劳动史观

在克罗茨纳赫时期，马克思通过对历史的研究，初步确定了市民社会和国家的关系，并在对黑格尔法哲学批判的基础上提出了政治异化史观。但是，这种政治异化史观仅仅是将对历史观的探讨放置于政治层面，而未深入经济层面。到《1844 年经济学哲学手稿》时期，马克思开始重点研究经济学，深刻剖析市民社会本身，并深入经济基础内部去分析上层建筑异化的现象，提出了异化劳动理论。

马克思提出异化劳动理论，并不是凭空而来，而是有着深刻的哲学基础的，这就是德国古典哲学逐步形成的关于异化的理论。但马克思并没有完全承袭德国古典哲学的异化理论，而是着眼于对现有经济事实的分析，突破了德国古典哲学的思辨传统。

众所周知，从主体的本质以非人的方式同人相对立的角度来论述异化，是德国古典哲学异化理论的特点。无论是黑格尔还是费尔巴哈都坚持了这一理论特质，即把异化问题同主、客体关系联系在一起。黑格尔的异化理论是一种客观唯心主义的精神异化论，他认为，实体即主体，绝对观念是与任何人类思维无关的、独立存在的实体，是整个异化或异化过程的承担者和主体；异化或异化过程在本质上就是绝对观念自我对象化、又返回自身的永不停息的旋转过程。费尔巴哈不同于黑格尔，他倡导一种人本主义异化理论，对主体和人的本质有其独特的看法，提出了“主体在人”的命题，倒置了黑格尔头足倒立的异化理论。但费尔巴哈的人本主义异化理论仍然是关于人的本质的异化和复归的理论，将人的本质对象化为一个独立于人的精神实体。从历史观的角度来看，仍然是唯心主义的。

马克思在《1844年经济学哲学手稿》中，摒弃了黑格尔和费尔巴哈异化理论的抽象本性和唯心特质，力图寻求异化的现实主体。于是，他重点分析和研究了国民经济学，对经济学说史进行了系统总结。马克思认为，国民经济学家并没有真正发现异化的现实主体，他们把劳动和劳动者分开，只研究劳动而不研究劳动者。异化的现实主体既不是黑格尔的绝对观念，也不是费尔巴哈的自然的人，更不是纯经济学意义上的劳动一般，而是具体的人，即从事物质资料生产的劳动者。马克思从这种性质的劳动中看到了异化，从异化中看到劳动，而从异化劳动中看到了主体——劳动者。

在明确了异化的现实主体——劳动者之后，马克思开始探寻资本主义制度下异化劳动的现实表现。马克思认为，国民经济学家不能够“弄清楚私有制，贪欲和劳动、资本、地产三者的分离之间，交换和竞争之间，人的价值和人的贬值之间，垄断和竞争等等之间，这全部异化和货币制度之间的本质联系。”① 而是将对这些联系的理解放置于一种虚构的原始状态。这样的原始状态什么问题也说明不了。我们应该从当前的经济事实出发来探寻异化问题。那么，当前的经济事实又是什么呢？马克思认为，当前是这样一种经济事实，即工人自己生产的财富越多，或者他的产品的力量和数量越大，他就变得越贫穷。工人创造的商品越多，他就越变成廉价的商品。物质世界财富的增多同人在物质世界地位的下降是成正比例的。这一经济事实无非是表明：“劳动所生产的对象，即劳动的产品，作为一种异己的存在物，作为不依赖于生产者的力量，同劳动相对立。劳动的产品是固定在某个对象中的、物化的劳动，这就是劳动的对象化。劳动的现实化就是劳动的对象化。在国民经济学假定的状况中，劳动的这种现实化表现为工人的非现实化，对象化表现为对象的丧失和被对象奴役，占有表现为异化、外化。”②

不难看出，马克思看到了在劳动产品和劳动者的关系中，包含两个不同的方面，即对象化和异化。任何产品都是劳动创造的，因此任何产品都是固定在对象中，物化为对象的劳动。劳动的实现就是对象化，这是任何社会进行物质生产的共同特性。没有对象化的劳动是不可想象的。但是，这并不意味对象化不必然发生异化。把对象化和异化结合在一起的纽带是资本主义私有制。在资本主义私有制条件下，对象化和异化不是两个互不相关的过程，而是同一过程的两个方面。劳动的对象化，不仅是劳动者创造出产品、创造出一个一个外部存在物，而且是创造出一个同他相对立、相异己的独立力量，这就是异化。所以，对象化不同于异化，对象化只有在一定条件下才发生异化。

马克思从产品的异化，即从工人与他的劳动产品的关系这个方面，考察了工人的异化、外化。但是，在马克思看来，资本主义制度下的异化，不仅表现在结果上，而且表现在生产行为中，表现在生产活动过程中。如果工人不是在生产行为本身中使自身异化，那么工人活动的产品

① 《马克思恩格斯全集》第3卷，人民出版社，2002，第267页。

② 《马克思恩格斯全集》第3卷，人民出版社，2002，第267~268页。

怎么会作为相异的东西同工人对立呢？这样，马克思就从分析劳动者和劳动产品之间的外在关系，转向分析主体自身也即劳动者同自己劳动的关系。

一般而言，劳动是人的本质的表现，是人所特有的意志自由和创造力的体现。然而，在资本主义雇佣劳动制下，劳动改变了其自身的特性，转向了工人的对立面，成了一种外在的东西，也就是说不属于工人自身的本质。工人“在自己的劳动中不是肯定自己，而是否定自己，不是感到幸福，而是感到不幸，不是自由地发挥自己的体力和智力，而是使自己的肉体受折磨、精神遭摧残。”① 从形式上看，资本主义雇佣制度下的劳动是一种自由劳动，不存在政治强制和剥削压迫，工人和资本家之间不存在人身依附关系。但是，从本质上来讲，资本主义雇佣制度下的劳动是一种极其不自由的劳动，工人所从事的劳动是一种外在的劳动，是一种自我牺牲、自我折磨的劳动。这种劳动不是他自己的，而是别人的。工人所进行的劳动不是为了满足爱好劳动的天性，而是为了满足劳动以外的其他各种需要，即作为生存手段。“只要肉体的强制或其他强制一停止，人们会像逃避瘟疫那样逃避劳动。”“结果是，人（工人）只有在运用自己的动物机能——吃、喝、生殖，至多还有居住、修饰等等——的时候，才觉得自己在自由活动，而在运用人的机能时，觉得自己只不过是动物。”② 故此，马克思认为，劳动异化使人和动物之间的原本关系发生了质的变化，即原本属于动物的东西变成人的东西，而原本属于人的东西变成动物的东西。

从以上马克思对异化劳动理论的系统阐述，不难看出，马克思的异化劳动理论，通过分析劳动产品同劳动者的关系、劳动者同自己劳动的关系，以及资产者和无产者之间的关系，揭示了资本主义社会资产者和无产者之间的剥削与被剥削的关系实质，超越了英国古典政治经济学家的“劳动价值论”。但是，马克思的异化劳动理论，没有完全摆脱费尔

① 《马克思恩格斯全集》第3卷，人民出版社，2002，第270页。

② 《马克思恩格斯全集》第3卷，人民出版社，2002，第271页。

巴哈人本主义的德国古典哲学传统，没有突破人的本质异化和复归的圈子，显然是有一定缺陷的。他由此在异化劳动理论基础上构建的异化劳动史观，难免会带有德国古典哲学的唯心主义痕迹。

四 《神圣家族》时期：科学阐释构筑历史观的基本要素

《神圣家族》是马克思和恩格斯第一次合作的论战性著作。在这部著作中，我们仍然能够看到费尔巴哈人本主义哲学的痕迹，但和《1844年经济学哲学手稿》相比，人的本质异化和复归的思想已不占中心地位。《神圣家族》进一步推进了《1844年经济学哲学手稿》中所蕴含的历史唯物主义思想，并且第一次提出了历史观，系统论述了什么是历史、历史的发源地，以及人民群众的伟大作用等问题。

在《神圣家族》中，马克思继续沿着《1844年经济学哲学手稿》中对历史概念的界定，即整个所谓世界历史不外是人通过人的劳动而诞生的过程，对历史的发源地，以及历史的基本内容等问题进行了系统阐释。历史的发源地问题，是历史观研究中的一个相当重要的根本性问题。历来的唯心主义者都对此问题进行了不同程度的探讨，并给出了不同的回答。黑格尔把绝对观念当作历史的发源地，他认为整个历史是绝对观念自我发展的历史，人类仅仅只是绝对观念发展的有意识或无意识的承担者。人们在现实生活中所看到的和体验到的经验的、明显的历史，只不过是那些看不见的、隐蔽的、思辨的历史的现实体现，整个人类历史都是精神历史。鲍威尔不同于黑格尔，他把自我意识看作历史的发源地。他敌视自然，拒绝研究自然和工业，认为自我意识是历史的唯一力量，没有自我意识的变异和发展，整个历史的存在将无任何意义。

针对唯心主义者对历史发源地问题的不同回答，马克思进行了严厉的批判。他从物质生产层面来阐释历史的发源地，他指出："难道批判的批判以为，只要它从历史运动中排除掉人对自然界的理论关系和实践关系，排除掉自然科学和工业，它就能达到即使是才开始的对历史现实的认识吗？难道批判的批判认为，它不去认识（比如说）某一历史时期的工业和生活本身的直接的生产方式，它就能真正地认识这个历史时期吗？诚然，唯灵论的、神学的批判的批判仅仅知道（至少它在自己的想象中知道）历史上的政治、文学和神学方面的重大事件。正像批判的批判把思维和感觉、灵魂和肉体、自身和世界分开一样，它也把历史同自然科学和工业分开，认为历史的发源地不在尘世的粗糙的物质生产中，而在天上的云雾中。”① 从以上马克思的论述中，我们不难看出，马克思关于历史发源地的论述包含两个层面的重要思想。其一，历史的根本内容是人类改造自然的物质性生产活动，没有人类同自然的这种改造关系，人类历史就不可能存在。其二，对某一历史时期的认识，不能只停留于研究其所处时期的意识形态，更重要的是要研究该历史时期的社会经济状况，也即生产方式，唯有如此，才能够科学揭示该历史时期的本来面貌。

明确了历史的发源地之后，马克思又重点考察了认识和研究历史的方法问题。他在抨击鲍威尔对《论犹太人问题》一文中指出：“犹太精神是通过历史、在历史中并且同历史一起保存下来和发展起来的，然而，这种发展不是用神学家的眼睛，而是只有用世俗人的眼睛才能看到，因为这种发展不是在宗教学说中，而是只有在工商业的实践中才能看到。”② 可见，在他看来，认识和观察历史有两种方法，一种是“神学家的眼睛”，即鲍威尔唯心主义异化论的历史观，把犹太教和基督教看成自我意识异化的两个阶段。另一种是“世俗的眼睛”，即唯物主义历史观，着重考察工商业的实践。马克思本人更倾向于第二种考察历史的方法，即在考察历史过程中，必须要立足于当时物质生产的客观情况，重点认识这一历史时期的生产方式。

在科学诠释了历史的发源地、考察历史的基本方法等问题的基础上，马克思紧接着又在《神圣家族》中批判了鲍威尔的历史目的论观点。鲍威尔把真理置于历史之上，而把历史置于人之上。在他看来，真理是一

---

① 《马克思恩格斯全集》第2卷，人民出版社，2005，第191页。

② 《马克思恩格斯文集》第1卷，人民出版社，2009，第308页。

台自己证明自己的自动机器，人应该追随真理。现实发展的结果，也像在黑格尔那里一样，不外是被证明了的即被意识到了的真理。历史的任务就在于对一切真理进行证明。正像从前的目的论所认为的那样，植物存在的目的是给动物充饥的；动物存在的目的是给人类充饥的；同样，历史存在的目的是给理论充饥的，也即证明理论的合理性和科学性。人为了历史的存在而存在，而历史则为了真理的存在而存在。因此，人和历史之所以存在，就是为了使真理达到自我意识。可见，鲍威尔坚持一种历史目的论的观点，即认为人是为了历史而存在，历史是为了证明真理而存在。

马克思反对鲍威尔这种历史目的论的观点，认为目的性是人的活动的特性，历史并不具有自己的目的。历史存在于人的活动之中，而不是人的活动之外。因为“历史什么事情也没有做，它‘不拥有任何惊人的丰富性’，它‘没有进行任何战斗’！其实，正是人，现实的、活生生的人在创造这一切，拥有这一切并且进行战斗。并不是‘历史’把人当做手段来达到自己——仿佛历史是一个独具魅力的人——的目的。历史不过是追求着自己目的的人的活动而已。”[①] 任何颠倒人与历史的关系，把历史看成抽象的主体，把人看成实现历史的工具的观点，都是错误的，最终都会走向历史宿命论。

此外，在《神圣家族》中，马克思还论述了人民群众在历史发展过程中的重要作用。鲍威尔等人把人民群众同历史对立起来，看不到人民群众在历史发展过程中的重要作用，而是把人民群众看作历史发展的阻力和障碍。他们认为：“到现在为止，历史上的一切伟大的活动之所以一开始就是不合时宜的和没有取得富有影响的成效，正是因为群众对这些活动表示关注和怀有热情。”[②] 马克思不同于鲍威尔的观点，和他们正好相反，马克思从物质生产是历史的发源地这一层面出发，强调人民群众在历史发展过程中的重要作用。他认为法国资产阶级革命，“这场能

① 《马克思恩格斯文集》第1卷，人民出版社，2009，第295页。
② 《马克思恩格斯文集》第1卷，人民出版社，2009，第286页。

够代表一切伟大的历史‘活动’的革命是不合时宜的，那么，它之所以不合时宜，是因为它在本质上仍然停留在那样一种群众生活条件的范围内，而那种群众是仅仅由少数人组成的、不是把全体居民包括在内的、有限的群众。”①

可见，在马克思看来，法国大革命之所以失败，是因为它所唤起的群众关怀和群众热情，不包括全体居民，只是代表有限的、特殊的群众，因而广大群众的热情只能是暂时的和表面的。据此，马克思还得出一个重要的结论：“历史活动是群众的活动，随着历史活动的深入，必将是群众队伍的扩大。”② 从而不断将对历史主体活动的认识和把握，上升到一种规律性认识的高度。

总而言之，马克思在《神圣家族》中批判了鲍威尔消极的唯心主义历史观，系统阐释了历史的发源地、考察历史的方法，以及人民群众在历史发展过程中的重要作用等问题，并以此来对抗关于人的本质异化和复归的历史观，从而逐渐走向全面创立唯物主义历史观的历史进程。

五 布鲁塞尔时期：为历史观的唯物转向提供理论准备

《神圣家族》之后到《德意志意识形态》之间，由于法国政府的迫害，马克思被迫从巴黎移居布鲁塞尔。到布鲁塞尔之后，他继续对历史观问题进行探索和研究。重点研究政治经济学和哲学，撰写了《评弗里德里希·李斯特的著作〈政治经济学的国民体系〉》和《关于费尔巴哈的提纲》两部重要著作，为其历史观由唯心主义向唯物主义转变提供了重要的理论准备。

《评弗里德里希·李斯特的著作〈政治经济学的国民体系〉》是马克思对德国资产阶级庸俗经济学家弗里德里希·李斯特的《政治经济学的国民体系》所撰写的一部评论和批判性著作。弗里德里希·李斯特在其著作《政治经济学的国民体系》一书中，极力掩盖其理论实质，重点

① 《马克思恩格斯文集》第1卷，人民出版社，2009，第287页。

② 《马克思恩格斯文集》第1卷，人民出版社，2009，第287页。

强调德国保护关税的必要性，是为了所谓的国家利益，“他害怕谈他所渴求的恶的交换价值，而谈生产力；他害怕谈竞争，而谈国家生产力的国家联合；他害怕谈他的私利，而谈国家利益。”① 马克思针对李斯特的错误理论前提进行了严厉批判。马克思认为，李斯特把生产力和交换价值对立起来，把生产力看成一种精神力量，是唯心主义生产力观。因为从本质上讲，“生产力表现为一种无限高于交换价值的本质。这种力量要求具有内在本质的地位，交换价值要求具有暂时现象的地位。这种力量表现为无限的，交换价值表现为有限的；前者表现为非物质的，后者表现为物质的；我们在李斯特先生那里看到了所有这些对立。因此，力量的超感觉世界便代替了交换价值的物质世界。”②

由此可见，马克思所认为的生产力，并不是一种不可捉摸的精神力量，而是一种物质力量。因此，对生产力的考察不能像李斯特那样，完全脱离社会制度进行抽象考察。马克思指出：“在现代制度下，生产力不仅在于它也许使人的劳动更有效或者使自然的力量和社会的力量更富于成效，而且它同样还在于使劳动更加便宜或者使劳动对工人来说生产效率更低了。因此，生产力从一开始就是由交换价值决定的。”③ 毫无疑问，在资本主义制度下，生产力的发展不仅表明人的劳动更富有成效，同时也意味着资本家对工人的剥削不断加强。马克思从现代制度下考察劳动，与《1844年经济学哲学手稿》中撇开劳动的实现形式，从主体的本质角度考察劳动前进了一步，更接近《德意志意识形态》即将全面呈现的历史唯物主义。因为在《1844年经济学哲学手稿》中，马克思把劳动界定为有意识有目的的活动，尽管把握住了人与动物的根本区别，但这种对劳动的理解有一种局限，就是容易把现实的劳动看作与人类本性的劳动相对立的异化劳动，看不到在劳动过程中所形成的生产关系。

如果说《评弗里德里希·李斯特的著作〈政治经济学的国民体

---

① 《马克思恩格斯全集》第42卷，人民出版社，1982，第240页。
② 《马克思恩格斯全集》第42卷，人民出版社，1982，第261页。
③ 《马克思恩格斯全集》第42卷，人民出版社，1982，第261页。

系〉》是马克思在布鲁塞尔时期撰写的一部从政治经济学视角探讨唯物主义历史观的著作，那么，《关于费尔巴哈的提纲》则是马克思在布鲁塞尔时期撰写的另一部从哲学世界观的角度研究唯物主义历史观的纲领性文件。

在《关于费尔巴哈的提纲》中，马克思针对费尔巴哈和旧唯物主义的根本缺陷，提出了实践观点，并将实践观点引入认识论和历史观。在马克思看来，“从前的一切唯物主义（包括费尔巴哈的唯物主义）的主要缺点是：对对象、现实、感性，只是从客体的或者直观的形式去理解，而不是把它们当做感性的人的活动，当做实践去理解，不是从主体方面去理解。”① 可见，马克思把“感性的人的活动”也即劳动，当作人的本质和社会生活的本质，从人类实践活动的视角来考察人类社会，迈向了唯物主义历史观的大门。历史经验证明，不从实践角度来考察历史，忽视实践在人类社会生活中作用的历史观都是唯心主义历史观。18世纪法国启蒙学派尽管提出了认识环境和教育的产物的命题，但是他们不懂“环境的改变和人的活动或自我改变的一致，只能被看做是并合理地理解为革命的实践。”② 因而，难以逃出理性支配世界的唯心主义圈子。费尔巴哈也是如此，他仅仅把理论活动看作真正的人的活动，而鄙视和忽视实践，不了解革命实践的伟大意义，其历史观仍然是人本主义的历史观。

费尔巴哈人本主义历史观的一个重要缺陷就是“撇开历史的进程，把宗教感情固定为独立的东西，并假定有一种抽象的——孤立的——人的个体。”③ 因此，他把人的本质理解为“类”，“理解为一种内在的、无声的、把许多个人自然地联系起来的普遍性。”④ 没有看到，“宗教感情”从本质上讲，是社会的产物。针对费尔巴哈的唯心主义论断，马克思在

---

① 《马克思恩格斯文集》第1卷，人民出版社，2009，第499页。

② 《马克思恩格斯文集》第1卷，人民出版社，2009，第500页。

③ 《马克思恩格斯文集》第1卷，人民出版社，2009，第501页。

④ 《马克思恩格斯文集》第1卷，人民出版社，2009，第501页。

《关于费尔巴哈的提纲》中提出“人的本质不是单个人所固有的抽象物，在其现实性上，它是一切社会关系的总和”① 的著名论断。这个论断一方面为人的本质作了一个科学界定，另一方面摒弃了费尔巴哈关于个体、类、类本质的观点，为全面创立唯物主义历史观清除了障碍。

总之，马克思在布鲁塞尔时期研究历史观问题所撰写的两部重要著作，从经济学层面和哲学层面探讨了研究历史观的基本理路和逻辑出发点，使马克思对历史观的研究突破了传统的唯心主义框框，从而为马克思全面创立唯物主义历史观提供了重要的理论准备。

六 《德意志意识形态》时期：从整体上呈现唯物主义历史观的基本样态

任何一个科学理论的创立，都有一个正确的理论出发点。同样如此，唯物主义历史观的全面创立，也必须要找到一个正确的理论出发点。那么，究竟什么是唯物主义历史观的理论出发点呢？在《德意志意识形态》中，马克思给出了科学的回答。

众所周知，就人类而言，任何一种认识都与自身的利益密不可分，或者说都是为了人类自己。自然科学如此，社会科学也是如此。二者所不同的是自然科学自身没有阶级性，而社会科学自身则蕴含丰富的阶级性。不同的阶级立足于不同的阶级利益，图示出不同的社会科学理论。针对作为社会科学理论的历史观的出发点问题，同样如此。奴隶主阶级和封建主阶级，立足于自身的阶级利益，以神的意旨作为解释历史变迁和各种社会现象的出发点，图示出了神学历史观；资产阶级立足于自身的阶级利益，以人为出发点，即以抽象的人性为出发点来解释历史，从而图示出了人道主义历史观。马克思不同于奴隶主、封建主和资产阶级，他代表无产阶级的利益，图示出了为了无产阶级和人类自身的解放的唯物主义历史观。正如马克思在《德意志意识形态》中所言：“每一个企

① 《马克思恩格斯文集》第1卷，人民出版社，2009，第501页。

图取代旧统治阶级的新阶级，为了达到自己的目的不得不把自己的利益说成是社会全体成员的共同利益，就是说，这在观念上的表达就是：赋予自己的思想以普遍性的形式，把它们描绘成唯一合乎理性的、有普遍意义的思想。进行革命的阶级，仅就它对抗另一个阶级而言，从一开始就不是作为一个阶级，而是作为全社会的代表出现的；它以社会全体群众的姿态反对唯一的统治阶级。"① 那么，马克思所图示的历史观的出发点究竟是什么呢？

在《德意志意识形态》中，马克思通过对施特劳斯以及施蒂纳把历史观的出发点定位于现实的宗教和真正的神学的批判，对历史观的出发点进行了重新界定。他说："我们开始要谈的前提不是任意提出的，不是教条，而是一些只有在臆想中才能撇开的现实前提。这是一些现实的个人，是他们的活动和他们的物质生活条件，包括他们已有的和由他们自己的活动创造出来的物质生活条件。因此，这些前提可以用纯粹经验的方法来确认。"② 此外，马克思还说："我们不是从人们所说的、所设想的、所想象的东西出发，也不是从口头说的、思考出来的、设想出来的、想象出来的人出发，去理解有血有肉的人。我们的出发点是从事实际活动的人。"③

基于以上论述，不难发现，马克思把现实的个人所从事的物质性活动作为历史观的出发点。他所指的现实的个人不是那种虚幻的离群索居和固定不变状态的人，而是受生产力和交往形式制约，并在一定的物质生产条件下进行物质生产的人。他所说的物质生产活动是指生产满足人的基本生存需要的资料的活动。

在讨论了历史观的出发点之后，马克思在《德意志意识形态》中还探讨了历史的主体、历史的本质、历史发展的动力，以及历史发展的规律等问题。

首先，历史的主体问题。在施蒂纳看来，人是全部历史的积极主体。

---

① 《马克思恩格斯文集》第1卷，人民出版社，2009，第552页。

② 《马克思恩格斯文集》第1卷，人民出版社，2009，第518~519页。

③ 《马克思恩格斯文集》第1卷，人民出版社，2009，第552页。

但是施蒂纳所理解的人只是概念、观念的一个名称而已。这种抽象意义上的人只是哲学家头脑中的一个游荡的幽灵而已，不参加任何实际活动，也不可能创造历史。对施蒂纳的这种认识，马克思给予了严厉批判，马克思认为："决不是人这个神圣概念，而是处在现实交往中的现实的人创造了经验关系，只是在后来，在事后，人们才把这些关系虚构、描绘、想像、肯定、确认为'人'这一概念的启示。"[①] 历史的真正主体是现实中的个人，是以一定的方式进行生产活动的一定的个人，这些个人是从事活动的，进行物质生产的，而不是某种概念意义上的抽象个人。

其次，历史的本质问题。在《1844年经济学哲学手稿》中，马克思把历史看作人通过人的劳动而诞生的过程；在《神圣家族》中他又把历史看作人类追求自己的目的的活动；这两种认识尽管在某种程度上都谈及了历史的本质，但是没有解决历史究竟是如何发展的问题。因此，这两种对历史本质的认识都是存在一定缺陷的。在《德意志意识形态》中，马克思从生产力的发展状况角度出发来讨论历史的本质，他认为："生产力的这种发展之所以是绝对必需的实际前提，还因为：只有随着生产力的这种普遍发展，人们的普遍交往才能建立起来。"[②] "历史不外是各个世代的依次交替。每一代都利用以前各代遗留下来的材料、资金和生产力；由于这个缘故，每一代一方面在完全改变了的环境下继续从事所继承的活动，另一方面又通过完全改变了的活动来变更旧的环境。"[③] 并在此基础上形成一个有联系的交往形式的序列，由于这些条件在历史发展的每一阶段都是与同一时期的生产力的发展相适应的，所以它们的历史同时也是发展着的、由每一个新的一代承受下来的生产力的历史。由此，我们不难看出，马克思在这里把历史的本质理解为物质资料生产方式发展和变化的历史。

再次，历史发展的动力问题。针对历史发展的动力问题，马克思明

---

① 《马克思恩格斯全集》第3卷，人民出版社，2002，第258页。
② 《马克思恩格斯文集》第1卷，人民出版社，2009，第538页。
③ 《马克思恩格斯文集》第1卷，人民出版社，2009，第538页。

确指出："生产力和交往形式之间的这种矛盾——正如我们所见到的，它在迄今为止的历史中曾多次发生过，然而并没有威胁交往形式的基础——，每一次都不免要爆发为革命，同时也采取各种附带形式，如冲突的总和，不同阶级之间的冲突，意识的矛盾，思想斗争，政治斗争，等等。从狭隘的观点出发，可以从其中抽出一种附带形式，把它看做是这些革命的基础，而这样做是相当容易的，因为进行这些革命的个人都由于自身的文化水平和所处的历史发展阶段，而对他们自己的活动本身抱有种种幻想。"① 可见，在马克思看来，导致各个国家内部发生冲突进行社会变革的根本原因就在于生产力和交往形式之间的矛盾，生产力和交往形式之间的矛盾运动构成历史发展的动力。

最后，历史发展的规律问题。关于人类历史发展的规律问题，西方学界存在不同的观点。一些历史学家和社会学家否认历史发展的规律性，鼓吹历史非决定论。在他们看来，社会现象不同于自然现象，社会现象是单一的、个别的、偶然的、无规律可循。他们认为，相信一定的规律性是社会发展的基础，认为这种规律性的知识提供预见的可能性，从而给政治家明确规定其活动的范围，对于这种信仰，像迷信一样，应该被拒绝。而以黑格尔为代表的部分哲学家却认为历史的发展存在内在的规律，并对这种内在的规律问题进行了系统研究和极有价值的探索。

黑格尔主要从以下三个方面出发详细论述了历史发展规律的本质内涵及其具体表现：①历史事变的发生绝不是偶然的，而是必然的、有规律性的；②历史规律即"理性的狡计""理性""必然性""理念"等；③历史规律的具体表现是人类历史从低级到高级的无限发展。不可否认，黑格尔对历史规律的认识仍然存在严重的不足。比如，把历史规律看成既成的、纯精神的活动，认为人类历史的一切是由历史规律事先设定好了的，只是等着历史规律去一步步实现而已。可见，黑格尔这种对历史规律的认识，消解了人的主体性和能动性，促使人在历史规律面前无能

① 《马克思恩格斯文集》第1卷，人民出版社，2009，第567~568页。

为力、束手无策。

针对黑格尔这种关于历史规律的唯心主义弊病，马克思在《德意志意识形态》中给予了批判，并科学阐释了其对历史规律的认识。马克思立足于人本身的生产实践活动，并从这种客观的活动出发来考察历史规律问题。他认为："这种活动、这种连续不断的感性劳动和创造、这种生产，正是整个现存的感性世界的基础，它哪怕只中断一年，费尔巴哈就会看到，不仅在自然界将发生巨大的变化，而且整个人类世界以及他自己的直观能力，甚至他本身的存在也会很快就没有了。当然，在这种情况下，外部自然界的优先地位仍然会保持着，而整个这一点当然不适用于原始的、通过自然发生的途径产生的人们。但是，这种区别只有在人被看做是某种与自然界不同的东西时才有意义。此外，先于人类历史而存在的那个自然界，不是费尔巴哈生活于其中的自然界。"① 同时，马克思还指出："以一定的方式进行生产活动的一定的个人，发生一定的社会关系和政治关系。经验的观察在任何情况下都应当根据经验来揭示社会结构和政治结构同生产的联系，而不应当带有任何神秘和思辨的色彩。社会结构和国家总是从一定的个人的生活过程中产生的。但是，这里所说的个人不是他们自己或别人想象中的那种个人，而是现实中的个人，也就是说，这些个人是从事活动的，进行物质生产的，因而是在一定的物质的、不受他们任意支配的界限、前提和条件下活动着的。"② 根据马克思以上的论述，我们不难发现，现实的人的生产实践活动是人类历史的基础，离开其物质生产实践活动，人类历史将不复存在。因此，人类历史规律在本质上就是现实的人的物质实践活动的规律。

在确认了人类历史规律的本质之后，紧接着，马克思又论述了人类历史发展的基本规律。马克思是通过划分生产力、生产关系（当时主要称之为交往形式），并系统阐述生产力与生产关系之间的辩证关系来论述人类历史发展的基本规律的。马克思认为："一定的生产方式或一定

① 《马克思恩格斯文集》第1卷，人民出版社，2009，第529~530页。

② 《马克思恩格斯文集》第1卷，人民出版社，2009，第523~524页。

的工业阶段始终是与一定的共同活动方式或一定的社会阶段联系着的，而这种共同活动方式本身就是‘生产力’。”[①] 生产力是受分工制约的不同个人，在进行共同的活动过程中产生的一种社会力量，这种社会力量不是他们自身的联合力量，而是一种异己的、在他们之外的强制力量。可见，在马克思看来，生产力就是人类在改造自然界的物质生产实践活动中所形成的生产能力，人们所达到的生产力的总和决定着社会状况。

针对生产关系，马克思在《德意志意识形态》中，更多的是通过“交往形式”“生产方式”等术语来表达的，马克思认为：“生产方式不应当只从它是个人肉体存在的再生产这方面加以考察。更确切地说，它是这些个人的一定的活动方式，是他们表现自己生命的一定方式、他们的一定的生活方式。”[②] 也就是说，马克思侧重于从自然关系，也即人对物的关系上来使用生产关系，把生产关系理解为人借助于一定的生产工具，在进行物质生活资料的生产过程中所形成的关系。

至于生产力和生产关系之间的关系，马克思认为：“定居下来的征服者所采纳的共同体形式，应当适应于他们面临的生产力发展水平，如果起初情况不是这样，那么共同体形式就应当按照生产力来改变。”[③]“封建制度决不是现成地从德国搬去的。它起源于征服者在进行征服时军队的战时组织，而且这种组织只是在征服之后，由于在被征服国家内遇到的生产力的影响才发展为真正的封建制度的。这种形式到底在多大程度上受生产力的制约，这从企图仿效古罗马来建立其他形式的失败尝试（查理大帝，等等）中已经得到证明。”[④] 显而易见，在马克思看来，生产力与生产关系之间的关系可以理解为生产力决定生产关系，生产关系反作用于生产力，生产力与生产关系之间的辩证运动规律，构成了人类历史发展的基本规律。

---

① 《马克思恩格斯文集》第1卷，人民出版社，2009，第532~533页。

② 《马克思恩格斯文集》第1卷，人民出版社，2009，第520页。

③ 《马克思恩格斯文集》第1卷，人民出版社，2009，第578页。

④ 《马克思恩格斯文集》第1卷，人民出版社，2009，第578页。

综上论述可知，马克思在《德意志意识形态》中通过对鲍威尔、施蒂纳，以及费尔巴哈唯心主义历史观的批判，科学阐释了历史观中的一些基本问题，注重从现实的个人的物质性生产实践活动层面出发来构造历史观，摒弃了传统历史观的唯心主义弊病，使唯物主义历史观的整体面貌得以基本呈现。

七 《德意志意识形态》之后：以哲学和政治运动为基点，完善和发展唯物主义历史观

《德意志意识形态》之后，马克思继续参加工人运动，创立《新莱茵报》，并先后撰写了《哲学的贫困》、《共产党宣言》、《1848年至1850年的法兰西阶级斗争》和《路易·波拿巴的雾月十八日》等重要著作。在这些著作中，马克思立足于经济学、哲学和政治学的研究视角，通过批判—建构—运用的理论逻辑，进一步完善和发展了其在《德意志意识形态》中所呈现的唯物主义历史观的基本原理。

在《哲学的贫困》中，马克思通过对蒲鲁东经济观点和哲学观点的批判，提出了社会整体观的思想。蒲鲁东把同一社会中的各种社会关系，按照时间的先后顺序排列，片面强调它们在时间上的先后性，而抹杀了它们之间的相互依赖和相互制约的关系；同时，他还把人看成原理、原则、范畴自我运动的工具。马克思针对蒲鲁东这种形而上学的历史观给予了严厉批判。他首先指出要把社会看成一个统一的整体，承认社会关系中各种要素之间的相互关系。此外，他还强调考察每个时代的历史现实，不应该撇开人类活动，而应该把人当成他们本身历史的剧中人物和剧作者，唯物辩证地看待历史的发展。

在《共产党宣言》中，马克思利用唯物史观的基本思想，来说明和阐释全部的近代史。这一基本思想是：每一个时代的经济生产和由此产生的社会结构构成这个时代的政治史和思想史的基础，与这种情况相适应的是（自原始公共占有制解体时起）全部历史都是阶级斗争史，即不同的历史发展阶段的被剥削阶级和剥削阶级、被统治阶级和统治阶级之

间斗争的历史；这一斗争使被剥削和被压迫的阶级，如果不同时把整个社会从剥削和压迫的状态下解放出来，将无法也不可能将自己从被剥削和被压迫的境况下解放出来。通过对近代史基本问题的阐释，以及对资本主义社会内部结构的深刻剖析，马克思揭示了资产阶级产生、发展和灭亡的辩证法；论证了无产阶级的历史地位决定着无产阶级的历史使命是消灭私有制，建立公有制，从而建立共产主义社会的科学内涵；摒弃了对历史理解的抽象原则，从历史本身来阐释历史发展的基本规律，进一步丰富和发展了唯物史观，彰显了唯物史观的科学性和实践性。正如列宁所言："在这部著作里极其清楚而又鲜明地叙述了新的世界观，叙述了包括社会生活在内的彻底的唯物主义，叙述了作为最完备精深的发展学说的辩证法，叙述了关于阶级斗争、关于共产主义新社会的创造者无产阶级的具有历史意义的革命使命的学说。"①

1848年，德国爆发了三月革命，马克思和恩格斯怀着极大的热情回到了德国。由于当时德国经济落后，工人政治觉悟不高和共产主义者同盟组织松懈，决定了无产阶级唯一正确的选择就是积极参加资产阶级革命，并和革命派的左翼结成同盟，将资产阶级革命进行到底，力争为社会主义革命创造条件。根据这一选择，马克思和恩格斯在条件极其艰苦的情况下，创办了《新莱茵报》，并将其作为革命活动与宣传的基地。在《新莱茵报》上，马克思运用唯物主义历史观的基本原理来分析当时发生在德国的政治事件，深刻地揭示出了这些事件背后的实质，也即尖锐的阶级斗争。同时，马克思又不断总结和概括广大群众在革命实践过程中所形成的科学经验，使作为唯物主义历史观核心的阶级斗争学说，在1848~1849年的欧洲革命运动过程中，得到了有力的论证。

随后，由于资产阶级的背叛，1848~1849年的革命以失败而告终，为了总结革命运动的经验，马克思撰写了《1848年至1850年的法兰西阶级斗争》和《路易·波拿巴的雾月十八日》两部著作。这两部著作是

① 《列宁全集》第21卷，人民出版社，1960，第30页。

马克思运用唯物主义历史观分析一定历史时期政治事变的经典著作。在《1848 年至 1850 年的法兰西阶级斗争》中，马克思提出了革命是历史的火车头，它可以激发人民群众的创造力，推进历史发展进程的重要思想；同时，他还明确地提出了无产阶级在夺取政权后，实行无产阶级专政的思想，并指出专政在政治、经济以及思想方面的任务就是："把这种专政作为必经的过渡阶段，以求达到根本消灭阶级差别，消灭一切产生这些差别的生产关系，消灭一切和这些生产关系相适应的社会关系，改变一切由这些社会关系产生出来的观念。"① 马克思这种无产阶级专政的学说，在《路易·波拿巴的雾月十八日》中，得到了进一步的发展和完善。在《路易·波拿巴的雾月十八日》这部著作中，马克思以法国为例揭示了资产阶级国家的本质，指出一切资产阶级革命都不是破坏旧的国家机器，而是加强它，使其成为更能剥削和压迫被剥削阶级的工具。无产阶级革命的最终目的，绝不是保留旧有的国家机器，而是集中无产阶级所有的力量将其打碎，建立新的，以无产阶级专政为特征的国家机器。这样，马克思就在无产阶级革命和无产阶级专政的问题上得出了重要结论。

总之，通过以上论述，我们不难发现，马克思在这两部著作中，运用了法国这一段时间的历史，检验了他所发现的唯物主义历史观的科学性，并通过对法国大革命经验的总结，使唯物主义历史观的基本原理，特别是关于无产阶级革命和无产阶级专政的学说得到了丰富和发展。

第三节 《1857—1858 年经济学手稿》之前马克思历史观的理论反思

一 《1857—1858 年经济学手稿》之前马克思历史观的基本特点

《1857—1858 年经济学手稿》之前马克思的历史观，是马克思早期

① 《列宁全集》第 59 卷，人民出版社，1990，第 227 页。

在研究哲学和参加无产阶级革命运动的过程中形成的，其在理论特质上超越了传统德国古典哲学家、英国古典政治经济学家、三大空想社会主义者，以及法国历史学家等的唯心主义历史观，实现了历史观在本体论上从唯心主义向唯物主义的根本转变，彰显了马克思前期历史观研究的基本特性。归整起来，《1857—1858 年经济学手稿》之前马克思历史观的研究，具有以下三个方面的基本特点。

（一）《1857—1858 年经济学手稿》之前的历史观，在研究上以认识和变革当时德国的社会现实为根本出发点

众所周知，传统的唯心主义历史观，在解释世界和改造世界时，脱离社会现实，立足于抽象的观念或概念，并以其为标准来解释现实社会发展运动过程中的一切。这种对现实世界的抽象解读，难免会歪曲世界发展变化的历史本真。与此不同，马克思在青年时期便摒弃了传统唯心史观这种错误做法，注重立足于社会现实，从社会现实出发来认识和变革社会现实的一些基本问题，使其对哲学历史观的研究不是“从天国下降到人间”，而是“从人间上升到天国”。

青年马克思对德国当时的社会现实问题具有浓厚的兴趣，因此，在其求学过程中，就立志要通过自己的努力，找到科学解决德国社会现实问题的根本方法和钥匙。起初，由于受父亲的影响和指导，马克思将法律作为解决一切社会现实问题的根本方法；于是，在柏林大学求学期间，他便开始认真研读法学，以期通过自己的努力，依据罗马法学传统，制定完善的“法学体系”。但“当他完成了自己的第一个‘体系’时，他认识到‘全部努力都是错误的’。他‘再次明白，没有哲学就无法深入’。”[①] 只有哲学才可以解决一切社会现实问题，才能够改变一个国家和社会的基本结构。

在认识到哲学对解决现实问题的重要性之后，大学期间，马克思便

---

① 〔德〕伊林·费彻尔：《马克思：思想传记》，黄文前译，北京师范大学出版社，2013，第5页。

开始认真学习和研读当时盛行的黑格尔哲学，并参加了以研讨和学习黑格尔哲学为目的的青年黑格尔派。在对黑格尔哲学系统研读的基础上，马克思撰写了博士论文《德谟克利特的自然哲学和伊壁鸠鲁的自然哲学的差别》。在这部著作中，他强调“自我意识”哲学，把“自我意识”作为一种精神力量，注重“自我意识”与外界的统一，正如他自己所言：“一个本身自由的理论精神变成实践的力量，并且作为一种意志走出阿门塞斯的阴影王国，转而面向那存在于理论精神之外的世俗的现实，——这是一条心理学的规律。”[①] 可见，此时马克思把“自我意识”哲学作为解决一切社会现实问题的核心。

但当年轻的马克思在莱茵省议会的辩论中遇到关于《林木盗窃法》的争论时，他开始意识到纯粹的哲学，不可能在本质上解决现实的物质利益问题，更不可能改变现实的物质社会。因此，解决德国的现实问题，必须要将哲学和现实生活紧密联系起来。同样，探寻历史的发展问题，也必须要将黑格尔关于历史辩证法运动的基本原理同社会实际的现实运动结合起来，唯有如此，才能够不断发现社会历史发展的客观规律。

马克思反对“坐在抽象的安乐椅”上去对待社会历史的发展和现实的基本问题，倡导立足于社会现实，“少发些不着边际的空论，少唱些高调，少来些自我欣赏，多说些明确的意见，多注意一些具体的事实”，[②] 因此，这种力图批判地认识现实社会关系、深刻地反映周围世界、积极地参加现实的社会运动的思想，成为其在早期认识和研究历史观的一个重要特点。

（二）《1857—1858年经济学手稿》之前的历史观，在研究过程中承认社会历史本身的客观性

毋庸置疑，在马克思的唯物主义历史观建立之前，在历史观上，长期以来都是唯心主义处于支配地位，它们在自然观上总是打败仗，于是

① 《马克思恩格斯全集》第40卷，人民出版社，1982，第228页。
② 《马克思恩格斯文集》第10卷，人民出版社，2009，第3页。

便把历史观看作自己牢靠的避难所。它们认为："一切历史变动的最终原因，应该到人们变动着的思想中去寻求，并且在一切变动中，最主要的，决定全部历史的是政治变动。"① 也就是说，在它们看来，精神、思想（宗教认为是上帝）是推动社会和历史发展的真正动力，这种动力，"在贵族统治时期占统治地位的是忠诚信义等等概念，而在资产阶级统治时期占统治地位的则是自由平等等概念……所有历史学家（主要是 18 世纪以来的）所固有的这种历史观必然会碰到这样一种现象：占统治地位的特点愈来愈抽象的思想，即愈来愈具有普遍形式的思想。"② 可见，马克思之前的唯心主义历史观在本质上都是从思想、概念出发来论证和研究社会的历史发展，承认社会历史本身的主观性，否定社会历史本身的客观性。持这种观点的唯心主义哲学家尤以黑格尔和费尔巴哈最具有代表性。

黑格尔对德国思想界的影响是相当深远的，他以理性或绝对观念作为自己创世理论的根基，注重从理念出发去认识自然界以及人类社会的历史发展，他给历史观披上了一种理念、理性或绝对观念的外衣，从而使人们对历史观的理解更加混乱或更加神秘化。针对黑格尔这种对历史观的抽象化、神秘化解读，费尔巴哈给予了最有力的打击和批判，费尔巴哈把自己的哲学称为新哲学，他"把形而上学的绝对精神归结为'以自然为基础的现实的人'，从而完成了对宗教的批判。同时也巧妙地拟定了对黑格尔的思辨以及一切形而上学的批判的基本要点。"③ 但是，他又把"以自然为基础的现实的人"作为历史的本质、国家的本质和宗教的本质，把人仅仅只看作一种脱离社会经济生活，没有历史进程的、彼此孤立的、纯粹自然的人。因此，他这种历史观从本质上讲，仍然是一种否定社会历史本身客观性的唯心主义历史观。

马克思早期在批判和继承黑格尔和费尔巴哈唯心主义历史观的基础

---

① 《马克思恩格斯选集》第 3 卷，人民出版社，1995，第 40 页。

② 《马克思恩格斯全集》第 3 卷，人民出版社，1960，第 53~54 页。

③ 《马克思恩格斯全集》第 2 卷，人民出版社，1957，第 177 页。

上，提出对人类历史的认识要从天国降到人间。他说："谬误在天国为神祇所作的雄辩［oratio pro aris et focis］一经驳倒，它在人间的存在就声誉扫地了。"[①] 也就是说，对社会历史的认识要将注意力从宗教、观念、理性等意识形态，转移到现实的国家和现实的社会，深入决定国家和现实社会的经济根源中去，注重从社会历史自身的客观性出发去研究历史；反对忽视各种关系的客观本性，仅仅从当事人的意志出发来解读一切历史现象的错误观点。

《1857—1858 年经济学手稿》之前马克思这种注重从社会历史自身的客观性出发来研究历史的观点，虽然还不能说是一种成熟的唯物主义历史观点，因为他还没有提出生产方式在社会历史发展中的地位和作用，还不能完全科学地揭示历史和社会发展的基本规律，但是，这种解读历史的全新理论视角，充分表明马克思在研究历史观的立足点上，逐渐从不成熟走向成熟。

（三）《1857—1858 年经济学手稿》之前马克思的历史观，在研究的表现形式上延续了黑格尔哲学的抽象表现形式

不言而喻，在德国，黑格尔哲学具有重要的历史地位，对后世的哲学影响重大。正如恩格斯所言，近代德国哲学在黑格尔的体系中达到了顶峰，因为黑格尔在自己的哲学体系中，第一次把整个自然的、历史的和精神的世界描写为一个不断运动、变化、转化和发展的过程，并企图揭示这些运动、变化和发展之间的内在联系。正是由于黑格尔哲学体系在哲学史变革中所做出的这种巨大历史功绩，使其哲学思想始终在德国的思想领域界占据统治地位，也深深地影响了马克思。

起初，马克思在学习哲学时，是相信康德和费希特的，他不满意黑格尔哲学那种"离奇古怪的调子"，认为其相当晦涩难懂，且给人一种故弄玄虚的感觉，并试图对黑格尔哲学进行严厉批判。但当后来，他发

---

① 《马克思恩格斯文集》第 1 卷，人民出版社，2009，第 3 页。

现康德和费希特哲学的根本缺陷：“这里首先出现的严重障碍同样是现有之物和应有之物的对立，这种对立是理想主义所固有的，是随后产生的无可救药的错误的划分的根源。最初我搞的是我慨然称之为法的形而上学的东西，也就是脱离了任何实际的法和法的任何实际形式的原则、思维、定义，这一切都是按费希特的那一套”[①]，康德和费希特喜欢在太空遨游，寻找一个遥远的未知国度；而我只求能真正领悟在街头巷尾遇到的日常事务。于是，马克思开始放弃康德和费希特的哲学。正是对康德和费希特哲学的彻底放弃，才使黑格尔哲学再次进入马克思的哲学研究视野。在施特拉劳，马克思从头到尾阅读了黑格尔的著作，并被其深邃、广阔、博大的哲学体系所吸引，尤其是黑格尔关于自然界、人类历史和精神世界都处于不断的运动、变化、改造和发展中的辩证法思想，深深地影响了马克思。这种辩证法思想为马克思以后对哲学研究，尤其是哲学历史观研究，开辟了新的思路和境界。

由于沉迷于黑格尔的哲学体系，马克思在 1839 年时，就非常熟悉黑格尔的逻辑学和辩证法思想，并用黑格尔哲学抽象思辨的表现形式去描述其所取得的理论认识。大学毕业以后，马克思放弃了去大学任教的想法，直接投身于社会现实斗争中，并开始为《莱茵报》撰稿。但是，他所撰写的所有政论性文章，都处处彰显着被他所掌握的黑格尔哲学的抽象表现形式。例如，在《评普鲁士最近的书报检查令》中，他明确指出：“书报检查的一般本质是建立在警察国家对它的官员抱有的那种虚幻而高傲的观念之上的。”[②] 在《第 179 号“科伦日报”社论》的文章中，马克思力图把哲学同历史的现实直接联系起来，这种把哲学世俗化的倾向，在黑格尔哲学中就存在，马克思把它更加彻底地向前推进了一步。毫无疑问，如果马克思手中没有黑格尔的辩证法这一思想武器，在理论的表达方式上是不可能做到这一点的。

同样，在《1857—1858 年经济学手稿》之前的其他时期，当马克思

① 《马克思恩格斯全集》第 47 卷，人民出版社，2004，第 7 页。

② 《马克思恩格斯全集》第 1 卷，人民出版社，1995，第 133 页。

立足于社会现实去分析社会政治现象、经济生活，探究社会历史发展的基本问题时，他暂时还不能从本质上意识到自己思想上取得的新成就，而只能局限于黑格尔，用黑格尔的哲学表达方式，来表述自己关于社会和历史的新认识和新见解。这样的表达方式，难免会带来这一时期马克思历史观理解上的复杂性，使更多的研究者误认为马克思这一时期的历史观，在表达方式上从属于黑格尔的哲学体系，因此在本质上也从属于黑格尔的唯心主义历史观。这种误解忽视了马克思这一时期在历史观研究上所取得的科学成就，显然是不科学的。总而言之，以黑格尔抽象的、思辨的表现形式来表达自己对历史观问题研究的思想，是这一时期在马克思历史观研究中的一个突出特点。

二 《1857—1858年经济学手稿》之前马克思历史观研究的理论空场

《1857—1858年经济学手稿》之前马克思的历史观，尽管已经对历史的本质、历史的规律、历史的主体，以及历史发展的动力等问题进行了较为系统全面的探讨，并为我们呈现了唯物主义历史观的基本样态。但是客观条件和主观因素的限制，使马克思此时对历史观的研究依然存在理论空场。

（一）马克思在《1857—1858年经济学手稿》之前对历史观的研究，由于缺乏足够的科学资料，对人类的起源和原始社会的阐释不够明确

众所周知，马克思的历史观是在自然科学发展到一定程度的基础上才得以实现的，自然科学的发展为马克思历史观的形成提供了重要的理论支撑，自然科学的发展程度，直接影响着马克思对历史发展过程中的某些具体历史问题的认识。比如，在《1857—1858年经济学手稿》之前对社会历史形式的研究，马克思在《德意志意识形态》中提到了部落所有制，古代公社所有制和国家所有制，封建的或等级的所有制；在《雇

佣劳动与资本》中提到了古代社会、封建社会和资产阶级社会等；尽管从整个历史发展的过程来看，马克思的这些认识都是科学的；但是，就单个历史社会形式的构成因素，尤其是关于原始社会形式中人的起源问题和对原始社会本质的认识问题，由于缺乏足够的自然科学研究资料，马克思对这些问题的认识和回答还是模糊的。只有到了后来，自然科学的发展以及马克思对自然科学最新资料的广泛占有，才使他有力地补充了先前认识的不足，给历史观研究过程中一些具体历史问题一个完满的答案。

综观《1857—1858 年经济学手稿》之前自然科学的发展史，我们不难发现，自然科学已经在各个研究领域取得了显著的成就。首先，在物理学领域，对能的转化的发现，促使人们对无机自然界中的一切所谓物理力、机械力、热、光以及电磁之间的关系有了全新的认识，即认为它们之间不是孤立存在的，而是在一定条件下可以相互转化的，且它们之间的这种转化并不预示着任何一种物理现象的消失，而则相应地表明了在无机自然界中的一切运动都可以归结为一种形式转化为另一种形式的不断过程。其次，同物理学领域一样，化学领域的研究和发展也取得了惊人的成就。19 世纪无机化学工业和有机化学工业都取得了相当程度的繁荣和发展，但是，至于无机自然界和有机自然界之间的内在关系，科学家一直没有给出一个科学的答案；直到科学家研制出了一种用无机的方法取得了过去一直只能在活的机体中所产生的化合物，才逐渐填平了一向认为的无机自然界和有机自然界之间不可逾越的鸿沟。最后，在生物学领域，也获得了快速发展。其中最主要的有施莱登和施旺建立了细胞学说，魏尔啸提出了细胞病理学说等；这些重大发现，使生物学从原来的描述性学科发展为一门实验性学科。同时，细胞学说的发现，也充分证明了一切现有的和过去曾经有过的有机体之间存在共同的地方。

显然，《1857—1858 年经济学手稿》之前自然科学的发展，尤其是细胞学说的提出，为我们科学认识历史观中人的起源问题，提供了新的假设：即所有生物的起源是统一的。然而，要使这种假设成为可能，必须要证明一个有机体变成另一个与其极相近的有机体的可能性。但是，依据当时的自然科学发展程度，还没有一个人能够用足够资料来证明这一点。因此，长期以来形成的物种不变的观念，在当时的生物学中仍然占据统治地位。只有到了 1859 年达尔文《物种起源》一书的问世，自然选择学说的提出，才使人们彻底推翻了在生物学上那种相信物种是固定不变的，彼此之间是没有任何联系的形而上学观点，从本质上消除了生物学中所存在的一切矛盾状况。诚然，达尔文在其著作《物种起源》一书中，并没有明确说明人类究竟是怎样出现的，但是，他的研究已经在根本上科学地论证了属于自然界一部分的人类，像自然界的其他生物一样，是自然界一定发展阶段的产物，有自己发生和发展的历史，从而为唯物主义地说明人类的起源，提供了科学的依据。

继《物种起源》之后，达尔文于 1871 年又发表了《人类的起源和性的选择》一书，在这本书中，达尔文对人类的起源问题给予了明确回答。人类和猿除了外形上相似之外，而且在生理特征等方面也有很多相似之处，人和猿不可能是单独发展而来的，从而得出了人类来自旧大陆某种现实已经消灭了的某种古猿的结论。同时，他也明确地指出，绝不能把这种推测的古猿与任何现存的类人猿相混淆，因为现存的类人猿都已沿着本身的进化道路而退化了。达尔文虽然正确地指出了人类是由古猿演化而来的，但是作为唯物论自然科学家的达尔文，在唯心主义的影响下，还是无法确定使古猿演化为人类的决定性因素究竟是什么，说不清人和其他动物的主要区别。恩格斯在研究达尔文学说的基础上，于 1876 年撰写了《劳动在从猿到人转变过程中的作用》一书，提出了劳动创造人类的理论，找到了人和动物的主要区别，从而进一步完善了马克思的历史理论。

如果说，达尔文的理论为马克思解释人类起源问题提供了依据，那么摩尔根的理论，则为马克思科学阐释原始社会的内部结构，创造了条件。因为在《1857—1858 年经济学手稿》之前马克思建立的历史观，由于缺乏自然科学最新资料的支撑，马克思并没有对社会的史前状态，也即全部成文史以前的社会组织，尤其是原始社会的内部结构，给予科学说明。而摩尔根关于原始社会氏族本质及其在部落中地位的发现，则使马克思彻底地弄清楚了原始社会的内部结构及其瓦解过程，从而不断地完善了他的社会发展理论。

总而言之，通过以上对《1857—1858年经济学手稿》之前自然科学发展的系统梳理，以及对历史观中个别问题的解决，我们不难发现，马克思科学历史观的建立，不可能脱离自然科学的发展，只有在发达的自然科学的理论支撑下，马克思对历史问题的认识才会更深刻、更清晰。由于受《1857—1858年经济学手稿》之前自然科学发展程度的限制，马克思在解答某些历史问题时，难免会存在理论上的空场。

（二）马克思在《1857—1858年经济学手稿》之前对历史观的研究，将注意力主要放在哲学和政治学层面上，借助于哲学和政治学思想来阐释其历史观，而很少从政治经济学视角出发来表达其历史观思想

通过对《1857—1858年经济学手稿》之前马克思研究历史观的经典文本的系统梳理，我们不难发现，马克思早期对历史观的研究，由于受其所处时代特征的影响，凸显两大特点：第一，借助于对黑格尔、费希特以及费尔巴哈等德国古典哲学家哲学理论的研究，来阐释其哲学历史观；第二，借助于对欧洲工人运动，以及无产阶级革命的研究，来阐释其政治历史观。这两大理论研究特点分别处于不同的历史时期，第一个特点主要处于1840~1848年时期，也即《博士论文》和《共产党宣言》的发表之间这段时间；第二个特点主要处于1848年《共产党宣言》的发表到《1857—1858年经济学手稿》的发表这段时间。

在第一个阶段内，德国古典哲学尤其是黑格尔哲学统治着整个德国的思想界。黑格尔将唯心主义辩证法发展到了顶峰，实现了从机械论到辩证论的伟大转变，马克思对其思想很是赞赏。但是，黑格尔的辩证法思想在本质上仍然是唯心主义的。因为他的辩证法不同于古希腊那种朴

素辩证法，古希腊的朴素辩证法是一种本体论的辩证法，也即关于客观世界自身的辩证法；黑格尔的辩证法是唯心主义的思辨的辩证法，他注重强调精神的作用，并把主体的创造作用提到首位。但是，黑格尔在论述其哲学思想时，一方面以其关于绝对观念的学说，逻辑地、思辨地表达了主体的能动作用，另一方面又把自然和人作为实体和自我意识的范畴统摄于绝对观念之中，从而把人与自然看成绝对观念实现自己内在必然性的工具。

以鲍威尔为代表的青年黑格尔派对黑格尔的这种认识提出了异议，强调自我意识的重要作用，并将自我意识从从属地位上升为主体地位。按照常理，青年黑格尔派这种认识更能表达人在整个世界过程中的地位。但是，他们这种认识把自我意识从作为人的属性，变为脱离自然、脱离人的独立主体，变为万事万物的唯一创造者，在本质上讲是一种主观唯心主义。

作为青年黑格尔派的一名成员，马克思在参加青年黑格尔派的运动时，起初也深受青年黑格尔派自我意识哲学的影响，强调自我意识在认识世界和改造世界过程中的基础性作用。但是，他不同意鲍威尔等将自我意识与实体对立的观点，强调人与自然环境统一的观点。故此，他撰写了《博士论文》，以此来表达自我意识与外界的统一。在他看来，自我意识作为一种精神力量，它必然要表现为意志，转向外界，唯有如此，才能够真正发挥其改造世界、改造历史的作用。

在《博士论文》从哲学认识论角度系统阐释人的自我意识在历史发展过程中的重要作用的基础上，马克思紧接着在《莱茵报》时期，又从哲学本体论角度，系统阐明了物质利益在哲学历史观研究中的基础性作用，使其对历史观的研究从天国回到了人间。《莱茵报》时期，马克思首先碰到的是关于出版自由问题。针对出版自由问题，马克思以人的本性为尺度来衡量出版自由，他认为出版自由是思想自由的体现。

显然，马克思这种认识从历史观的角度讲，是唯心主义的。但是马克思还从主客体关系的角度论述了自由问题，认为自由的表现不仅是主体的权利，也是客体的权利。正因为马克思考虑到了主客体之间的内在关系，所以没有将自由仅仅看作主体的内在特性。当马克思从出版自由问题转向抨击莱茵省议会关于《林木盗窃法》的辩论时，他开始对历史观的研究，从精神领域进入物质领域，从而使对历史观的研究实现了从天国到人间的伟大转变。

在随后的克罗茨纳赫时期、《1844年经济学哲学手稿》时期、《神圣家族》时期，以及《德意志意识形态》时期，马克思分别从哲学的基本观点出发，系统地阐述了其对历史观基本问题的认识。毋庸置疑，在《1844年经济学哲学手稿》时期和《德意志意识形态》时期，马克思也认真阅读了斯密、李嘉图、萨伊、西斯蒙第等人的经济学著作，并在此基础上提出了异化劳动理论、生产力和生产关系等理论，但这些只是马克思研究政治经济学的早期阶段，一些理论观点还不成熟。而且，马克思在这一时期研究政治经济学也并不是为了完全从经济学层面来阐释其历史观思想，而只是将政治经济学作为从哲学层面阐释历史观的有益补充。所以说，在这一阶段，马克思阐释和研究历史观的主要侧重点是哲学，而不是政治经济学。

在第二个阶段内，马克思和恩格斯积极参加各种工人运动，组建共产主义者同盟，并于1848年发表关于共产主义的纲领性文件——《共产党宣言》。《共产党宣言》高度凝结了19世纪40年代马克思和恩格斯在哲学、经济学，以及科学社会主义学上取得的重大成就，尤其是历史观思想。马克思在《共产党宣言》中对历史观的探讨，不同于之前的哲学表达，而是更多地倾向于在政治学层面的阐释。他首先科学地利用唯物史观来研究全部近代历史，分析了资本主义社会的结构。在他看来，资本主义社会不是建立在一般的所有制的基础上的，而是建立在阶级对立，一部分人对另一部分人进行剥削的资本主义私有制的基础上的。资本主义社会的各种制度，比如教育制度、政治制度，以及宗教的、道德的制度等都是与这种关系相适应的。然后，马克思又从历史发展的角度，对阶级斗争进行了纵向的考察，指出：“至今一切社会的历史都是阶级斗争的历史。”[①] 并在此基础上重点分析了资本主义社会阶级斗争的现实，以及资本主义社会内在的阶级关系。在马克思看来，从封建社会灭亡中产生出来的现代资产阶级社会并没有消灭阶级对立，它只是用新的阶级、新的压迫条件和新的斗争形式代替了旧的。这种对新的阶级、新的压迫条件以及新的斗争形式的研究，构成了马克思关于资本主义社会阶级斗争理论的特有内容。此外，马克思还谈及了资本主义社会的内在阶级关系，他认为，资本主义社会的阶级关系摆脱了以往奴隶社会和封建社会的等级特征，直接表现为阶级对立，即资产阶级和无产阶级的对立。

如果说在《共产党宣言》中，马克思着重探讨的是他那个时代的“近代史”，即资本主义社会如何在封建社会的母胎里孕育和发展的过程；那么，随后马克思在《新莱茵报》上发表的政论性文章，以及撰写的《1848年至1850年的法兰西阶级斗争》和《路易·波拿巴的雾月十八日》两部重要著作，则在通过总结法国和德国革命经验的基础上，利用政治学的语言，系统探讨了有关社会革命、阶级斗争、国家，以及如何评价历史人物等问题，进一步丰富和发展了唯物主义历史观的基本思想。

总之，通过以上对马克思在《1857—1858年经济学手稿》之前研究历史观的特征分析，不难发现，马克思在早期对历史观的研究，更多的是在借助于对哲学和政治学研究的基础上进行的，在表达方式上也更多地凸显哲学和政治学的理论话语；尽管马克思在这一时期也对政治经济学进行了系统研究，但是对政治经济学的研究，只是作为其从哲学和政治学层面研究历史观的一个有力补充，而不是核心和重点。只有到了《1857—1858年经济学手稿》时期，马克思才开始不断转化研究视角，注重从政治经济学视角出发来研究和阐释其历史观思想。

---

① 《马克思恩格斯文集》第2卷，人民出版社，2009，第31页。

第二章　人的发展与社会历史形式

马克思的社会历史形式理论是马克思历史观的核心内容，自其产生以来，一直备受学术界的关注。针对社会历史形式的划分以及划分标准问题，学术界存在各种大相径庭的解释。在社会历史形式的划分上，存在“两形式论”、“三形式论”、“四形式论”、“五形式论”和“六形式论”。在划分标准上存在阶级标准、人的发展的标准，以及生产方式标准。显然，这些划分标准在某种程度上都具有一定的科学性，都反映了马克思在不同阶段对社会历史形式划分的不同认识。那么，哪种标准更符合马克思的原意呢？

从对马克思经典文本的分析来看，不难发现，以生产方式为标准对社会历史形式进行划分，“出镜率”较高，但这并不能反映马克思更倾向于这一标准。马克思一向认为，人类历史不仅是生产史、经济史和制度史，同时也是人类自身发展的历史，是从动物世界进入真正人的世界的历史。因此，对人的发展、人类的解放问题，是马克思始终关注的一个重要论题。

马克思最早以人的发展为标准来探讨社会历史形式的观点，可以追溯到《1844年经济学哲学手稿》时期。在这一时期，马克思在人本学的逻辑框架内，探讨了人的“自由自觉”活动的本质，并根据人的这种本质的异化程度，将人类社会历史形式划分为三大阶段，也即人的本质非异化的社会形式、人的本质异化的社会形式，以及消除异化的共产主义社会形式。这种划分可以看作马克思以人的发展为标准，对社会历史形式进行划分的雏形。尽管马克思此时对社会历史形式进行划分，还受费尔巴哈人本主义思想的影响，但拉开了马克思从非人向人过渡，从而超越费尔巴哈抽象人本主义的帷幕。在《德意志意识形态》时期，马克思彻底摆脱了费尔巴哈抽象人本主义思想的影响，立足于现实的人，并依据于人的发展所受制约的程度，对人类社会历史的三大阶段做了进一步的划分，并将其划分为“自然形成的社会”、“文明创造的社会”和“自主活动的社会”。

在《1857—1858年经济学手稿》中，马克思在继承其前期以人的发展为标准来探讨社会历史形式理论的基础上，立足于经济学意义上的人，从人的发展出发，系统地探讨了人的发展与三大社会历史形式之间的内在关联，进一步丰富和发展了唯物主义历史观的基本思想。

第一节　人是历史主体的经济学确证

历史主体是历史过程的能动性根源，是任何历史哲学思想体系的基础和灵魂。关于历史的主体问题，马克思在《1844年经济学哲学手稿》和《德意志意识形态》中都有过探讨。在《1844年经济学哲学手稿》中，马克思把历史的主体界定为从事实践活动的人；在《德意志意识形态》中，马克思把历史的主体理解为现实中以一定的方式进行生产活动的一定的个人。此后的一段时间内，马克思还在其他著作中探讨了历史的主体问题。但是，马克思的这些早期探讨有一个共同特征，就是仅仅从哲学的研究视角来理解历史的主体问题，而很少从经济学的视域来探讨历史主体的本质内涵。直到《1857—1858年经济学手稿》时期，马克思才开始着重从政治经济学的研究视角，给予历史主体问题以经济学的确证。

一　何为历史主体？

关于对历史主体概念的认识，目前学术界存在多种观点。一种观点侧重于从历史主体和社会实践关系的角度来理解，认为历史主体是历史活动的承担者；另一种观点侧重于从主客体的角度来理解，认为历史主体是使用一定手段（中介物）作用于对象，而自身也被转化为对象的人；还有一种观点侧重于从主体的内在特征来理解，认为历史主体是在以生产劳动为基础的社会历史实践中有意识地、有目的地、能动地认识和改造客体的人。总之，说法不一。但从这些对历史主体概念的诸多认识中，我们不难发现，它们有一个共同的不足，就是仅仅只注重从某一个方面来揭示历史主体这一范畴的特有属性，没有从历史主体的总体特征上来做出科学阐释。那么，究竟何为历史主体？马克思在《1857—1858年经济学手稿》之前，尽管给予了历史主体概念一个合理的阐释，但是，他对历史主体概念的认识也经历了一个长期的探索过程。

《莱茵报》时期，马克思从民主制立场出发，通过对理想原则和现实生活的反思，把历史的主体理解为政治生活中的人民和市民社会，国家作为“客体化的人”，只是市民社会本身活动的结果。显然，马克思这时对历史主体概念的理解是模糊的，表现出明显的费尔巴哈哲学痕迹，但是把市民社会提升为第一性，把人的具体活动宣布为历史的基础，确定了历史主体研究的基本方向。在《德法年鉴》时期，马克思超越了《莱茵报》时期对历史主体概念的浅在理解，深入市民社会的内部领域，用特定的生活环境和社会关系来解读历史主体的本质。在马克思看来，政治、国家、宗教异化等被倒置的主体（虚幻的主体），其根源是市民社会中主客体关系的产物，主体不仅仅局限于“人是人的最高本质”。

在《1844年经济学哲学手稿》时期，马克思通过对劳动问题的深入研究，以及对黑格尔哲学的批判，把劳动作为历史发展的基础和衡量历史主体的尺度，指出：“整个所谓世界历史不外是人通过人的劳动而诞生的过程，是自然界对人来说的生成过程”，[①] 是在实践基础上主客体交互作用的结果。而作为历史创造者的人既是生活在社会、世界和自然界中有眼睛、耳朵等的自然的主体，也是可以被思考和被感觉的社会主体的自为的存在，这是马克思对历史主体概念的首次科学阐述。在《德意

① 《马克思恩格斯文集》第1卷，人民出版社，2009，第196页。

志意识形态》时期，马克思在前期对历史主体科学认识的基础上，又进一步将历史的主体理解为现实中以一定的方式进行生产活动的一定的个人。十几年以后，也就是在《1857—1858 年经济学手稿》时期，马克思再次强调“主体是人，客体是自然”的观点，这些观点充分显示了马克思对历史主体概念认识的前后一致性。

通过以上的系统梳理，我们不难发现，马克思对历史主体概念的认识是立足于唯物主义认识论和实践论的哲学立场，辩证地来理解历史主体，把历史主体的概念界定为对象性的实践活动和认识活动的承担者，是在一定历史发展阶段有意识、有目的地从事社会实践活动的现实的人。显然，马克思早期这种对历史主体概念的理解，更多的是倾向于从哲学层面来把握的，而没有从经济学层面来系统地诠释历史主体的内在特性。在《1857—1858 年经济学手稿》时期，马克思改变了以往认识的不足，在充分肯定人是历史主体的科学认识的基础上，着重从经济学层面来考察历史主体的内在特性。

二 《〈政治经济学批判〉导言》：从生产的社会性出发考察历史主体的社会性

《〈政治经济学批判〉导言》（以下简称《导言》）是马克思于 1857 年 8 月写的一篇未完成的手稿，在《导言》中，马克思批判了资产阶级经济学家把从事生产、分配、交换、消费主体的个人理解为脱离社会群体，孤立存在的错误观点。分别从生产、分配、交换、消费的历史性活动出发，系统阐释了作为历史主体的个人的社会性。

物质资料的生产是人类历史发展的基础，这是马克思创立自己的历史观以来一直坚持的基本观点。通过 19 世纪 50 年代对经济思想史的研究，马克思更坚定了这一看法，他认为：“任何一个民族，如果停止劳动，不用说一年，就是几个星期，也要灭亡，这是每一个小孩子都知道的。”[①] 然

---

① 《马克思恩格斯文集》第 10 卷，人民出版社，2009，第 289 页。

而，资产阶级经济学家尽管也认识到物质资料生产的重要性，但是他们把物质资料的生产看作独立的个人行为，并割裂社会经济运行过程中各个环节之间的内在关联。18世纪的资产阶级经济学家斯密和李嘉图尽管也注重对物质生产进行分析，但是他们忽视生产的社会性，把“单个的孤立的猎人和渔夫”① 作为考察生产的出发点和历史的起点。同样，法国伟大的启蒙思想家卢梭也否认生产的社会性，企图“通过契约来建立天生独立的主体之间的关系和联系的‘社会契约’”。②

马克思对资产阶级经济学家和启蒙思想家的片面观点，给予了严厉的批判，并提出了自己的看法。马克思认为：“一切生产都是个人在一定社会形式中并借这种社会形式而进行的对自然的占有。”③ 生产当然离不开个人，但生产并不是个人的生产。“我们越往前追溯历史，个人，从而也是进行生产的个人，就越表现为不独立，从属于一个较大的整体……人是最名副其实的政治动物，不仅是一种合群的动物，而且是只有在社会中才能独立的动物。孤立的一个人在社会之外进行生产——这是罕见的事，在已经内在地具有社会力量的文明人偶然落到荒野时，可能会发生这种事情——就像许多个人不在一起生活和彼此交谈而竟有语言发展一样，是不可思议的。”④ 可见，在马克思看来，生产始终是社会性的生产，因而作为历史主体的个人所进行的生产只能是社会性的生产，不可能脱离社会而孤立存在。

紧接着，马克思又探讨了与生产有着内在关联的经济学要素：分配、交换、消费的主体社会性问题。马克思主要是从生产与消费、交换、分配等诸要素之间的辩证关系着手来探讨历史主体的社会性的。马克思认为，生产是包含生产（狭义的）、分配、交换、消费各个环节的复杂的经济过程，它不是个人孤立的行为，而是社会性的行为，生产同各要素

---

① 《马克思恩格斯全集》第30卷，人民出版社，1995，第22页。
② 《马克思恩格斯全集》第30卷，人民出版社，1995，第22页。
③ 《马克思恩格斯全集》第30卷，人民出版社，1995，第28页。
④ 《马克思恩格斯全集》第30卷，人民出版社，1995，第25页。

之间是辩证统一的。马克思首先分析了生产与消费是辩证统一的关系。黑格尔主义者、社会主义美文学家，以及庸俗经济学家在探讨生产与消费的关系时，认为生产和消费是等同的。马克思反对这种观点，指出："就一个主体来说，生产和消费表现为一个行为的两个要素。这里要强调的主要之点是：无论我们把生产和消费看作一个主体的活动或者许多个人的活动，它们总是表现为一个过程的两个要素，在这个过程中，生产是实际的起点，因而也是起支配作用的要素。消费，作为必需，作为需要，本身就是生产活动的一个内在要素。但是生产活动是实现的起点，因而也是实现的起支配作用的要素，是整个过程借以重新进行的行为。"① 不难看出，在马克思看来，生产和消费表现为整个生产行为的两个要素，生产直接是消费，消费也直接是生产，每一方都以对方为中介，都表现为对方的手段，而且它们之间相互依存、互不可缺。生产和消费都是社会性的活动，因此，生产的主体和消费的主体也即历史的主体同样具有社会性。

探讨了生产和消费的辩证关系，确证了消费主体的社会性之后，马克思又分析了生产与分配、交换之间的辩证关系。马克思对生产与分配、生产与交换的分析，就其指导思想和分析方法来看，同对生产与消费的分析是一样的，都看到了各要素之间的相互依存、相互影响的辩证关系，但又不陷入多因素论，他始终将生产作为在所有要素中起决定性的要素。比如在探讨生产与分配的关系时，马克思指出："分配关系和分配方式只是表现为生产要素的背面……分配的结构完全决定于生产的结构。分配本身是生产的产物，不仅就对象说是如此，而且就形式说也是如此。就对象说，能分配的只是生产的成果，就形式说，参与生产的一定方式决定分配的特殊形式，决定参与分配的形式。"② 在谈及生产与交换的关系时，马克思说："在生产本身中发生的各种活动和各种能力的交换，直接属于生产，并且从本质上组成生产。""交换的深度、广度和方式都

① 《马克思恩格斯全集》第30卷，人民出版社，1995，第35页。

② 《马克思恩格斯全集》第30卷，人民出版社，1995，第36页。

是由生产的发展和结构决定的……可见，交换就其一切要素来说，或者是直接包含在生产之中，或者是由生产决定。”①

通过以上对生产中各要素、各环节之间关系的分析，马克思得出这样一个重要的结论，即生产、分配、交换、消费不是同一的东西，“而是说，它们构成一个总体的各个环节，一个统一体内部的差别。生产既支配着与其他要素相对而言的生产自身，也支配着其他要素。过程总是从生产开始。交换和消费不能是起支配作用的东西，这是不言而喻的。作为产品的分配，也是这样。而作为生产要素的分配，它本身就是生产的一个要素。因此，一定的生产决定一定的消费、分配、交换和这些不同要素相互间的一定关系。当然，生产就其单方面形式来说也决定于其他要素”。② 显然，马克思这一科学论断一方面使人们对物质生产过程中各要素之间的内在关系有了一个清晰的认识，另一方面又突出强调了生产在各个要素中的决定性作用。既然生产的主体具有社会性，那么，被生产所决定的其他要素的主体同样也具有社会性，也即进行物质性生产活动的历史主体具有社会性。

三 “货币章”：从交换关系的发展出发考察历史主体的发展

在“导言”中，马克思从批判资产阶级经济学家和庸俗经济学家否定生产的社会性角度出发，系统探讨了作为历史主体的个人在物质性生产活动中所具有的社会性。立足于此观点，马克思在“货币章”中重点考察了在交换关系过程中历史主体的演变和发展。马克思认为：“随着生产的社会性的增长，货币的权力也按同一程度增长，也就是说，交换关系固定为一种对生产者来说是外在的、不依赖于生产者的权力。最初作为促进生产的手段出现的东西，成了一种对生产者来说是异己的关系。生产者在什么程度上依赖于交换，看来，交换也在什么程度上不依赖于生产者，作为产品的产品和作为交换价值的产品之间的鸿沟也在什么程

① 《马克思恩格斯全集》第30卷，人民出版社，1995，第40页。

② 《马克思恩格斯全集》第30卷，人民出版社，1995，第40页。

度上加深。”[①] 显然，在马克思看来，在交换关系过程中，作为历史主体的生产者是不断发生变化的。于是，马克思便从交换关系自身的变化发展出发，对历史主体的发展变化进行了系统考察。

马克思首先考察了交换关系发展的两个前提条件，马克思认为，一切产品和活动转化为交换价值，既要以生产中人的（历史的）一切固定的依赖关系的解体为前提，又要以生产者之间的全面的依赖为前提。每个个人的生产，依赖于其他一切人的生产；同样，他的产品转化为他本人的生活资料，也要依赖于其他一切人的消费。不难看出，在这里，马克思是把生产过程中人与人之间固定依赖关系的解体和固定依赖关系的重构，作为交换关系发展的前提条件，把生产过程中的生产者，也即劳动者作为历史的主体。

在确定了生产过程中的历史主体之后，紧接着，马克思又考察和分析了资产阶级经济学家在理解历史主体在生产过程中作用的错误认识。资产阶级经济学家从追求个人利益的私有化出发来理解交换关系发展的历史过程，完全否定了劳动主体的社会性；同时，资产阶级经济学家还割裂私人利益同社会生产手段及再生产的内在联系，完全否定劳动主体存在和发展的物质基础。实际上，从本质上讲：“私人利益本身已经是社会所决定的利益，而且只有在社会所设定的条件下并使用社会所提供的手段，才能达到；也就是说，私人利益是与这些条件和手段的再生产相联系的。这是私人利益；但它的内容以及实现的形式和手段则是由不以任何人为转移的社会条件决定的。”[②] 显然，作为历史主体的劳动者，其发展不能脱离其所存在的社会联系和现有的物质生产方式的影响。

那么现有的社会联系又是什么呢？马克思认为：“毫不相干的个人之间的、互相的和全面的依赖，构成他们的社会联系。这种社会联系表现在交换价值上，因为对于每个个人来说，只有通过交换价值，他自己的活动或产品才成为他的活动或产品……另一方面，每个个人行使支配

① 《马克思恩格斯全集》第 30 卷，人民出版社，1995，第 95 页。

② 《马克思恩格斯全集》第 30 卷，人民出版社，1995，第 106 页。

别人的活动或支配社会财富的权力，就在于他是交换价值的或货币的所有者。他在衣袋里装着自己的社会权力和自己同社会的联系。”[①] 可见，在马克思看来，交换关系构成人与人之间的多重社会联系，使人自身的生产性活动或支配社会财富的权力得以确证，因此，对历史主体演变的考察，必须将其放置于交换关系的变化发展过程中，唯有如此，才能科学把握历史主体演变的内在特性。

在原始社会，由于生产力水平极端低下，人类的存在完全依附于自然，其潜在的生产能力深受自然界的约束和限制。这种客观状况，决定了人类的生产方式只能是以狩猎、采集或简单的自然农业为主，没有分工，或者只是一种极其简单的自然分工；生活方式只能是以血缘或以有限的地域为基础而形成的部落、氏族公社等共同体形式存在；生活资料除供部落消费之外的剩余，全部归部落共同体公有。各个部落获取的生活资料是有差异的，因此，当一个部落的生活资料有剩余之后，便与其他有剩余生活资料的部落发生简单的生活资料的交换，也即最原始的物物交换。“当两种商品互相交换时，每一种商品首先等于一个表现出它的交换价值的符号，例如，在西非海岸的某些黑人那里，等于×金属条块。一种商品=1金属条块；另一种商品=2金属条块。它们按照这个比例交换。在商品互相交换之前，先在头脑中和在语言上把它们转化为金属条块。在商品相交换以前，就要对它们估价，而要对它们估价，就必须使它们彼此处于一定的数字比例中。要使它们处于这样的数字比例中，使它们可以通约，它们就必须具有同一名称（单位）。（金属条块具有一个单纯想象的存在，正如一般说来，一种关系只有通过抽象，才能取得一个特殊的化身，才能使自身重新个体化。）”[②] “不管活动采取怎样的个人表现形式，也不管活动的产品具有怎样的特性，活动和活动的产品都是交换价值，即一切个性，一切特性都已被否定和消灭的一种一般的东西。这种情况实际上同下述情况截然不同：个人或者自然地或历史地

① 《马克思恩格斯全集》第30卷，人民出版社，1995，第106页。

② 《马克思恩格斯全集》第30卷，人民出版社，1995，第91页。

扩大为家庭和氏族（以后是共同体）的个人，直接地从自然界再生产自己，或者他的生产活动和他对生产的参与依赖于劳动和产品的一定形式，而他和别人的关系也是这样决定的。”①

由此不难看出，在原始社会的物物交换中，交换双方所共同认可的交换价值，在实质上就是彼此进行生活资料生产所耗费的劳动，双方进行的物物交换在本质上体现为一个部落群体或共同体同另一个部落群体或共同体之间劳动关系的交换。因此，在原始社会物物交换的背景下，历史的主体表现为原始的部落群体或者共同体。

随着社会生产力的发展，特别是随着社会分工、自然力的利用以及科学技术在工艺上的运用等，人们认识自然和改造自然的潜在能力逐渐得以张扬，人们从本质上摆脱了对自然界的完全依附关系，原始社会那种靠部落共同体进行生产的劳动形式，逐渐被不断发展壮大起来的协作、专业化等社会分工形式所瓦解和取代。与此同时，以物物交换为基础的交换形式，也必将会被一种新的交换形式所代替。在这种社会状态下，人们所进行的“活动的社会性质，正如产品的社会形式和个人对生产的参与，在这里表现为对于个人是异己的东西，物的东西；不是表现为个人的相互关系，而是表现为他们从属于这样一些关系，这些关系是不以个人为转移而存在的，并且是由毫不相干的个人互相的利害冲突而产生的。活动和产品的普遍交换已成为每一单个人的生存条件，这种普遍交换，他们的相互联系，表现为对他们本身来说是异己的、独立的东西，表现为一种物。在交换价值上，人的社会关系转化为物的社会关系；人的能力转化为物的能力”。②

从以上马克思的论述，我们可以看出，随着社会生产力的发展，原始社会那种主体之间固定的依赖关系逐渐解体，而新的也即主体之间以交换为基础的全面依赖关系得以形成。交换形式也由原来的以部落群体或共同体之间的物物交换，转化为单个人为了生存而进行的普遍交换；

① 《马克思恩格斯全集》第30卷，人民出版社，1995，第107页。

② 《马克思恩格斯全集》第30卷，人民出版社，1995，第107页。

同时，在原始社会那种人对人的依赖关系逐渐淡化，而人对物的依赖关系则逐渐增强。可见，交换关系的变化，必然引起历史主体的变化，即历史主体逐渐由部落群体或共同体转变为从事物质性生产活动的现实的个人。

在未来的社会（也即生产力高度发展，社会财富极大丰富的社会）中，人们的生活需要完全依靠社会的免费供给，而不是人与人之间的产品交换，交换关系已经消除，劳动成为人们的第一需要。在这样的社会中，因交换关系的消除，历史的主体随之也由从事物质性生产活动的现实的个人转化为全面发展的个人。马克思所认为的全面发展的个人是指："他们的社会关系作为他们自己的共同的关系，也是服从于他们自己的共同的控制的——不是自然的产物，而是历史的产物。"[①] 那么，如何实现个人的全面发展呢？马克思紧接着又指出："要使这种个性成为可能，能力的发展就要达到一定的程度和全面性，这正是以建立在交换价值基础上的生产为前提的，这种生产才在产生出个人同自己和同别人相异化的普遍性的同时，也产生出个人关系和个人能力的普遍性和全面性。"[②]

由此可见，马克思所要实现的历史主体自由个性的全面发展，依然是建立在交换关系的基础上的。建立在以交换价值为基础的物质性生产活动，为历史主体的全面发展奠定了丰厚的物质资源。

四 "资本章"：从主客体的交互关系出发考察历史主体的发展

"资本章"开篇，马克思在论述货币转化为资本的问题时，首先考察了交换关系的三个最基本的要素。马克思指出："只要考察的是纯粹形式，关系的经济方面，——处在这一形式之外的内容在这里其实还完全不属于经济学的范围，或者说，表现为不同于经济内容的自然内容，可以说，它同经济关系还是完全分开的，因为它同经济关系还是直接重

① 《马克思恩格斯全集》第30卷，人民出版社，1995，第112页。

② 《马克思恩格斯全集》第30卷，人民出版社，1995，第112页。

合的，——那么，在我们面前出现的就只是形式上不同的三种要素：关系的主体，交换者，他们处在同一规定中；他们交换的对象，交换价值。等价物，它们不仅相等，而且确实必须相等，还要被承认为相等；最后，交换行为本身，中介作用，通过这种中介作用，主体才表现为交换者，相等的人，而他们的客体则表现为等价物，相等的东西。”① 不难看出，在这里马克思把交换关系的三要素界定为：主体——交换者，客体——交换价值，媒介——交换行为；紧接着，马克思又对构成交换关系这三要素的具体性质进行了详细的分析。

关于主体，马克思论述了它的两个基本性质。第一，“每一个主体都是交换者，也就是说，每一个主体和另一个主体发生的社会关系就是后者和前者发生的社会关系”。② 也就是说，主体在本质上是交换者，主体与主体之间的关系是一种社会关系。第二，主体之间交换的是等价物，而等价物在实质上是一个主体对于其他主体的对象化。因此，从交换关系的总体过程来看，主体之间的交换关系是一种社会关系；作为主体间的物的依赖性关系而存在的等价物，则是主体的对象化形式，或者说是主体的客体化形式。

关于交换关系客体的交换价值，马克思指出：“交换价值作为整个生产制度的客观基础这一前提，从一开始就已经包含着对个人的强制，个人的直接产品不是为个人自己的产品，只有在社会过程中它才成为这样的产品，因而必须采取这种一般的并且诚然是外部的形式；个人只有作为交换价值的生产者才能存在，而这种情况就已经包含着对个人的自然存在的完全否定；因而个人完全是由社会所决定的；其次，这种情况又要以分工等等为前提，个人在分工中所处的关系已经不同于单纯交换者之间的关系，等等。”③ 可以看出，马克思对于交换关系客体的性质给予了两方面的规定：第一，交换价值作为交换关系的客体，一开始就包

---

① 《马克思恩格斯全集》第 30 卷，人民出版社，1995，第 196 页。

② 《马克思恩格斯全集》第 30 卷，人民出版社，1995，第 195 页。

③ 《马克思恩格斯全集》第 30 卷，人民出版社，1995，第 203 页。

含对交换关系主体的强制；第二，交换关系中客体对主体的强制是以分工等的发展为前提的。至于交换行为，马克思认为："交换行为不仅设定并证明交换价值，而且设定并证明作为交换者的主体。"[①] 也就是说，在马克思看来，交换行为的实质就是联结交换关系主体与客体交互作用的媒介。

总之，通过以上马克思对交换关系内在三个基本要素的论述，我们不难发现，马克思是想通过主客体之间的内在关系来理解历史主体的发展。在他看来，主体与主体之间是一种社会关系，而主体间这种社会关系是通过客体来表现的；客体并不仅是为了主体的存在而存在，相反，客体的存在对主体的存在和发展有极大的强制性。因此，撇开客体而单独来理解主体，是不可能完整地理解主体的发展阶段及性质的，只有在主客体的交互作用中来理解主体，才能真正把握主体自身的发展原态。

第二节 "人的依赖关系"的社会历史形式

马克思在《1857—1858 年经济学手稿》中论述人的发展时指出："每个个人以物的形式占有社会权力。如果从物那里夺去这种社会权力，那么你们就必然赋予人以支配人的这种权力。人的依赖关系（起初完全是自然发生的），是最初的社会形式，在这种形式下，人的生产能力只是在狭小的范围内和孤立的地点上发展着。以物的依赖性为基础的人的独立性，是第二大形式，在这种形式下，才形成普遍的社会物质变换、全面的关系、多方面的需要以及全面的能力的体系。建立在个人全面发展和他们共同的、社会的生产能力成为从属于他们的社会财富这一基础上的自由个性，是第三个阶段。第二个阶段为第三个阶段创造条件。因此，家长制的、古代的（以及封建的）状态随着商业、奢侈、货币、交换价值的发展而没落下去，现代社会则随着这些东西同步发展起来。"[②]

① 《马克思恩格斯全集》第 30 卷，人民出版社，1995，第 196 页。

② 《马克思恩格斯全集》第 30 卷，人民出版社，1995，第 107~108 页。

显然，在这里，马克思依据人的发展这一基本标准，把社会的历史形式划分为“人的依赖关系”的社会历史形式、“物的依赖关系”的社会历史形式和“人的自由全面发展”的社会历史形式。本节主要探讨“人的依赖关系”的社会历史形式。

一 “人的依赖关系”的社会历史形式的形成

人类社会产生的初期，社会生产力水平极其低下，人类的生存和发展完全依赖于自然。在生存方式上，主要依靠大自然提供的各种天然产物，比如原始森林中的禽兽、江河湖泊中的鱼类、各种天然的植物果实等。人类唯一从事的活动就是从自然界的储藏库中，发现和找到自己为了维持生存所需要的、现存的生活资料。人类劳动的本性，从本质上讲，完全是自然的。人类谋求物质生活资料的活动的目的，只是改变自然物的空间关系，以便使自然物能够脱离大地，供自己享用。可见，在这一时期，人类的生存完全依靠大自然天然资源的恩赐。

然而，自然物自身的再生需要一定的周期，再加上人所需要的天然食品还经常成为其他动物的享用品，因此，大自然可供人类直接利用的资源就显得非常有限。面对有限的资源，人类为了自身的生存，必须要付出努力去同自然界斗争，以便能从自然界获取更多可供自己生活需要的资料。但是，同自然界进行斗争是需要工具的。于是，人们就利用手边的一些自然物如木棒、石块、骨头和其他来自自然界的现成材料等作为劳动工具。这些最初的、自然生成的劳动工具，扩大和延伸了人体器官，增强了人对自然的改造能力。从而使人与自然的关系，逐渐由自发盲动转向自觉能动。同时，人类制造工具的活动也充分表明，人们学会了利用自然界自身的力量来对付自然界，将自然界的力量变为人的自身力量的一部分。人能够利用自然界，制造出对付自然界的工具，从而使人的活动以及人群共同体同动物的活动以及同动物群体的关系严格地区别开来。

随着人类制造工具的工艺逐渐提高，即由过去粗糙的打制法改进为精细的磨制法，人们驾驭自然的能力不断增强，从而改变了人类旧有的单纯依靠采集自然界现存资料的生存方式，开始转向依靠人类的活动来增加天然产物的生存方式，原始的农业和畜牧业也随之出现。原始农业和畜牧业的呈现，一方面是人类改造自然界能力增强的结果，另一方面也是自然分工的结果。这里的自然分工，特指自然环境的地域分工。分工又促进了社会生产力的快速发展，使人们的劳动能力、劳动资料以及劳动方式都发生了一定程度的变化。

铁器工具的广泛使用和分工的不断扩大，使人类的社会生产力实现了一次质的飞跃，人类不再一味依赖自然资源而生存，而是依靠简单的手工工具进行物质性生产活动。但是，这种活动对自然的改造和控制能力是十分有限的，它必须严格遵循生物生长的自然周期和规律，必须在恪守自然规律及其规定的自然秩序的条件下才能进行，人类在很大程度上还是要依靠自然界。人自身的这样一种发展态势，使人不可能脱离对自然的依赖而单独存在，最终导致了“人的依赖关系”的社会历史形式的形成。

二　“人的依赖关系”的社会历史形式的生产特性

在人类社会初期，人类对自然进行改造和征服的能力是极其有限的，因此，人类只能以“人的依赖关系”为中介进行自然生产。自然生产便成为“人的依赖关系”的社会历史形式下的生产特性。所谓以“人的依赖关系”为中介的自然生产，就是指在自然生产条件下，人类开展具体生产活动的主体、客体、目的以及实现等都离不开人、离不开对人的依赖关系。

首先，依附于自然形成的共同体，是人类进行自然生产的基本前提。在自然生产条件下，人类进行生产的主要自然条件是土地，然而，“孤立的个人是完全不可能有土地财产的，就像他不可能会说话一样。诚然，他能够像动物一样，把土地作为实体来维持自己的生存。把土地当作财产，这种关系总是要以处在或多或少自然形成的或历史地发展了的形式中的部落或公社占领土地（和平地或暴力地）为中介”。[①] 也就是说，土地作为公共财产，它不属于单个的人，而是从属于自然形成的共同体。因此，单个人要想占有土地，必须要依附于自然形成的共同体。正如马克思所言：“对活的个体来说，生产的自然条件之一，就是他属于某一自然形成的社会、部落等等。他自身的生产存在，只有在这个条件下才是可能的。”[②] 只有这样，单个人才能够理所当然地把土地视为自己的财产。概而言之，自然形成的共同体，并不是人们占有和利用土地的结果，而是其前提，人类要进行自然生产，必须要以依附于一定的自然形成的共同体为前提。唯有如此，人们才能间接地占有土地和其他劳动客观条件，顺利地开展自然生产活动。

其次，自然生产本身就是直接的人的依赖关系。在人类初期，个体的人的力量是单薄的，面对强大的自然界，其远不具备改造自然和征服自然的能力。个体要想改造自然，从自然界获取生活资料，必须要依靠群体的力量，否则将无法生存。正如马克思所说：“我们所看到的那种在劳动过程中占统治地位的协作，一方面以生产条件的公有制为基础，另一方面，正像单个蜜蜂离不开蜂房一样，以个人尚未脱离氏族或公社的脐带这一事实为基础。”[③] 因此，在人类初期，人们不可能脱离共同体而单独存在，他们必须要在共同体的联合下，进行协作劳动。唯有如此，他们才能真正征服和改造自然，使自身得以存活。进入农业文明时代以后，尽管社会生产力取得了长足的发展，但是人们所从事的劳动仍然是以体力劳动为主，体力劳动是以使用肌肉力为基础的，大规模的体力劳动仍然依赖于人与人之间关系的联合。因此，只有在劳动过程中借助于人的依赖关系，自然生产活动才能够顺利展开。

最后，自然生产的目的在于人自身。在自然生产条件下，劳动的自然形式就是劳动的直接社会形式，人的个体劳动与社会劳动，在同一生

---

① 《马克思恩格斯全集》第 30 卷，人民出版社，1995，第 477 页。

② 《马克思恩格斯全集》第 30 卷，人民出版社，1995，第 484 页。

③ 《马克思恩格斯文集》第 5 卷，人民出版社，2009，第 388 页。

产过程中，直接表现生产满足自身需要的目的。无论是哪种生产方式，原始的或者是农业的，“各个个人都不是把自己当作劳动者，而是把自己当作所有者和同时也进行劳动的共同体成员。这种劳动的目的不是为了创造价值，——虽然他们也可能从事剩余劳动，以便为自己换取他人的产品，即剩余产品，——相反，他们劳动的目的是为了维持各个所有者及其家庭以及整个共同体的生存”。[①] 显然，在马克思看来，共同体成员所进行的生产，其目的是维持和再生产人本身。

总之，通过以上论述，不难发现，在人类社会初期，由于生产力水平比较低下，以血缘关系和家庭为纽带所组成的共同体，在社会生产和生活中占据着主体地位。共同体掌控着一切社会资源和财富，人类为了生存和发展，必须要依附于共同体，从共同体中获取自身劳动的资料和生活资源，进行自然生产。人对自然和共同体的依赖关系，在整个社会发展中占据主导地位，由此便构筑了“人的依赖关系”的社会历史形式的基本特性。

三 “人的依赖关系”的社会历史形式的内涵阐释

以“人的依赖关系”为基础的社会历史形式，或者叫作自然经济形式，它是人类社会历史最初的社会形式，也是前资本主义社会历史形式。其历史内涵主要包括了人的“自然化”需要、完全依附的社会关系、个人活动的“原始丰富性”，以及个人个性的缺失等层面。

首先，人的“自然化”需要。众所周知，在这一社会历史形式中，社会生产力发展缓慢，人们所使用的生产工具尚属于从自然界直接产生的工具。人们对自然界的改造能力相当弱，自然界几乎还没有被人的历史活动所改造。人们自身的需要也非常简单，类似于动物的本能需要，需要的对象都是某种天然的自然物，比如树果、野菜以及弱小动物等；这些需要都是在大自然范围之内，未曾超越大自然的原始恩赐。随着人

① 《马克思恩格斯全集》第30卷，人民出版社，1995，第466页。

们生产能力的提高，人们开始利用自己的活动来改造自然界，以此来满足自身发展的需要。但这种改造能力是极其有限的，从生产方面来讲，其所进行的生产只是低水平条件下的简单重复；同时，人们的生活需要和生活方式非常简单，即满足自身生命的存在。可见，在这一阶段，人的存在及其实现方式，具有原始“自然化”的特征。

其次，完全依附的社会关系。在这一社会历史形式下，人的社会本质极度萎缩，人与自然之间是一种完全依附的关系，人的存在和发展完全受制于自然，正如马克思所言：“个人或者自然地或历史地扩大为家庭和氏族（以后是共同体）的个人，直接地从自然界再生产自己，或者他的生产活动和他对生产的参与依赖于劳动和产品的一定形式，而他和别人的关系也是这样决定的。”① 同时，人们之间也都是相互依赖的，人与人之间的关系直接体现于生产劳动中，这种关系就像马克思形容的法国广大农民那样，就是一些同名数的简单相加，个人与个人之间相互隔离，自给自足，尚未披上物之外的社会关系的外衣。究其原因，是因为：“他们进行生产的地盘，即小块土地，不容许在耕作时进行分工，应用科学，因而也就没有多种多样的发展，没有各种不同的才能，没有丰富的社会关系。”② 人的这种“单个蜜蜂离不开蜂房”般的依赖关系从“血缘关系”发展到“统治服从关系”，“我们越往前追溯历史，个人，从而也是进行生产的个人，就越表现为不独立，从属于一个较大的整体”。③

再次，个人活动的“原始丰富性”。在这种社会历史形式内，生产力和社会分工比较落后，促使人从属于自然界，自然经济在整个社会历史形式内占据统治地位。每个个体进行生产劳动，其目的不是创造价值，满足更多人的生存需要，而是自给自足，以维系个人、家庭及整个共同体各方面的生存需要。毋庸置疑，在维系生存需要的物质生产过程中，单个人的能力会表现为一种“原始的丰富性”，而这种物质

---

① 《马克思恩格斯全集》第 30 卷，人民出版社，1995，第 107 页。

② 《马克思恩格斯文集》第 2 卷，人民出版社，2009，第 566 页。

③ 《马克思恩格斯全集》第 30 卷，人民出版社，1995，第 25 页。

生产比起资本主义大生产也表现为一种“古代的崇高”。但无论如何，个人在这种社会历史形式中的发展，是与这种原始的社会形式相矛盾的，是根本不可能得到全面发展的。马克思指出，留恋于这种“原始的丰富”和“古代的崇高”是非常可笑的，停留于这种完全虚化之中也是极为荒唐的。

最后，个人个性的缺失。在这一历史形式下，由于受人的活动及其社会关系自身发展的局限，人与自然之间和人与社会之间呈现一体化状态，促使单个的人无论在自然面前，还是在社会面前都缺乏必要的个性。这种必要个性的缺失，主要表现在以下三个方面。①在人的活动方面，劳动的同质性使人的个性发展缺乏必要的实践基础。因为在这一阶段，人的活动是共同体所有成员共同的劳动活动，每一个人的活动都从属于共同体的劳动活动，都是共同体劳动活动中不可缺少的一部分。共同体劳动活动的性质决定了每个单个人的劳动性质，致使单个人劳动个性的发挥和实现丧失了实践基础。②在人与人的关系方面。个人从属于共同体，个人的一切行为和活动都消融在共同体之中，从而使单个人个性的发挥和实现缺乏必要的社会基础。③个性的缺失还表现在主体自身方面。由于社会生产力水平低下，个人在对象世界面前显得十分渺小，主体意识和观念缺乏，很少愿意去探讨外部世界的发展，而是愿意满足和停留于旧有的生活状态，随遇而安，缺乏积极进取的精神和意识，从而使个性发展丧失了必要的主体准备。

总之，以上便是“人的依赖关系”的社会历史形式所表现出来的内在特征，这种内在特征是与当时的自然经济状态，以及社会生产力发展水平密切相关的，其自身难免会存在一些局限，比如会造成人自身过分依赖于自然、人与人之间存在普遍的人身依附关系等。然而，随着社会生产力的不断发展和商品经济形态的出现，人自身会在一定程度上得到新的发展，这一社会历史形式，最终将会被“物的依赖关系”的社会历史形式所取代。

第三节　“物的依赖关系”的社会历史形式

随着社会分工以及社会生产力的发展，社会生产方式逐渐由自然经济的生产方式，转向商品经济的生产方式。商品经济的生产方式不同于自然经济形式下的生产方式，它以商品或货币为纽带，使自然经济条件下人对人的全面依赖关系，逐渐转变为人对物的全面依赖关系。这种人与人之间关系的全面转化，一方面使单个的人从对共同体的人身依附关系中解放出来；另一方面又使人束缚于一种物化的社会关系之中，从而导致了一种新的社会历史形式，也即“物的依赖关系”的社会历史形式的出现。

一　“物的依赖关系”的社会历史形式的形成

如前所述，在“人的依赖关系”的社会历史形式下，社会生产力发展缓慢，社会分工极其简单。人们生活需求单一，而这种单一的生活需求基本上依靠自己生产的物品就可以满足，自给自足是这种历史形式最大的经济特征。然而，作为自然属性和社会属性统一的人，其在本质上首先是作为一个从事生产活动的“经济人”而存在的。这种特殊的存在，使其对物质的需求是丰富的，而不是单一的。

基于此，人们为了满足自身的各种需求，便在物质生产过程中进行各种各样的分工。合理有效的分工，一方面能使人们在长期的物质生产实践中积累生产经验，提高生产技能；另一方面又可以使人们在物质生产过程中获取更多的物质产品。物质产品的富裕，使人们在拿来满足自身生存需要的基础上出现了剩余，从而为人们进行简单的物物交换提供了可能。

由此可见，“人的依赖关系”社会历史形式下的生产关系，越来越不能适应生产力发展的需要，越来越成为社会生产力发展的一种障碍。相反，脱离自己劳动过程的物，开始第一次获得了直接劳动之外的价值，成了满足人们自身需要的对象。但是，由于社会分工和生产力发展缓慢，人们最初的物物交换，只限于以共同体的名义进行，独立生产者之间不具备发生交换的可能。也就是说，严格意义上的交换主体尚未确立。

随着社会生产力的进一步发展和社会分工的进一步精细化，用于交换的剩余产品不断增加，从而导致交换的对象和范围，以及交换的需求和频率都在不同程度上发生变化，这种变化使人们多方面需要的满足更加便利和有效。同时，随着货币的出现，大量不同质的商品有了一般的物质财富形式，人们多方面需要的满足都可以通过货币来实现。因此，追求以货币为形式的物质财富，成为人们社会生产和生活的目的。

这样，人与人之间的隶属或依赖关系，逐渐被一种普遍物化的社会关系所代替，单个的人也彻底摆脱了使他成为一定的狭隘人群的附属物。从而造就了“孤立的个人”。正如马克思所言：“这种18世纪的个人，一方面是封建社会形式解体的产物，另一方面是16世纪以来新兴生产力的产物。”[①] 也就是说，在马克思看来，科学技术和生产力的发展，解体了封建社会的共同体，催生了独立自主品格的新人，促进了“物的依赖关系”的社会历史形式的最终呈现。

二　“物的依赖关系”的社会历史形式的生产特性

在“物的依赖性”的社会历史形式形成以后，人们依赖先进的科学技术，从根本上突破了自然生产的种种限制，并借助于资本的推动，在超自然的科技秩序下确立并发展起工业生产。工业生产，从其形成时开始，便打破了外部自然力对人的长期统治，使人摆脱了人身依附关系，获得了独立自主性。但是，它在使人摆脱对自然的依附关系之后，又开始使人受制于外在的物化社会关系。也就是说，工业生产使人摆脱了人的依赖关系的同时，又使人陷入了物的依赖关系，其从本质上讲，仍然附属和依赖于物。

① 《马克思恩格斯全集》第30卷，人民出版社，1995，第24~25页。

首先，对物的依赖是工业生产得以展开的前提。因为工业生产是人们依靠科学技术和资本的推动力，在新形势下形成的一种超自然的生产实践形式。其所需要的生产资料和劳动对象，不是天然存在的自然物，而是人类实践所创造的物化存在，比如科技、机器、货币等，这些物化的存在，为工业生产的开展提供了重要的物的前提。

其次，工业生产活动本身就是对物的依赖关系。物化存在的资本和机器在工业生产活动中占据十分重要的地位，从一定程度上讲，工业生产就是人们以资本和机器为中介，所进行的社会生产实践活动。劳动本身依赖于资本，依赖于机器，这是所有工业生产本身所具有的两大特性，它们从不同层面表征了工业生产活动本身就是直接的对物的依赖关系。一是劳动依赖于资本。因为劳动不仅是同资本相对立的使用价值，还是资本本身的使用价值。资本通过同工人交换占有劳动本身，劳动成了资本的一个要素，对资本的对象发生作用。在工业生产中，劳动对资本的依赖，从本质上讲，不是工人支配资本，而是资本支配工人。二是劳动对机器的依赖。因为"机器无论在哪一方面都不表现为单个工人的劳动资料。机器的特征决不是像［单个工人的］劳动资料那样，在工人的活动作用于［劳动］对象方面起中介作用；相反地，工人的活动表现为：它只是在机器的运转，机器作用于原材料方面起中介作用——看管机器，防止它发生故障，这和对待工具的情形不一样"。[①] 由此不难发现，在工业生产过程中，机器是实际工业生产的联合者，工人的劳动依赖于机器。

最后，工业生产最终是为了物。随着社会分工的扩大和社会生产力的发展，社会生产部门不断精细化。这种现象，一方面使人们的需求日益多样化，另一方面又使人们的生产部门越来越专门化、单一化。这种多样化与单一化的矛盾，使人们的生产不再像以前那样仅仅只是为了满足自身存在的需要。在这里，"劳动的目的不是为了特殊产品，即同个人的特殊需要发生特殊关系的产品，而是为了货币，是一般形式的财

① 《马克思恩格斯全集》第31卷，人民出版社，1998，第90~91页。

富”[①]，生产的目的不再是商品的使用价值，而是商品的交换价值——货币。货币作为一种一般形式的财富，可以在不同生产者之间进行互换，是实现个体劳动和社会劳动有机结合的唯一形式。以货币为生产目的的工业生产，其所进行的活动或普遍交换，在本质上表现为一种对物的依赖，也就是说，在这种工业生产情况下，人与人之间的社会关系逐渐转化为物的社会关系。

总而言之，在社会生产发展到工业生产阶段，人类依靠科学技术突破了外在自然对社会生产的自然界定，人的生存与发展逐渐由对“人的依赖”转向对“物的依赖”，使“物的依赖关系”在整个社会领域占据主导地位，从而形成了人的发展的第二大社会历史形式——“物的依赖关系”的社会历史形式。

三　“物的依赖关系”的社会历史形式的内涵阐释

以“物的依赖性”为基础的人的独立性的社会形式，是人的发展的第二大社会历史形式。“在这种形式下，才形成普遍的社会物质变换、全面的关系、多方面的需要以及全面的能力的体系。”[②] 其本质内涵主要包括人的需要“商品化”、人的社会关系的“物化”，以及人的活动的“物性”转化等层面。

首先，人的需要“商品化”。在这一社会历史形式下，生产力得到了极大的发展，原始的工具不再是土地本身，经过劳动主体加工、改造过的自然——工具及其他劳动资料、劳动对象，已逐渐成了生产过程的重要因素；工场手工业以及分散的小生产被机器大工业所取代，分工得到充分的发展，商品经济居于统治地位。正如恩格斯所言：“在这个阶段上，分工，由分工而产生的个人之间的交换，以及把这两者结合起来的商品生产，得到了充分的发展，完全改变了先前的整个

① 《马克思恩格斯全集》第30卷，人民出版社，1995，第176页。
② 《马克思恩格斯全集》第30卷，人民出版社，1995，第107页。

社会。”[①]

在这种商品经济占主导地位的社会，人的需要商品货币化，人超出直接的自然物质需要，而通过商品化的物质生产来丰富和发展自己的内在本质。同时，劳动的目的不是特殊产品，而是货币，即一般形式的社会财富。人的物质需要只有通过以货币为媒介的商品交换才能得以满足。从这个意义上，不难看出，货币是一种特殊性的商品存在，它可以通过交换满足人们的各种需要。这种对人们需要的满足，超出了自然需要的界限，从而使人的需要“商品化”。

其次，人的社会关系的“物化”。在第一种社会历史形式下，人的社会关系表现为对自然界的一种完全依赖。在第二种社会历史形式下，随着生产力的发展以及社会分工的不断扩大，人与人之间的社会关系也发生了根本性的改变。个人摆脱了“人的依赖关系”，获得了对他人的独立性，从而彰显了个人的自由度和主体性。显然，与第一种社会历史形式相比，个人的自由度和独立性确实得到了发展，但这并不意味着个人完全获得了自由。因为在马克思看来，第二种历史形式下人的独立性是建立在对物的依赖性的基础上的。每个人为自己劳动，而他的产品并不是为自己使用，而是为了交换，“活动和产品的普遍交换已成为每一单个人的生存条件，这种普遍交换，他们的相互联系，表现为对他们本身来说是异己的、独立的东西，表现为一种物。在交换价值上，人的社会关系转化为物的社会关系；人的能力转化为物的能力”。[②] 物的能力就是货币的能力，即货币的力量。它要求以商品和货币等物的形式来表现人们之间普遍的社会关系。可以说，每个人生产的直接目的都是交换价值、货币。这样，个人需求对社会生产的依赖就表现为对货币的依赖关系，人与人之间的社会关系就表现为对物的依赖。可见，在第二种社会历史形式下，人的社会关系跳出了“人的依赖”的火坑，却同时跳进了“物的依赖”的陷阱，从而使人的发展呈现“畸形的全面性”。

---

① 《马克思恩格斯选集》第4卷，人民出版社，1995，第174页。

② 《马克思恩格斯全集》第30卷，人民出版社，1995，第107页。

最后，人的活动的“物性”转化。不言而喻，在第一种社会历史形式内，人所从事的活动完全受制于大自然，第二种社会历史形式使人彻底摆脱了对自然的依赖，“个人的产品或活动必须先转化为交换价值的形式，转化为货币，并且个人通过这种物的形式才取得和证明自己的社会权力”。[①] 同时，“活动的社会性质，正如产品的社会形式和个人对生产的参与，在这里表现为对于个人是异己的东西，物的东西”。[②] 由此，我们不难看出，在第二种社会历史形式中，人的活动发生了根本性的转化，即由原来的人性活动转向物性活动，使人从天然的血缘关系中解放出来，为人的活动的自由性发展提供了可能。

总之，马克思在《1857—1858年经济学手稿》中系统阐释了第二种社会历史形式的基本特征，并高度评价了第二种社会历史形式中主体发展的历史进步性和现实性。他指出：“人们说过并且还会说，美好和伟大之处，正是建立在这种自发的、不以个人的知识和意志为转移的、恰恰以个人互相独立和漠不关心为前提的联系即物质的和精神的新陈代谢这种基础上。毫无疑问，这种物的联系比单个人之间没有联系要好。同样毫无疑问，在个人创造出他们自己的社会联系之前，他们不可能把这种社会联系置于自己支配之下。”[③] 随后，马克思又指出，尽管第二种社会历史形式摆脱了第一种社会历史形式的不足，实现了人的需要、人的社会关系，以及人的活动的物性转化，但是从本质上讲，它仍然是人类社会历史发展的一个重要阶段。它的存在是为人类社会历史形式的第三个阶段创造条件的。也就是说，在马克思看来，只有借助于第二种社会历史形式的发展，第三种社会历史形式也即“人的自由全面发展”的社会历史形式的实现，才能够有前提性保证。

---

① 《马克思恩格斯全集》第30卷，人民出版社，1995，第108页。

② 《马克思恩格斯全集》第30卷，人民出版社，1995，第107页。

③ 《马克思恩格斯全集》第30卷，人民出版社，1995，第111页。

第四节 "人的自由全面发展"的社会历史形式

"人的自由全面发展"的社会历史形式，是马克思在《1857—1858年经济学手稿》中所探讨的第三种社会历史形式，也是马克思所认为的未来社会的最高级的社会历史形式。它是在第一种社会历史形式和第二种社会历史形式高度发展的基础上形成的。系统探讨这种社会历史形式的研究进展、基本内涵和实现路径，对于我们全面把握马克思三大社会历史形式的基本理论，丰富和发展唯物主义历史观，具有重要的价值和意义。

一 马克思关于"人的自由全面发展"的社会历史形式的最初探究

马克思对"人的自由全面发展"的社会历史形式的探讨，源自其对政治经济学的研究，成熟于《1857—1858 年经济学手稿》中关于人的全面发展历史性质的考察。但这并不意味着在《1857—1858 年经济学手稿》之前，马克思并没有关注过这一社会历史形式。通过对马克思经典文本的系统研读，不难发现，马克思在《1857—1858 年经济学手稿》之前，已经对"人的自由全面发展"的社会历史形式，进行了深入的探讨。其探讨的思想主要呈现于《1844 年经济学哲学手稿》、《德意志意识形态》和《哲学的贫困》等著作中。

首先，《1844 年经济学哲学手稿》科学探讨了影响"人的自由全面发展"的因素。《1844 年经济学哲学手稿》是马克思第一次较为系统地探讨"人的自由全面发展"的社会历史形式的重要著作。在这部著作中，马克思主要从三个层面探讨了影响"人的自由全面发展"的因素。

第一个层面是异化劳动。在马克思看来，异化劳动一方面使人与人的类本质相异化，"无论是自然界，还是人的精神的类能力，都变成了对人来说是异己的本质，变成了维持他的个人生存的手段。异化劳动使人自己的身体同人相异化，同样也使在人之外的自然界同人相异化，使他的精神本质、他的人的本质同人相异化。”① 另一方面使人同人相异化，因为“当人同自身相对立的时候，他也同他人相对立。凡是适用于人对自己的劳动、对自己的劳动产品和对自身的关系的东西，也都适用于人对他人、对他人的劳动和劳动对象的关系。”② 也就是说，人对自身的任何关系，只有通过人对他人的关系才能够得到实现和表现。显然，在这里，马克思已经看到异化劳动使“人不仅生产出他对作为异己的、敌对的力量的生产对象和生产行为的关系，而且还生产出他人对他的生产和他的产品的关系，以及他对这些他人的关系。”③ 这些关系使人的活动变为一种不自由的、替他人服务的、受他人支配的、处于他人的强迫和压制之下的活动，直接影响和制约着人的自由全面发展。因此，只有消除异化劳动，才能够使人的自由全面发展真正得以实现。

第二个层面是私有制。在马克思看来，私有财产在本质上应该是确证人的对象性的感性表现，然而，在资本主义经济形式下，私有财产则表现为劳动和资本的对立发展。这种对立不利于人的自由全面发展，甚至是对人的自由全面发展的阻碍。因此，马克思提出要对私有财产进行积极的扬弃，他指出：“对私有财产的积极的扬弃，就是说，为了人并且通过人对人的本质和人的生命、对象性的人和人的产品的感性的占有，不应当仅仅被理解为直接的、片面的享受，不应当仅仅被理解为占有、拥有。人以一种全面的方式，就是说，作为一个完整的人，占有自己的全面的本质。人对世界的任何一种人的关系——视觉、听觉、嗅觉、味觉、触觉、思维、直观、情感、愿望、活动、爱，——总之，他的个体的一切器官，正像在形式上直接是社会的器官的那些器官一样，是通过自己的对象性关系，即通过自己同对象的关系而对对象的占有，对人的现实的占有；这些器官同对象的关系，是人的现实的实现（因此，正像

---

① 《马克思恩格斯文集》第 1 卷，人民出版社，2009，第 163 页。
② 《马克思恩格斯文集》第 1 卷，人民出版社，2009，第 163~164 页。
③ 《马克思恩格斯文集》第 1 卷，人民出版社，2009，第 165 页。

人的本质规定和活动是多种多样的一样，人的现实也是多种多样的），是人的能动和人的受动，因为按人的方式来理解的受动，是人的一种自我享受。”[①] 显然，在这里马克思已经看到了私有制对人的自由全面发展的束缚，只有扬弃私有制，人的一切感觉和特性才能够得到彻底解放，一个完整的、自由全面发展的人才能够真正实现。

第三个层面是社会因素。尽管人的自由全面发展是个人的自由全面发展，但是个人自由全面发展的实现总是在一定的社会中实现的。因为社会性质是整个运动的普遍性质，决定着人的性质，“自然界的人的本质只有对社会的人来说才是存在的；因为只有在社会中，自然界对人来说才是人与人联系的纽带，才是他为别人的存在和别人为他的存在，只有在社会中，自然界才是人自己的合乎人性的存在的基础，才是人的现实的生活要素。只有在社会中，人的自然的存在对他来说才是人的合乎人性的存在，并且自然界对他来说才成为人。因此，社会是人同自然界的完成了的本质的统一，是自然界的真正复活，是人的实现了的自然主义和自然界的实现了的人道主义”。[②] 显然，在这里，马克思指出了社会因素是人的自由全面发展的基础，其发展变化程度，直接影响着人的自由全面发展的实现状况。

其次，《德意志意识形态》科学界定实现人的自由全面发展的共同体形式。《德意志意识形态》是一部立足于唯物主义历史观，全面推进人的自由发展理论的论著。在这部著作中，马克思依据于生产力与生产关系的辩证关系原理，研究了社会分工和生产力的历史发展，以及与此相联系的各种形式的所有制（部落所有制、古代所有制、封建所有制和资产阶级所有制）的发展，科学界定了实现人的自由全面发展的共同体形式。马克思指出，共同体是实现个人自由全面发展的有力保障，可是，“在过去的种种冒充的共同体中，如在国家等等中，个人自由只是对那些在统治阶级范围内发展的个人来说是存在的，他们之所以有个人自由，

---

① 《马克思恩格斯文集》第1卷，人民出版社，2009，第189页。
② 《马克思恩格斯文集》第1卷，人民出版社，2009，第187页。

只是因为他们是这一阶级的个人。从前各个人联合而成的虚假的共同体，总是相对于各个人而独立的；由于这种共同体是一个阶级反对另一个阶级的联合，因此对于被统治的阶级来说，它不仅是完全虚幻的共同体，而且是新的桎梏。在真正的共同体的条件下，各个人在自己的联合中并通过这种联合获得自己的自由。”[①] 也就是说，在马克思看来，“真正共同体”之前的诸种形式的共同体包括现代资本主义国家，都是“虚幻的”“冒牌的”共同体，都不可能使各个人获得自由。因为这些共同体都是在阶级社会中形成的，都包含着普遍利益与特殊利益的对立，都存在统治阶级与被统治阶级的对抗，不符合人的本质和社会发展的一般规律，最终都将会被新的更符合人的本质的共同体形式所替代。只有“真正共同体”才是符合人的本质的共同体形式，才能使个人在这种共同体形式中获得自由全面发展。

最后，《哲学的贫困》科学阐释人的自由全面发展的实现路径。《哲学的贫困》是马克思批判蒲鲁东所撰写的一部重要著作。在这部著作中，马克思深入资本主义的生产方式和社会关系内部，对人的自由全面发展的实现路径做了全面说明。马克思主要是从分工和“真正共同体”的实现两个层面出发对人的自由全面发展的实现路径展开科学阐释的。就分工问题，蒲鲁东先生认为：“分工是一种永恒的规律，是一种单纯而抽象的范畴。所以，抽象、观念、文字等就足以使他说明各个不同历史时代的分工。”[②] 马克思对蒲鲁东这种把分工作为范畴的观点进行了批判，他指出在资本主义生产条件下，分工来自物质生产条件，是社会组织的基础。分工的发展使现代社会内部产生了特长和专业，同时也产生职业的痴呆。“自动工厂中分工的特点，是劳动在这里已完全丧失专业的性质。但是，当一切专门发展一旦停止，个人对普遍性的要求以及全面发展的趋势就开始显露出来。自动工厂消除着专业和职业的痴呆。”[③]

① 《马克思恩格斯选集》第1卷，人民出版社，2012，第199页。
② 《马克思恩格斯文集》第1卷，人民出版社，2009，第618页。
③ 《马克思恩格斯文集》第1卷，人民出版社，2009，第630页。

也就是说，在马克思看来，分工在影响人的自由全面发展的同时，在本质上又蕴含着人的自由全面发展的条件和趋势，合理有效的分工有利于实现人的自由全面发展。针对“真正共同体”的实现问题，马克思在《哲学的贫困》中通过对资本主义社会工人运动以及工人联合形式的体系考察和研究，阐释了其实现路径。马克思指出：“劳动阶级在发展进程中将创造一个消除阶级和阶级对抗的联合体来代替旧的市民社会；从此再不会有原来意义的政权了。因为政权正是市民社会内部阶级对抗的正式表现。”[①] 也就是说，在马克思看来，劳动阶级获取真正解放，在实现路径上“就是要消灭一切阶级；正如第三等级即市民等级解放的条件就是消灭一切等级一样。”[②] 消灭现有的国家政权，唯有如此，建筑在阶级对立之上的各种剧烈的社会矛盾才会消失，个人才能够真正获得解放，实现自由全面发展。

总之，通过以上论述，不难发现，马克思在早期注重从人的发展与社会历史发展相结合的角度，来探寻人的自由全面发展的和人类理想社会形式的实现途径，提出了许多富有价值的观点。但是，马克思此时对经济学的研究还不够深入，导致了其对该理论的探讨还带有浓厚的哲学痕迹。只有到了《1857—1858年经济学手稿》时期，马克思才在经济学研究的基础上，科学地探讨了“人的自由全面发展”的社会历史形式的本质内涵。

二　“人的自由全面发展”的社会历史形式的本质内涵

以“人的自由全面发展”为基础的社会历史形式，是人的发展的第三种社会历史形式。马克思在《1857—1858年经济学手稿》的“货币章”中，从社会物化形式的角度出发，在批判资本主义拜物教的基础上，探讨和论述了这种社会历史形式的本质内涵。通过探讨，马克思指出，“建立在个人全面发展和他们共同的、社会的生产能力成为从属于

① 《马克思恩格斯选集》第1卷，人民出版社，2012，第275页。

② 《马克思恩格斯选集》第1卷，人民出版社，2012，第275页。

他们的社会财富这一基础上的自由个性”[①] 是这一阶段人的发展的集中体现。也就是说，在马克思看来，这一社会历史形式的本质内涵主要包括：个人需要的丰富性、个人活动的自由自主性，以及个人社会关系的全面性等方面。

首先，个人需要的丰富性。通过以上对第一种社会历史形式和第二种社会历史形式的分析，我们不难看出，这两种社会历史形式，由于生产力水平比较低，社会财富也不够丰富，劳动者也即个人的需要被压低到动物性需要的粗陋水平。他们的需要也仅仅只是为了维持个体温饱问题的初级需要。随着生产力的发展，个人除工作之外的闲暇时间逐渐增多，需要有了向多方面发展的可能，但资本家为谋利而制造的虚假需要，又掩盖了有利于人的生存和发展的真正需要。只有到了第三种社会历史形式，也即以“人的自由全面发展”为基础的社会，个人需要的丰富性才会真正实现。因为在第三种社会历史形式内，社会生产力高度发展，社会财富极大丰富，人的劳动不再是谋生手段，而是人的第一生活需要。只有在这样的状况下，人的生存需要的第一性，才会被新的需要也即自身发展的需要所代替，个人需要的多重性和丰富性才能够真正实现。

其次，个人活动的自由自主性。在第一种社会历史形式和第二种社会历史形式内，由于生产力水平低下，人始终屈从于某种唯一的生产工具，人本身的活动对人来说成为一种异己的力量，制约和控制着人的活动。随着社会生产力的发展，社会财富不断涌流，由单个人组成的自由人联合体对生产资料的共同占有取代了生产资料私人所有制，使人完全摆脱了制约其自由全面发展的一切因素，从而达到了个人发展的理想状态。但是，要使个人所从事的活动具有自由自主性，能力的发展就要达到一定的程度和全面性，因为能力是人们共同的社会财富，只有人的能力得到了全面性的发展，约束和限制个人活动自由发展的旧有属性才会被根除，个人活动才能够真正成为既不受他人强制，也不受物的关系奴

① 《马克思恩格斯全集》第30卷，人民出版社，1995，第107-108页。

役的真正意义上的自由自主的活动。

最后，个人社会关系的全面性。马克思指出："在发展的早期阶段，单个人显得比较全面，那正是因为他还没有造成自己丰富的关系，并且还没有使这种关系作为独立于他自身之外的社会权力和社会关系同他自己相对立。"[①] 但是，到了未来的共产主义社会，"全面发展的个人——他们的社会关系作为他们自己的共同的关系，也是服从于他们自己的共同的控制的——不是自然的产物，而是历史的产物。要使这种个性成为可能，能力的发展就要达到一定的程度和全面性，这正是以建立在交换价值基础上的生产为前提的，这种生产才在产生出个人同自己和同别人相异化的普遍性的同时，也产生出个人关系和个人能力的普遍性和全面性。"[②] 也就是说，在马克思看来，在未来的共产主义社会，旧有的商品生产和商品交换已不复存在，限制和约束人与人之间关系的物化经济元素已经被消除，人重新复归于社会，成为社会的主人，并在社会中自由发展，形成自由人联合体，从而使个人的社会关系具有普遍性和全面性。

总之，以"人的自由全面发展"为基础的社会历史形式，是马克思设想的人的发展的一种未来的社会形式。对这种未来的社会历史形式，马克思并没有作更多的论述，只是强调了这一社会历史形式产生的基本条件，以及第二大社会历史形式和这一社会历史形式之间的关系。也就是说，在马克思看来，以"人的自由全面发展"为基础的第三种社会历史形式，其形成和发展不是一蹴而就的，而是如影随形伴随社会历史形式的发展演进，拾级而上的一个漫长的历史过程，只有社会历史形式演进和发展到这一阶段，人的真正意义上的复归和全面发展才能够实现。

三　"人的自由全面发展"的社会历史形式的实现路径

通过以上对"人的自由全面发展"的社会历史形式本质内涵的系统分析，我们不难发现，个人需要的丰富性、个人活动的自由自主性，以

① 《马克思恩格斯全集》第 30 卷，人民出版社，1995，第 112 页。

② 《马克思恩格斯全集》第 30 卷，人民出版社，1995，第 112 页。

及个人社会关系的全面性是标示“人的自由全面发展”社会历史形式实现的关键因素。因此，要实现“人的自由全面发展”的社会历史形式，必须要针对这些关键因素的实现，采取如下有效路径。

首先，针对个人需要丰富性的实现，必须要大力发展社会生产力。因为在人类社会发展的历史过程中，生产力是人的发展的物质基础，又是推动人类社会发展的动力。社会生产力的发展，能够生产出更多可供人类需要的物质资料，满足个人需要的丰富性，为“人的自由全面发展”的社会历史形式的实现，提供坚实的经济基础。马克思对此也曾强调指出：“唯有借助于这些生产力，才有可能实现这样一种社会状态，在这里不再有任何阶级差别，不再有任何对个人生活资料的忧虑，并且第一次能够谈到真正的人的自由，谈到那种同已被认识的自然规律和谐一致的生活。”[①] 也就是说，只有大力发展社会生产力，个人需要的丰富性才能得到满足，“人的自由全面发展”的社会历史形成才能最终实现。

其次，针对个人活动自由自主性的实现，必须要拓展丰富的社会关系。因为社会关系的发展程度决定着个人活动自由自主性的实现程度。马克思在论述其世界历史思想时指出：“每一个单个人的解放的程度是与历史完全转变为世界历史的程度一致的。”[②] 也就是说，在马克思看来，当一个人在狭隘的地域性范围内进行活动时，他所得到的只是片面有限的发展；而当他在一个广阔范围内进行多样化的活动时，他所得到的将会是全面的发展。因此，丰富的社会关系，对“人的自由全面发展”的社会历史形式的实现，至关重要。然而，社会关系的丰富和发展是由社会生产的基本状况决定的，只有大力发展社会生产，拓展社会生产领域，社会关系的丰富和拓展才能够真正实现。

最后，大力开展无产阶级的革命运动。除了以上大力发展社会生产力、拓展生产关系是实现“人的自由全面发展”社会历史形式的必要路径之外，马克思还谈到了无产阶级革命运动，并将其作为“人的自由全

① 《马克思恩格斯文集》第9卷，人民出版社，2009，第121页。
② 《马克思恩格斯文集》第1卷，人民出版社，2009，第541页。

面发展”的社会历史形式实现的必要手段。在马克思看来，一切社会的历史都是阶级斗争的历史，都是一部分人对另一部分人进行剥削和压迫的历史，“个人自由只是对那些在统治阶级范围内发展的个人来说是存在的，他们之所以有个人自由，只是因为他们是这一阶级的个人。”[①] 也就是说，在阶级社会，只有处于统治阶级地位的少部分人得到了自由发展，而大部分处于被剥削和压迫地位的人则被排除到了发展之外。因此，要实现每个人的自由全面发展，实现“人的自由全面发展”社会历史形式，必须要大力开展无产阶级革命，消灭阶级差别和阶级对立。

总之，通过以上的分析和探讨，我们不难发现，马克思在《1857—1858 年经济学手稿》中为我们全面呈现了人的发展与社会历史形式的关系图景，也即人的发展决定着社会历史形式的形成和发展，社会历史形式的形成和发展又影响着人自身的发展。马克思的这一历史观思想，是其在研究政治经济学的基础上逐渐形成的，是在新阶段对唯物主义社会历史发展理论的丰富和发展。

---

① 《马克思恩格斯文集》第 1 卷，人民出版社，2009，第 571 页。

第三章　科学技术与历史发展

把科学技术引入资本主义社会的生产过程中，并使其成为社会生产力的第一要素，是马克思《1857—1858年经济学手稿》中的重要内容之一，也是马克思理解资本主义社会历史发展的重要前提之一。在《1857—1858年经济学手稿》中，马克思花费了大量的篇章，系统阐释了历史发展的动力，以及科学技术对历史发展动力的影响等重要问题，进一步丰富和发展了唯物史观关于历史动力理论的思想。

第一节　科学技术与历史发展关系的初步考察

自近代科学产生以来，科学技术与历史发展之间的关系问题就引起了人们的广泛关注，学者们从16世纪初开始便从不同的层面和不同的研究视角出发对科学技术与历史发展之间的关系问题，进行了系统探讨。系统梳理和考察学者们的探讨，不难发现，他们对科学技术与历史发展关系的认识，经历了从不成熟到成熟的长期逻辑演进，最终到马克思那里达到了成熟。马克思将二者的关系确立为科学技术推动历史的发展，是历史发展的重要动力。

一　16~17世纪科学技术与历史发展关系的萌发

众所周知，中世纪，宗教哲学盛行，神学统治着整个社会和思想领域，哲学和科学都成了神学的婢女，处于一种长期被压抑的状态。只有到16~17世纪，针对神学家关于宇宙的“地球中心说”，哥白尼提出了

“太阳中心说”，彻底颠覆了传统的地心说思想，开启了近代史上关于宇宙观的一场科学革命。这场科学革命影响重大，它打破了中世纪以来的神学观念对人们思想的束缚，使人们开始跳离宗教神学的牢笼，转向对现实世界的关注。

继关于宇宙观的科学革命展开之后，哥白尼、伽利略以及牛顿等科学家在探讨天体运行问题的基础上，又引发了科学领域的方法论革命。他们企图利用他们创造的观察、实验等研究方法，取代传统的思辨方法，为人们找到一条在行动中征服自然的道路。这样，在自然科学领域，就使对人与自然之间关系的界定，进入一个全新的阶段。

人与自然关系的重新确定，把人自身的力量和作用摆到了历史领域的突出地位，使人从神学的束缚中解放了出来。因此，尽管在历史领域中仍然有神的位置，但是，人们已经不再像中世纪那样，直接从上帝那里寻求历史发展的原因，而是开始从现实生活中挖掘历史发展的动力。也就是说，科学革命对社会作用的伟大力量已经初见端倪，它使人们能够从人与自然和人与人的关系中考察历史。

然而，由于16~17世纪的科学革命，其范围仅仅局限于狭隘的物理学领域，解决的是无机界过程中凸显出来的新情况和新问题。因此，其对社会历史层面的影响还是相当有限的，还不可能清晰诠释科学技术与历史观的关系问题；同时这个时期人们对社会关系问题的认识，还没有完全跳出唯心主义历史观的窠臼。只有到了下个世纪，也即18世纪工业革命兴起之后，科学技术在历史领域中的地位才会日益凸显，科学技术与历史观的关系才会日益明朗。

二 18~19世纪科学技术与历史发展关系的简单呈现

18世纪60年代至19世纪40年代，以英国为爆破点，在欧洲大陆爆发了一场震撼世界历史的工业革命。工业革命冲击了整个欧洲，引起了社会领域的极大变化。一方面，它创造了丰富的物质财富；另一方面，它又带来了极其深刻的社会变革。正如马克思在《共产党宣言》中所指出的那样："生产的不断变革，一切社会状况不停的动荡，永远的不安定和变动，这就是资产阶级时代不同于过去一切时代的地方。"①

工业革命引起的这些巨大变化，也使人们对历史发展的动力，以及科学技术与历史之间的关系问题，给予了重要关注。归整这一时期人们关注的特点，不难发现，共形成了两种不同的认识。一种认识认为，科学技术对历史的发展不起任何作用，历史发展的动力是人的理念，以黑格尔和费尔巴哈为代表。另一种认识认为，科学技术对历史的发展起着巨大的作用，以三大空想社会主义者为代表。

黑格尔作为德国古典哲学的集大成者，他一方面承认事物的运动、变化和发展，把否定性作为事物变化发展的内在源泉；另一方面，他又把"绝对理念"作为人类社会发展的最初原因，把道德的恶作为历史发展的动力。凸显了他对历史发展动力认识的唯心主义哲学痕迹。费尔巴哈作为近代朴素唯物主义的代表，他对黑格尔的唯心主义历史观进行了严厉批判，认为黑格尔对历史发展的思辨认识，是一种地上的唯心主义。但当他自己进入社会历史领域，探讨历史发展的动力时，他在认识上却又比黑格尔肤浅得多，他把宗教作为决定社会历史发展的动力，认为应该用宗教的变迁来划分历史时期。显然，费尔巴哈这种对历史发展动力的认识，也是不科学的，最终也会陷入唯心主义历史观的泥沼。

总之，无论是黑格尔还是费尔巴哈，他们都不可能真正地解释历史，把握历史发展的动力。因为他们都是从抽象的理念或抽象的人出发来认识历史的发展的，而不是从当时的科学技术发展状况来认识历史的。正如马克思所言，如果不去认识某一历史时期的工业和生活本身的直接的生产方式，就不可能真正地认识这个历史时期。

与黑格尔和费尔巴哈不同，三大空想社会主义者注重从现实角度出发，来认识社会历史的发展。他们看到了科学技术对历史发展的巨大作用，也认识到了科学技术的发展与现有资本主义制度之间不相适应的一

① 《马克思恩格斯文集》第2卷，人民出版社，2009，第34页。

面。他们认为，科学技术创造了丰富的物质资料，社会矛盾是现存制度对科学技术误用的结果，解决社会矛盾的根本途径是传播知识和灌输真理。显然，三大空想社会主义者已经认识到了科学技术是历史发展的动力，在历史的发展过程中起着支配地位的作用；这种正确的认识，为马克思科学认识科学技术与历史发展之间的关系，提供了重要的理论前提。

三　马克思关于科学技术与历史发展关系的成熟认识

马克思生活的年代，工业革命已经发生，科学技术取得了重大突破。首先是在自然科学领域，能的转化、细胞学说的发现，以及进化论的创立，揭示了生物界中各种有机过程的相互联系，表明了在自然发展过程中，存在彼此发生作用的各种动力。其次，在社会科学领域，英国经济学家李嘉图在其劳动价值论的基础上，提出了分配论，揭示了资本主义社会三大阶级之间的经济关系；法国复辟时期的历史学家梯叶里、基佐等，将阶级之间的利益冲突和利益斗争作为法国历史发展的动力。

19 世纪自然科学和社会科学领域所取得的这些巨大成就，为马克思科学认识科学技术与历史发展之间的关系，提供了重要的理论前提。综观马克思唯物主义历史观的形成，我们不难发现，工业革命爆发后，马克思已经意识到了科学是一种在历史上起推动作用的力量。但是，由于当时科学、技术和生产正处在相互结合的过程，因此，马克思并没有直接对科学技术与历史发展之间的关系进行深入探讨，只是对科学技术对资本主义生产方式本身及发展影响等方面进行了研究。

唯物史观形成后，马克思逐渐意识到，和自然观一样，在社会发展史中也存在彼此发生作用的各种动力，而历史发展的一般规律就表现在这些动力的相互作用中。因此，当我们具体地探究历史发展的真正动力时，就应该从两大观点出发去考察，一个是宏观的观点，即在世界范围内，推动整个阶级行动起来的动机；另一个是动态的观点，即在一定历史时期，引起伟大历史变革的行动。也就是说，在马克思看来：“一切重要历史事件的终极原因和伟大动力是社会的经济发展，是生产方式和交换方式的改变，是由此产生的社会之划分为不同的阶级，是这些阶级彼此之间的斗争。”[①] “其中经济的前提和条件归根到底是决定性的。”[②]

显然，马克思是从物质生产方式的角度来考察历史发展动力的。物质生产方式本身又包含两个层面的内容，即生产力和生产关系。其中，生产力是核心因素，它决定着生产关系的变化和发展，生产力与生产关系的矛盾运动，推动历史的发展。然而，科学技术作为生产力的组成部分，其发展状况直接影响和推动着生产力的发展。因此，从某种程度上讲，科学技术与历史的关系，如同生产力与历史的关系一样，科学技术推动历史的发展。

第二节　历史发展的动力

在《1857—1858 年经济学手稿》的“导言”中，马克思已经把“生产力（生产资料）的概念和生产关系的概念的辩证法”[③] 作为他列出的不该忘记的各点之一。后来，马克思在 1859 年出版的《政治经济学批判》第一分册的《序言》中，对唯物史观的经典表述，也十分强调生产力和生产关系的矛盾运动在历史发展过程中的重要作用。在马克思看来，对资本主义这一特定的社会经济形式进行研究，如果脱离了对生产力的研究，以及对生产力与生产关系矛盾运动的研究，是不可能得出科学结论的。因此，系统考察和廓清生产力与生产关系概念的基本内涵，以及二者之间的内在关联，对于我们科学理解和认识马克思唯物史观的历史动力理论，具有重要的意义。

一　何为生产力?

马克思对生产力概念的认识和研究，先后经历了《巴黎手稿》、《评

---

① 《马克思恩格斯文集》第 3 卷，人民出版社，2009，第 509 页。

② 《马克思恩格斯文集》第 10 卷，人民出版社，2009，第 592 页。

③ 《马克思恩格斯全集》第 30 卷，人民出版社，1995，第 51 页。

弗里德里希·李斯特的著作〈政治经济学的国民体系〉》、《德意志意识形态》，以及《资本论》的相关经济学手稿等阶段；在这些阶段，马克思通过对李斯特生产力概念的全面批判，注重从人的发展角度来考察生产力的基本内涵，逐渐形成了对生产力概念的全新认识。

李斯特是德国著名的经济学家，他在否定和批判英国古典政治经济学家斯密和李嘉图劳动生产力概念的基础上，第一次在理论意义上将生产力概念理论化和系统化，并赋予其以新的认识。在《政治经济学的国民体系》一书中，他认为："财富的原因与财富本身完全不同。一个人可能拥有财富，即交换价值，但是如果他没有能力生产比自身消费的产品更有价值的产品和更多的产品，那他将会变穷；一个人也许很穷，但是如果他能生产比自身消费的产品更有价值的产品和更多的产品，那他将会变得富有。"[①] 尽管他没有明确给出生产力概念以完整的内涵，但是，从他的论述中我们也可以看出其对生产力概念的理解。在他看来，生产力是交换价值的原因，而不是结果，生产力要比交换价值重要得多。有了生产力，财富即使失去了，照样可以生产出来。生产力在实质上是国家生产力，而不是个人生产力。国家生产力又包括物质生产力和精神生产力。

显而易见，李斯特对生产力概念的理解，无论是从概念范畴，还是体系结构上都超越了亚当·斯密，实现了对生产力概念的全新阐释。但是，李斯特在论述生产力概念时，贬低了人的主体价值在生产力构建过程中的重要作用，认为无产者同马、蒸汽、水一样只是生产力得以构建的工具，而不是人。马克思针对李斯特这种否定人的主体价值的观点，给予了严厉批判。马克思认为："全部人类历史的第一个前提无疑是有生命的个人的存在"，[②] 离开这一点，人类社会的功能就会丧失多样性，而趋同于单一的财富创造性。因此，在对生产力概念进行考察时，我们

---

① 〔德〕弗里德里希·李斯特：《政治经济学的国民体系》，邱伟立译，华夏出版社，2009，第 99 页。

② 《马克思恩格斯文集》第 1 卷，人民出版社，2009，第 519 页。

不仅要关注生产力的物质价值，更要关注人在生产力构建过程中的重要作用。

马克思对生产力概念的最初使用是在对古典经济学的研究中，根据对经典文献的分析和解读，我们不难发现，马克思首次使用生产力概念是在《1844年经济学哲学手稿》中。在这部哲学、经济学著作中，马克思引用萨伊、斯密等人关于生产力的论述，两次使用生产力这一概念。比如，马克思在评论土地的所有者（无所事事的、只会碍事的粮食投机商）在国民经济中的作用时指出，他们"抬高人民最必需的生活资料的价格，从而迫使资本家提高工资而不能提高生产力（Produktionskraf）"[①]，显然，马克思此时对生产力概念的运用，还是沿袭着古典经济学的用法。到《德意志意识形态》时期，马克思批判了对生产力概念的传统经济学解读模式，转向对生产力概念的哲学阐释。

根据汉译广松涉版和2004年MEGA2的先行版，马克思在恩格斯的笔迹中加写了"就像人与自然的'斗争'促进其生产力在相应基础上的发展一样"，"而这种共同活动方式本身就是一种生产力"，"各个人必须占有现有的生产力总和，这不仅是为了实现他们的自主活动，而且就是为了保证自己的生存"。[②] 同时，马克思还指出："人本身是他自己的物质生产的基础，也是他进行的其他各种生产的基础。因此，所有对人这个生产主体发生影响的情况，都会在或大或小的程度上改变人的一切职能和活动，从而也会改变人作为物质财富、商品的创造者所执行的各种职能和活动。在这个意义上，确实可以证明，所有的人的关系和职能，不管它们以什么形式和在什么地方表现出来，都会影响物质生产，并对物质生产发生或多或少是决定的作用。"[③] 基于以上探讨，可以看出，马克思对生产力概念的论述与之前相比，发生了很大的变化，开始从人之

① 〔日〕广松涉：《文献学语境中的〈德意志意识形态〉》，南京大学出版社，2005，第380页。

② 〔日〕广松涉：《文献学语境中的〈德意志意识形态〉》，南京大学出版社，2005，第40页。

③ 《马克思恩格斯全集》第33卷，人民出版社，2004，第350页。

能力、共同活动方式本身，以及个人的自主活动等三个层面来考察生产力的属人本性，注重生产过程中的属人力量，把人自身的内在发展作为生产力构建的内在驱力，实现了对生产力概念理解的哲学转向。

《1857—1858 年经济学手稿》是马克思系统论述生产力概念的重要论著，在这部著作中，马克思从经济学范畴来理解生产力概念，把生产力理解为“劳动生产力”，并且是在生产能力和生产力量相统一的意义上来使用这一概念。但这并不否定马克思在《1857—1858 年经济学手稿》之前对生产力的认识，因为，之前马克思对生产力概念的理解，更多地倾向于历史哲学范畴；如果说，马克思的生产力概念是一个整体的、一般的概念的话，那么“劳动生产力”概念则是生产力概念的本质形态。

在《1857—1858 年经济学手稿》中，马克思首先从一般抽象的角度，系统地描述了作为劳动生产力得以存在和发挥作用的过程，也即劳动过程。在马克思看来：“劳动过程不过包括在资本里，而资本，按其物质条件，按其物质存在来看，表现为这个过程的各种条件的总和，并和这个过程相应，分为一定的、质上不同的各个部分，即劳动材料（正确的概念是劳动材料，而不是原材料），劳动资料和活劳动。一方面，资本按其物质组成来看，分成这三种要素；另一方面，这些要素的运动的统一是劳动过程（或者说这些要素共同加入这一过程），它们的静止的统一是产品。在这种形式中，物质要素——劳动材料、劳动资料和活劳动——只表现为资本所占有的劳动过程本身的基本要素。”①

从马克思以上的论述，不难看出，马克思运用唯物辩证的思想，系统地论述了劳动材料、劳动资料，以及活劳动三个劳动生产力的基本要素在劳动过程中的动态结合；这些基本要素在劳动过程中的动态结合，创造出了劳动产品和适合人类需要的物质财富，彰显了劳动生产力的内在特性。同时，马克思这一论述，也首次把劳动生产力看作一种“既得

① 《马克思恩格斯全集》第 31 卷，人民出版社，1998，第 89 页。

的力量”，看作人与自然之间物质变换过程中，人对自然进行调整、控制和制约的一种能力。

在系统论述了劳动生产力的基本构造因素之后，马克思在《1857—1858年经济学手稿》中又系统阐述了这些基本要素在生产力体系中各自的地位和功能，重点强调了活劳动这一基本要素的主体性地位。在马克思看来：“在过程本身内部，从形式来看，劳动这个要素和另外两个要素相互区别的地方只是：后两个要素是不变的价值，而劳动是创造价值的东西。”[①] 对于劳动资料，马克思认为，它是主体活动用来把某个对象作为自己的传导体，置于自己和对象之间的那种物质手段。可见，这三个基本要素中，马克思把劳动或者叫活劳动看作劳动生产力得以构建的主体性要素，把劳动材料和劳动资料看作劳动生产力得以构建的物质性要素，其中，主体性要素是劳动生产力得以构建的核心要素，或者是劳动生产力得以构建的内在驱力，主体性要素的变化和发展直接影响着劳动生产力的变化和发展，因为“在生产过程本身中，活劳动把工具和材料变成自己灵魂的躯体，从而使它们起死回生”。[②]

在确定了主体是构建劳动生产力的内在驱力和影响劳动生产力变化发展的核心性因素之后，马克思又谈了个人能力对劳动生产力发展的重要作用。马克思认为：“真正的财富就是所有个人的发达的生产力”，[③]“个人的充分发展又作为最大的生产力反作用于劳动生产力”。[④] 可见，个人能力的充分发展是最大的社会财富。一方面，它可以使人能够顺利地进行生产劳动，创造出更多的产品和财富；另一方面，它又是科学技术得以创新的前提，能够在自身的发展过程中，不断提升劳动技能，提高劳动效率，从而推动劳动生产力的迅速发展。

那么，在现实的生产过程中，个人能力又是如何实现其对劳动生产

---

① 《马克思恩格斯全集》第31卷，人民出版社，1998，第89页。

② 《马克思恩格斯全集》第30卷，人民出版社，1995，第333页。

③ 《马克思恩格斯全集》第31卷，人民出版社，1998，第104页。

④ 《马克思恩格斯全集》第31卷，人民出版社，1998，第108页。

力的影响的呢？个人能力通过一定的劳动方式、协作和分工与社会结合，形成社会生产力。马克思指出："随着大工业的这种发展，直接劳动本身不再是生产的基础，一方面因为直接劳动变成主要是看管和调节的活动，其次也是因为，产品不再是单个直接劳动的产品，相反地，作为生产者出现的，是社会活动的结合。"① 同时，马克思还指出："在大工业的生产过程中，一方面，发展为自动化过程的劳动资料的生产力要以自然力服从于社会智力为前提，另一方面，单个人的劳动在它的直接存在中已成为被扬弃的个别劳动，即成为社会劳动。于是，这种生产方式的另一个基础也消失了。"②

由此不难看出，在马克思看来，社会生产力是每个人的能力与社会结合的产物，每个人的能力构筑了社会生产力的来源和细胞。同时，在这里，每个人的潜能和能力得到了充分发展。因此，只有不断发展每个人的能力，社会生产力的发展才会有动力支撑，才不至于成为"无源之水"。正如马克思所言，个人能力的充分发展就是生产力，而我们的能力是我们唯一的原始财富。

二　何为生产关系？

生产关系范畴，作为马克思整个学说体系的一个基本思想，是马克思历史观中的一个极其重要的概念。对它的科学阐释，有利于我们从整体上认识历史发展的基本规律和人类的实践活动。然而，马克思生产关系概念的科学确立却不是一蹴而就的，而是经历了长期的演变历程。从对马克思经典文本的系统分析，我们不难发现，马克思生产关系概念的形成，主要经历了《德意志意识形态》、《哲学的贫困》和《1857—1858年经济学手稿》三个阶段。

在《德意志意识形态》中，马克思在论述"封建的或等级的所有制"时，首次使用了生产关系这一概念。他指出："封建时代的所有制

① 《马克思恩格斯全集》第31卷，人民出版社，1998，第105页。

② 《马克思恩格斯全集》第31卷，人民出版社，1998，第105页。

的主要形式，一方面是土地所有制和束缚于土地所有制的农奴劳动，另一方面是拥有少量资本并支配着帮工劳动的自身劳动。这两种所有制的结构都是由狭隘的生产关系——小规模的粗陋的土地耕作和手工业式的工业——决定的。"[①] 随后在一段关于历史观理论的论述——"以一定的方式进行生产活动的一定的个人，发生一定的社会关系和政治关系"[②]——的最初手稿中也运用了这一概念，即"以一定的生产关系下的一定的个人"，[③] 这些运用并没有显示马克思对生产关系概念的本质理解，只是词语的简单呈现。那么，在《德意志意识形态》中，马克思是如何来论述生产关系概念的呢？

通过对文本的分析，可以看出，马克思是通过人与人之间的交往形式来解读生产关系本质内涵的。马克思指出："现实的、从事活动的人们，他们受自己的生产力和与之相适应的交往的一定发展——直到交往的最遥远的形态——所制约。"[④] 显而易见，马克思在这里所谈到的生产关系，就是指人与人之间的交往关系。而人与人之间的交往在现实中，是通过一定的社会形式来呈现的，因此，生产关系在一定程度上也可以理解为社会关系。那么，什么是社会关系呢？在马克思看来："社会关系的含义在这里是指许多个人的共同活动，不管这种共同活动是在什么条件下、用什么方式和为了什么目的而进行的。"[⑤]

分工作为一种经济现象，其发展程度直接影响着社会关系，因为分工使精神活动和物质活动、享受和劳动、生产和消费由不同的个人来分担这种情况不仅成为可能，而且成为现实，"随着分工的发展也产生了单个人的利益或单个家庭的利益与所有互相交往的个人的共同利益之间的矛盾；而且这种共同利益不是仅仅作为一种'普遍的东西'存在于观念之中，而首先是作为彼此有了分工的个人之间的相互依存关系存在于

① 《马克思恩格斯文集》第1卷，人民出版社，2009，第523页。
② 《马克思恩格斯文集》第1卷，人民出版社，2009，第523~524页。
③ 《马克思恩格斯文集》第1卷，人民出版社，2009，第524页。
④ 《马克思恩格斯文集》第1卷，人民出版社，2009，第524~525页。
⑤ 《马克思恩格斯文集》第1卷，人民出版社，2009，第532页。

现实之中”[①]，也就是说，在分工发展的不同阶段上，存在各种利益之间的矛盾，而这种多重利益间的矛盾诱发了个人之间关系的变化。因此，现实个人之间的关系，必须要与分工的发展相适应，分工发展的阶段不同，个人之间的关系也就不同，从而导致社会生产关系在不同阶段的不同。

总之，马克思在《德意志意识形态》中把生产关系的概念理解为许多个人的共同活动，在一定程度上碰触了生产关系概念的本质内涵，具有一定的科学性和合理性。但是，马克思在《德意志意识形态》中的这种理解，仍然存在一些不足和缺陷，比如，马克思在理解生产关系概念时，把所有制结构与生产关系联系起来，但是尚未明确区分物质生产过程中人与人之间的权力关系和技术关系，虽然已经使用了与财产状况相关的社会权力的概念。这些不足和缺陷，马克思在随后的《哲学的贫困》和《1857—1858 年经济学手稿》中得到了合理的解决。

《哲学的贫困》是马克思撰写的一部批判蒲鲁东形而上学思想的哲学和经济学著作，在这部著作中，马克思立足于《德意志意识形态》中所阐释的生产关系概念，继续从分工、货币关系等角度来理解生产关系。马克思指出：“经济学家们都把分工、信用、货币等资产阶级生产关系说成是固定的、不变的、永恒的范畴……经济学家们向我们解释了生产怎样在上述关系下进行，但是没有说明这些关系是怎样产生的，也就是说，没有说明产生这些关系的历史运动。”[②] 可见，此时马克思对生产关系的理解，仍然雷同于《德意志意识形态》中对生产关系的理解，即立足于分工、信用和货币等关系来进行阐释，是十分笼统的。因为马克思在此时忽视了这一历史现象，即随着资本主义大工业的发展，以货币为媒介的交换关系会逐渐演变成资本自身的价值增值过程，演变为对雇佣劳动所创造的剩余价值的剥削。一旦当问题转化到这种深度，对生产关系的关注就不能仅仅只局限于对以货币为媒介的交换关系的研究，而是

---

① 《马克思恩格斯文集》第 1 卷，人民出版社，2009，第 536 页。

② 《马克思恩格斯选集》第 1 卷，人民出版社，1995，第 137~138 页。

要深入资本主义社会独特生产的内部，唯有如此，才能科学掌握马克思生产关系概念的本质内涵。

但并不是说在《哲学的贫困》中，马克思对生产关系概念的理解没有任何发展。我们应该看到，在《哲学的贫困》中，马克思引入了比《德意志意识形态》更强烈的阶级对抗的线索，马克思指出："当文明一开始的时候，生产就开始建立在级别、等级和阶级的对抗上，最后建立在积累的劳动和直接的劳动的对抗上。没有对抗就没有进步。这是文明直到今天所遵循的规律。"① 显然，从马克思以上的论述中，我们不难发现，马克思此时对生产关系内涵的理解，已经不再停留在简单的交换关系上，而是深入了不平等的交换关系层面。这种研究层次的深化，有利于马克思更全面地把握生产关系的本质内涵。

《1857—1858 年经济学手稿》是马克思的生产关系概念得以明确确立的重要著作，在这部著作中，马克思首先以前所未有的方式，对生产、分配、交换之间的关系进行了说明。他指出："分配关系和分配方式只是表现为生产要素的背面。个人以雇佣劳动的形式参与生产，就以工资形式参与产品、生产成果的分配。分配的结构完全决定于生产的结构。分配本身是生产的产物，不仅就对象说是如此，而且就形式说也是如此。就对象说，能分配的只是生产的成果，就形式说，参与生产的一定方式决定分配的特殊形式，决定参与分配的形式。"② 在谈到生产和交换的关系时，马克思说："交换的深度、广度和方式都是由生产的发展和结构决定的。……可见，交换就其一切要素来说，或者是直接包含在生产之中，或者是由生产决定。"③ 这种全新的观点，表明了马克思突破了《德意志意识形态》和《哲学的贫困》时期，仅仅只从交换关系或分配关系的角度来阐释生产关系本质内涵的弊病，开始从物质生产过程中来把握生产关系。

---

① 《马克思恩格斯全集》第 4 卷，人民出版社，1995，第 104 页。

② 《马克思恩格斯全集》第 30 卷，人民出版社，1995，第 36 页。

③ 《马克思恩格斯全集》第 30 卷，人民出版社，1995，第 40 页。

因为《1857—1858年经济学手稿》所研究的对象就是物质资料或物质财富的生产和再生产过程，而在物质生产过程中的人与人之间的关系就构成生产关系，这种关系实质上就是物质生产过程中的人与人之间的一种权力关系。为此，马克思在研究资本时指出，资本不是物，而是属于一定社会形式的生产关系，“雇佣劳动，在这里是严格的经济学意义上的雇佣劳动，我们也只是在这个意义上使用这一术语，今后我们应该把严格的经济学意义上的雇佣劳动同短工等等其他劳动形式区别开来。雇佣劳动是设定资本即生产资本的劳动，也就是说，是这样的活劳动，它不但把它作为活动来实现时所需要的那些对象条件，而且还把它作为劳动能力存在时所需要的那些客观要素，都作为同它自己相对立的异己的权力生产出来。”① 显然，在这里，马克思把资本看作一种生产关系，一种在本质上与劳动者相异化的权力。

当然，物质生产过程中的人与人之间的权力关系并不是悬空的，而是借助于一定的物来实现的。对此，马克思指出：“以资本和雇佣劳动为基础的生产，不仅在形式上和其他生产方式不同，而且也要以物质生产的全面革命和发展为前提。”② 只有在物质生产方式发展的基础上，资本主义生产关系才能够成为真实的。随后，马克思又指出：“作为交换主体的个人的经济关系，在这里是简单地从它们在上述交换过程中所表现的形式上来考察的，而不涉及发展程度较高的生产关系。经济的形式规定正好构成这些个人借以相互交往（相互对立）的规定性。”③ 由此可见，在马克思看来，生产关系就是在人与人之间相互交往互动的过程中得以实现的，人与人之间的交往互动构筑了生产关系的基本样态。

三 生产力与生产关系之间的矛盾运动促进历史的发展

历史发展的动力究竟何在？目前国内外学术界存在多种认识，一种

① 《马克思恩格斯全集》第30卷，人民出版社，1995，第455~456页。

② 《马克思恩格斯全集》第30卷，人民出版社，1995，第236页。

③ 《马克思恩格斯全集》第31卷，人民出版社，1998，第347页。

观点认为，阶级斗争是历史发展的动力；另一种观点认为人民群众的历史性活动是历史发展的动力；还有一种观点认为，生产力与生产关系的矛盾运动是历史发展的动力，等等。详细分析这些观点，我们不难发现，这些观点的内在构成具有共同性，即都是从历史主体——人的实践活动出发来探寻历史发展的根源。认为阶级斗争是历史发展动力的观点，注重从人与人之间的关系角度出发来探讨，把人与人之间在历史过程中形成的关系，也即生产关系作为历史发展的动力；认为人民群众的历史性活动是历史发展动力的观点，注重从人改造自然界的活动过程中来探讨，把人改造自然界的能力，也即生产力作为历史发展的动力。

显然，这两种观点在一定程度上都是合理的，因为它们反映了学者们对历史发展动力认识的不同倾向，但是，从整体的视域来看，这两种观点又是片面的，因为它们仅仅只注重生产力或者生产关系的某一方面，而忽视了二者的内在关联。马克思对历史发展动力的认识是第三种观点，即认为生产力与生产关系之间的矛盾运动是历史发展的动力。针对此观点，马克思在《1857—1858 年经济学手稿》之前的经典著作《德意志意识形态》和《哲学的贫困》中都有详细论述，在《1857—1858 年经济学手稿》中进一步丰富和发展了这一思想。

在《德意志意识形态》中，马克思首先谈及了生产力与生产关系之间的关系。他认为，各个分散的和彼此对立的个人，他们的力量就是生产力；而这些个人在相互交往过程中形成的关系就是生产关系。生产力决定生产关系，“生产力与交往形式的关系就是交往形式与个人的行动或活动的关系。[这种活动的基本形式当然是物质活动，一切其他的活动，如精神活动、政治活动、宗教活动等都取决于它。当然，物质生活的这样或那样的形式，每次都取决于已经发达的需求，而这些需求的产生，也像它们的满足一样，本身是一个历史过程，这种历史过程在羊或狗那里是没有的（这是施蒂纳顽固地提出来反对人的主要论据），尽管羊或狗的目前形象无疑是历史过程的产物——诚然，不以它们的意愿为转移。] 个人相互交往的条件，在上述这种矛盾产生以前，是与他们的个性相适合的条件，对于他们来说不是什么外部的东西；在这些条件下，生存于一定关系中的一定的个人独力生产自己的物质生活以及与这种物质生活有关的东西，因而这些条件是个人的自主活动的条件，并且是由这种自主活动产生出来的。”[①] 但同时，生产关系又必须适应生产力的发展，随着生产力的发展，旧的生产关系必然会被新的生产关系所代替，因为“已成为桎梏的旧交往形式被适应于比较发达的生产力，因而也适应于进步的个人自主活动方式的新交往形式所代替；新的交往形式又会成为桎梏，然后又为另一种交往形式所代替。”[②]

紧接着，马克思又论述了生产力与生产关系之间的矛盾运动，推动历史的发展，是历史发展的动力。马克思说：“一切历史冲突都根源于生产力和交往形式之间的矛盾。”[③] 因为“生产力和交往形式之间的这种矛盾——正如我们所见到的，它在迄今为止的历史中曾多次发生过，然而并没有威胁交往形式的基础——，每一次都不免要爆发为革命，同时也采取各种附带形式，如冲突的总和，不同阶级之间的冲突，意识的矛盾，思想斗争，政治斗争，等等。从狭隘的观点出发，可以从其中抽出一种附带形式，把它看做是这些革命的基础，而这样做是相当容易的，因为进行这些革命的个人都由于自身的文化水平和所处的历史发展阶段，而对他们自己的活动本身抱有种种幻想。”[④] 可见，在《德意志意识形态》中，马克思已经比较完整地为我们呈现了生产力与生产关系之间的关系图景，同时也指出了生产力与生产关系之间的矛盾运动推动历史的发展，是历史发展的动力。

在《哲学的贫困》中，马克思从生产力与阶级对抗之间的关系出发，进一步丰富和发展了生产力与生产关系之间矛盾运动的思想。他指出，为了正确地判断封建社会的生产，必须要把它当作以对抗为基础的

---

① 《马克思恩格斯文集》第1卷，人民出版社，2009，第575页。
② 《马克思恩格斯文集》第1卷，人民出版社，2009，第575~576页。
③ 《马克思恩格斯文集》第1卷，人民出版社，2009，第567~568页。
④ 《马克思恩格斯文集》第1卷，人民出版社，2009，第567页。

生产方式来考察。同时，还必须要指出，财富怎样在这种对抗中间形成，生产力怎样和阶级对抗同时发展，这些阶级中一个代表着社会上坏的、有害方面的阶级怎样不断地成长，直到它求得解放的物质条件最后成熟。这也就是说生产方式或生产力在其中发展的那些关系，并不是永恒的规律，而是同人们及其生产力的一定发展相适应的东西。同时，“社会关系和生产力密切相联。随着新生产力的获得，人们改变自己的生产方式，随着生产方式即谋生的方式的改变，人们也就会改变自己的一切社会关系。手推磨产生的是封建主的社会，蒸汽磨产生的是工业资本家的社会。”①

根据马克思以上的论述，我们可以看出，在马克思看来，生产关系并不是永恒不变的，它是生产力发展到一定阶段的产物，是由生产力决定的。随着生产力的变化发展，生产关系必须要不断地改变自己，以便使自己能够与新的生产力相适应。

在《德意志意识形态》和《哲学的贫困》系统阐释生产力与生产关系之间辩证关系的基础上，马克思在《1857—1858 年经济学手稿》中，立足于历史主体的实践活动，运用经济学的话语，进一步丰富和发展了这一思想。马克思主要从三个方面来深化和发展其对这一思想的认识。

第一，生产关系受生产力决定，同时又反作用于生产力。马克思指出：“所有这些关系的解体，只有在物质的（因而还有精神的）生产力发展到一定水平时才有可能。”② 也就是说，在马克思看来，生产关系的变化发展受制于生产力，是随着生产力的变化而变化。但生产关系也并不是完全受制于生产力，它对生产力也具有一定的反作用。马克思在论述资本的发展演变时，强调了这一点。马克思指出，资本作为一种生产关系，在它的进一步发展中，“我们看到：一方面，资本是以生产力的一定的现有的历史发展为前提的——在这些生产力中也包括科学——；

---

① 《马克思恩格斯文集》第 1 卷，人民出版社，2009，第 602~603 页。

② 《马克思恩格斯全集》第 30 卷，人民出版社，1995，第 497 页。

另一方面，资本又推动和促进生产力向前发展。”[①]

第二，生产力的发展决定着生产关系也即社会历史形式的演变。马克思在“资本章”的“资本主义生产以前的各种形式”一节，详细地论述了作为以共同体为特征的社会历史形式，其运动变化和发展受生产力的影响和制约。他指出：“共同体以主体与其生产条件有着一定的客观统一为前提的，或者说，主体的一定的存在以作为生产条件的共同体本身为前提的所有一切形式（它们或多或少是自然形成的，但同时也都是历史过程的结果），必然地只和有限的而且是原则上有限的生产力的发展相适应。生产力的发展使这些形式解体，而它们的解体本身又是人类生产力的发展。人们先是在一定的基础上——起先是自然形成的基础，然后是历史的前提——从事劳动的。可是到后来，这个基础或前提本身就被扬弃，或者说成为对于不断前进的人群的发展来说过于狭隘的、正在消灭的前提。”[②] 通过马克思以上的论述，我们不难看出，在马克思看来，当以共同体为特征的社会历史形式适应生产力发展时，它就会促进生产力向更高层次发展，成为新的生产力发展的有效历史前提，当它不适应生产力发展时，它就会自行解体，而被一种适应新的生产力发展的新的共同体所代替。

第三，分工是生产力与生产关系之间矛盾运动的中介。不言而喻，作为推动历史发展根源的生产力与生产关系之间的矛盾运动，不是自行进行的，而是靠一种中介来实现的。担任此重任的中介，要求必须要既内含生产力的属性，又内含生产关系的属性。唯有如此，才能够使生产力与生产关系之间的内在矛盾得以运行。作为经济学重要范畴的分工就具有这种二重性，一方面，它是生产过程中人与“物”的结合方式，属于生产力范畴；另一方面，它是生产过程中人与人的结合方式，具有生产关系范畴。正是这种二重性，使分工能够成为生产力与生产关系之间矛盾运动的中介。

---

① 《马克思恩格斯全集》第 31 卷，人民出版社，1998，第 94 页。

② 《马克思恩格斯全集》第 30 卷，人民出版社，1995，第 490 页。

早在《德意志意识形态》中，马克思就十分重视分工，认为分工使个人的活动范围固定化，是迄今为止历史发展的主要因素之一。在《1857—1858年经济学手稿》中，马克思又着重探讨了分工为社会生产节约了大量的劳动时间，因为“社会为生产小麦、牲畜等等所需要的时间越少，它所赢得的从事其他生产，物质的或精神的生产的时间就越多。正像在单个人的场合一样，社会发展、社会享用和社会活动的全面性，都取决于时间的节省。一切节约归根到底都归结为时间的节约。”[①] 针对劳动时间的节约，马克思又指出：“真正的经济——节约——是劳动时间的节约（生产费用的最低限度——和降到最低限度）。而这种节约就等于发展生产力。”[②] 可见，在马克思看来，分工可以促进生产力的发展。那么，分工又是如何作为中介联结生产力与生产关系之间的矛盾运动的呢？

因为分工是生产过程中人与“物”的结合方式，具有生产力的属性，所以它与生产力的构成因素之一——生产工具直接相关。生产工具的积聚和分工是彼此不可分割的，即生产工具积聚发展了，分工也会随之发展，反过来同样成立。也就是说，生产工具的发展和性质决定着分工的发展和性质，分工的发展又反过来影响和促进生产工具的发展。正因为如此，马克思指出：“机械方面的每一次重大发展都使分工加剧，而每一次分工的加剧也同样引起机械方面的新发明。”[③] 分工实际上就是生产过程中生产者和生产工具的具体结合方式，标志着生产的技术构成。同时，分工“造成了社会生产过程的质的划分和量的比例，从而创立了社会劳动的一定组织，这样就同时发展了新的、社会的劳动生产力。”[④]

通过以上分工与生产工具关系的论述，不难看出，分工构成了生产力的一环，是生产工具水平和生产者水平的综合体现，因而是生产力水

① 《马克思恩格斯全集》第30卷，人民出版社，1995，第123页。
② 《马克思恩格斯全集》第31卷，人民出版社，1998，第107页。
③ 《马克思恩格斯文集》第1卷，人民出版社，2009，第627页。
④ 《马克思恩格斯文集》第5卷，人民出版社，2009，第422页。

平的表现。但分工同时又是生产过程中人与人的结合方式，具有生产关系的属性。因为分工是生产的社会组织形式，它和所有制是“同义语”，分工发展的不同阶段，也就是所有制的不同形式，“分工的每一个阶段还决定个人在劳动材料、劳动工具和劳动产品方面的相互关系。”[①] 正是因为分工具有这种二重属性，才使其能够成为生产力和生产关系矛盾运动的中介。分工状况以生产工具的性质为前提，本身就体现着生产的技术构成形式，同时又形成了特定的经济活动方式。特定的分工体现着特定的生产技术构成形式，同时又形成着特定的经济活动方式或经济组织形式，而经济活动方式的改变，必然引起所有制形式的改变，直至所有制根本性质的变革。这种通过分工而实现的生产力与生产关系的相互作用，形成了生产力与生产关系的矛盾运动。

总之，根据以上的系统分析，不难看出，以人的实践活动为基准，以分工为中介，形成的生产力与生产关系之间的矛盾运动，推动着历史的发展，是历史发展的动力。

第三节　科学技术推动历史的发展

通过上文对生产力概念的系统梳理，不难看出，生产力发展的最初阶段只有两个因素，也即人与自然。人构成了生产力的主体因素，自然构成了生产力的客体因素。在最原始的阶段，生产力的主体因素与客体因素是在混沌中统一的。因为此时的生产力在本质上还是一种自然生产力，其客体因素还仅仅是自然条件本身，人同现存的自然物质条件之间的关系，还是一种直接作用的关系。

但是，随着生产力的进一步发展，人对自然的直接的简单关系发生了变化，实现了人以自身的肢体作为劳动工具，向人以经过加工和改造的自然物质作为劳动工具的发展。这种经过加工和改造的自然物质就是

① 《马克思恩格斯文集》第1卷，人民出版社，2009，第521页。

"人化的自然"。"人化自然"实际上也就是人在实践活动中积累起来的经验和知识的物化。自然界本身并没有创造出机器、机车、铁路、电报等物化形态的技术，它们是人类劳动的产物，是物化的知识力量。人之所以能够物化自然，是依靠于一定的中介的，这个中介就是人在实践活动中积累起来的经验和知识，也即科学技术。可见，正是因为有了科学技术的存在，才实现了人对自然的物化，推动了社会生产力的发展。

一　科学技术是生产力思想的逻辑生成

科学技术是生产力的思想是马克思在《1857—1858 年经济学手稿》中提出的一个重要思想，然而，其形成和发展却经历了一个长期的历史演进过程。

马克思之前的资产阶级哲学家和科学家，就针对科学技术在生产过程中的重要作用进行过系统概括。15 世纪下半叶至 16 世纪初，作为科学家和哲学家的达·芬奇，就已经开始探讨科学与实践的关系，并用"科学是船长，实践是水手"的形象比喻，来阐释科学与实践的关系，在他看来，科学对实践具有重要的指导作用，它能够帮助人类掌握自然界。同时，他还告诫人们，在从事物质生产活动的实践过程中，必须要重视科学的重要作用，否则将无法取得理想的成果。继达·芬奇之后的英国唯物主义者和近代实验科学的创始人弗兰西斯·培根，也对科学的社会作用进行了深刻的理论探讨，并撰写了《论科学的价值和发展》及《新工具》等名著，在他看来，科学是改造世界的伟大力量，科学的真正合法目标，只是给人类生活提供新的发现和力量。

显然，达·芬奇和弗兰西斯·培根的讨论，都看到了科学对生产力发展的重要影响和作用，但是，由于他们所处的时代的限制，也即科学作为一种独立的力量，在生产和生活中的作用还未充分显露。因此，他们不可能提出科学技术是生产力的思想。后来，经过工业革命，尽管有了大量可供提炼的材料，但由于受阶级偏见的影响，达·芬奇和弗兰西斯·培根他们同样不可能对科学在生产力发展过程中的重要作用，做出正确的理论概括。只有到了马克思，才在批判和继承前人思想的基础上，立足于历史唯物主义，提出了科学技术是生产力的思想。

马克思在对政治经济学进行研究时，就十分注重对自然科学的研究，他研究了数学、物理学、化学、植物生理学、土壤学、机械学等自然科学和科学技术史的最新研究成果，并撰写了《1844 年经济学哲学手稿》、《1857—1858 年经济学手稿》、《机器。自然力和科学的应用》、《资本论》和《剩余价值学说史》等著作，逐渐形成了自己的科学技术是生产力的思想。从对马克思撰写的这些经济学著作的精心研读和系统分析，不难发现，马克思关于科学技术是生产力思想的形成和发展，大致经历了以下三个时期。

第一个时期是萌芽时期，大致发生在 1844 年前后。在这一时期，马克思撰写了《1844 年经济学哲学手稿》和《德意志意识形态》两部重要著作。这两部著作，初步萌发了马克思的科学技术是生产力的思想。在《1844 年经济学哲学手稿》中，马克思在分析私有财产和共产主义时指出，自然科学在各个领域都取得了长足的发展，并且占有了不断增多的材料。同时，“自然科学却通过工业日益在实践上进入人的生活，改造人的生活，并为人的解放作准备，尽管它不得不直接地使非人化充分发展。工业是自然界对人，因而也是自然科学对人的现实的历史关系。因此，如果把工业看成人的本质力量的公开的展示，那么自然界的人的本质，或者人的自然的本质，也就可以理解了；因此，自然科学将抛弃它的抽象物质的方向，或者更确切地说，是抛弃唯心主义方向，从而成为人的科学的基础。”① 通过马克思的论述，我们可以看出，工业是人对自然界的理论关系和实践关系的具体的历史的统一，它以物质的通过对象世界的改造的形式，记载和展示了人的本质力量，即人认识自然和改造自然，通过劳动进行物质资料生产的能力。自然科学和实践相结合，成为一种生产能力，日益进入人的生活，改造人的生活。在《德意志意

① 《马克思恩格斯文集》第 1 卷，人民出版社，2009，第 193 页。

识形态》中，马克思继续阐发了其在《1844年经济学哲学手稿》中提到的科学对生产的推动作用的思想。他明确指出，牛顿力学的创立，是资本主义大工业的重要前提条件，同样也表达了科学可以转化为直接生产力的思想。

第二个时期是成熟时期，也即1857~1858年前后。马克思沿着自己最初的思想继续前进，经过十多年的研究之后，撰写了《1857—1858年经济学手稿》。在这部著作中，马克思对科学在社会生产和生活中的作用，又做了更为精确的概括。他指出："固定资本的发展表明，一般社会知识，已经在多么大的程度上变成了直接的生产力，从而社会生活过程的条件本身在多么大的程度上受到一般智力的控制并按照这种智力得到改造。它表明，社会生产力已经在多么大的程度上，不仅以知识的形式，而且作为社会实践的直接器官，作为实际生活过程的直接器官被生产出来。"[①] 也就是说，在马克思看来，生产力里面也包括科学在内，科学是一种在知识形态上被生产出来的社会生产力。至此，科学技术是生产力的思想，在马克思的整个思想体系中得以正式确立。

第三个时期是发展完善时期，即《1861-1863年经济学手稿》以后。马克思在《1857—1858年经济学手稿》中正式确立科学技术是生产力的思想之后，又撰写了《1861-1863年经济学手稿》。在这部手稿中，马克思专门撰写了"机器。自然力和科学的应用"一节，进一步丰富和发展了科学技术是生产力的思想。在"机器。自然力和科学的应用"一节中，马克思不仅做出了科学技术是一种生产力的概括，而且还对科学作为精神生产力与物质生产力的关系，以及它在社会生产和整个社会发展中的地位和作用，都做了全面的论述。在随后的《资本论》和《剩余价值学说史》中，马克思又对上述思想做了进一步的发挥，提出把科学作为一种独立的生产能力和科学是一般社会生产力的思想。

总而言之，马克思把科学技术看作生产力的思想，是其在对资本主

① 《马克思恩格斯全集》第31卷，人民出版社，1998，第102页。

义生产过程进行系统分析的基础上形成的。这一思想的形成，为马克思科学探讨生产力的发展，以及历史发展的动力问题，提供了新的研究视角。

二　从生产力的角度辨别科学与技术的关系

目前，学术界在讨论科学技术在生产过程中的重要性时，往往将科学与技术捆绑在一起，放到同一个层面上来理解，一般情况下，这种认识是正确的。但是，如果在讨论科学技术对生产力发展的推动作用时，还将其捆绑在一起理解，则容易造成对科学与技术之间关系的误读和误解。

关于科学与技术的关系问题的讨论，自古希腊时期便已开始。柏拉图在其《理想国》中最早探讨和区别了一般智识（自然科学）和特别的智识（技术）之间的内在关系。亚里士多德在柏拉图认识的基础上，又进一步将科学与技术视为两个独立的领域来看待。继柏拉图和亚里士多德之后，近代一些思想家又在意识到科学与技术之间存在差异的基础上，明确提出了二者的内在联系，认为自然科学是一切知识的基础。但是，归整这些思想家对科学与技术之间关系的认识，我们不难发现，他们对科学与技术关系的认识处于产业革命之前，科学与技术并未得到全面发展，因此，他们对科学与技术之间关系的认识是零星的和不全面的。随着产业革命的开展以及广泛推进，科学与技术之间的关系发生了根本性的变化，立足于此种状况，马克思从生产力的角度出发，详细地区分了科学与技术之间的关系。

在马克思看来，区别科学和技术之间的内在关联，首先要把握技术、技术科学以及自然科学三者之间的关系。技术，一般而言，它是最直接的生产力，因为它是物化在劳动者身上的技能。技术科学不同于技术，它是对劳动者在劳动实践过程中，所形成的实践经验以及认识的科学总结，是对技术本身的一种抽象概括。技术科学从属于科学的一个种类，它同自然科学一样，都是潜在的、精神的、扩大意义上的生产力。但是，它们在研究对象，以及与生产力之间关系的亲近程度上，又存在很大的差异。

首先，在研究对象上，自然科学的研究对象是未被人们加工改造过的，客观存在的自然客体，也即未被人化的客体；技术科学的研究对象则刚好和自然科学相反，是被人们加工改造过的自然客体，也即被人化的客体。此外，广义意义上的技术科学的研究对象，还包括科学技术活动等方面的内容。

其次，在与生产力之间关系的亲近程度上，技术科学与自然科学相比，更容易转化为直接的生产力，尽管它们变为现实的生产力，都需要一个物质的转化过程，但是技术科学比自然科学在转化过程中少了更多的中间环节。在《1857—1858 年经济学手稿》中，马克思把技术称为“死的生产力上的技巧”，他指出：“在固定资本中，劳动的社会生产力表现为资本固有的属性；它既包括科学的力量，又包括生产过程中社会力量的结合，最后还包括从直接劳动转移到机器即死的生产力上的技巧。”① 当然，技术同时也是活的生产力即劳动主体的技巧，只有其首先是活的生产力的技巧，才可能从本质上最终转化为死的生产力的技巧。但对技术科学则不能这么看，因为技术科学本身不具备直接的可操作性，所以它既不是活的生产力的技巧，也不是死的生产力的技巧。

以上，我们从生产力的角度，简要阐述了技术、技术科学以及自然科学三者之间的区别，其目的是科学阐释三者之间的内在联系。目前，学术界将科学与技术视为一个科学的整体，这种认识无疑有利于全面考察科学技术的发展过程，但是，把科学与技术笼统地称为科学，也是有局限的，因为在考察科学与技术在近代生产力发展过程中的重要作用时，很容易将科学与技术在方法论上混为一谈，不利于从生产力的角度考察二者之间的关系。

从对技术、技术科学以及自然科学三者的区别中，我们可以从逻辑

① 《马克思恩格斯全集》第 31 卷，人民出版社，1998，第 111 页。

规定性上看到三者之间的内在联系，这种联系是一种结构性联系。第一，技术、技术科学和自然科学三者之间是可以双向相互转化的，而不是单向的，即技术转化为技术科学，技术科学再转化为自然科学，反过来同样成立。第二，科学和技术的关系，也是一种结构性的关系，即自然科学不能够直接地应用于技术，从而也不能直接应用于生产，也就是说，自然科学要转化为技术，必须需要一定的中间环节即技术科学。同样如此，技术向自然科学转化，也必须要依靠于中间环节——技术科学。第三，科学与技术的关系，实质上是指科学与现实的生产力之间的关系。恩格斯和列宁都对此有所阐释，恩格斯指出："科学则在更大得多的程度上依赖于技术的状况和需要。"① 列宁也说，现代生产力发展的趋势是"科学日益被自觉地应用于技术方面。"② 第四，强调科学与技术之间的结构性关系，并不从本质上否定自然科学在科学与技术中的根基性地位及其主导作用。

综合以上从生产力角度对科学与技术关系的分析，不难看出，科学作为一种意识形式，它不同于其他的观念形式，它在本质上和技术之间有着意义广泛的本质联系，并最终规定着物质生产力诸要素的性质、水平及其发展方向。但是，如果在对科学与技术关系进行理解时，忽略科学与技术之间的结构性关系，将技术、技术科学以及自然科学三者之间混同起来，把科学当作是直接的、现实的物质生产力，那么，我们就不可能准确理解科学对物质生产力的重要推动作用是如何实现的。因此，搞清楚三者之间的关系，有利于我们从本质上理解科学技术对生产力发展的重要作用。

三 科学技术如何推动历史的发展

根据以上对历史发展的动力、科学技术与生产力之间关系的考察，我们不难发现，生产力与生产关系的矛盾运动推动历史的发展，是历史

① 《马克思恩格斯选集》第 4 卷，人民出版社，2012，第 648 页。

② 《列宁选集》第 2 卷，人民出版社，2012，第 433 页。

发展的动力；科学技术是生产力的重要构成部分，其科学运用可以推动生产力的发展，生产力的发展又推动历史的发展。基于此，我们也可以这样认为，科学技术通过推动生产力的发展，而变相地推动历史的发展。那么，科学技术又是如何推动生产力发展的呢？

通过对马克思《1857—1858年经济学手稿》的细心研读，可以看出，在马克思看来，科学技术发挥作用并推动社会生产力的发展，是在一定的社会历史条件下进行的。因为科学技术自身的产生和发展就是以社会历史的一定发展为前提的。只有在社会历史条件达到的情况下，科学才能够推动生产力的发展。资本主义社会的经济发展，为科学技术自身的发展提供了必要的前提，同时也为科学技术推动生产力的发展，提供了广阔的空间。

在资本主义社会的经济状况下，科学技术要推动生产力的发展，必须要运用于直接的生产过程，转化为直接的生产力。但是，科学技术本身从本质上讲，是一种知识生产力，它与在生产过程中发挥作用的直接生产力之间有着本质的区别。针对二者的区别，马克思指出："数学、力学、化学领域的进步和发现，无论在英国、法国、瑞典、德国，几乎都达到了相同的程度。发明也是如此，例如在法国就是这样。然而，在当时它们的资本主义应用却只发生在英国。"① 同时，他还引用英国学者A. 尤尔的话，进一步阐明了二者的本质区别，他说，在资本主义的工厂中我们发现"成千的定理带来的金色果实，这些定理在专科大学的高墙深院里是长期不结果实的。"②

由此可见，在马克思的研究视域中，科学技术是一种"知识形态"的生产力，属于一般社会生产力的范畴；机器、工具等则是在生产过程中实现了的科学技术，是一种"物化的智力"，因此它属于直接劳动生产力的范畴。

在区分了科学技术和直接劳动生产力之间的关系后，紧接着，马克

① 《马克思恩格斯文集》第8卷，人民出版社，2009，第367页。

② 《马克思恩格斯全集》第47卷，人民出版社，1979，第540页。

思又谈了科学技术如何由知识生产力转化为直接生产力。在他看来，科学技术转化为直接生产力开始于资本主义的机器大工业时期。因为“只有资本主义生产才把物质生产过程变成科学在生产中的应用——被运用于实践的科学——”,[①] 在资本主义的机器大工业时期，科学技术转化为直接劳动生产力，主要是通过其对劳动生产力构筑要素的影响和改变来实现的。劳动生产力的构筑要素前边已经论述过，主要包括劳动资料、劳动者和劳动对象三个层面。科学技术向直接劳动生产力的转化主要有以下三个具体途径。

第一，科学技术知识物化在以劳动工具为主的劳动资料中，从而转化为直接生产力。毋庸置疑，当劳动资料加入资本的生产过程以后，其形态经历了各种形式的变化，但最终以机器和机器体系的形式呈现。马克思认为：“只有当劳动资料不仅在形式上被规定为固定资本，而且抛弃了自己的直接形式，从而，固定资本在生产过程内部作为机器来同劳动相对立的时候，而整个生产过程不是从属于工人的直接技巧，而是表现为科学在工艺上的应用的时候，只有到这个时候，资本才获得了充分的发展，或者说，资本才造成了与自己相适应的生产方式。”[②] 可见，机器和机器体系的呈现，使资本获得了充分的发展，找到了与自身相适应的生产方式。

那么，劳动资料形态的机器化或自动的机器体系又是如何实现的呢？马克思认为，机器无论在哪一方面都不表现为单个工人的劳动资料，相反，它“代替工人而具有技能和力量，它本身就是能工巧匠，它通过在自身中发生作用的力学规律而具有自己的灵魂，它为了自身不断运转而消费煤炭、机油等等（辅助材料），就像工人消费食物一样。”[③] 自动的机器体系，“它是由自动机，由一种自行运转的动力推动的。这种自动

---

① 《马克思恩格斯全集》第8卷，人民出版社，2009，第363页。
② 《马克思恩格斯全集》第31卷，人民出版社，1998，第93~94页。
③ 《马克思恩格斯全集》第31卷，人民出版社，1998，第91页。

机是由许多机械器官和智能器官组成的。”① 基于以上马克思的论述，我们不难发现，劳动资料形态的机器化，正是科学技术知识物化在劳动资料中的结果，使科学技术知识转化为直接的生产力，从而极大地推动了生产力的发展。

第二，科学技术知识渗入于劳动者并为劳动者掌握，成为劳动者的智力和技能，从而转化为直接的生产力。随着劳动资料机器化的不断推进，机器和机器体系在资本主义生产过程中逐渐取代活劳动部分，使活劳动“表现为不再像以前那样被包括在生产过程中，相反地，表现为人以生产过程的监督者和调节者的身份同生产过程本身发生关系。”② 劳动者不再是生产过程的主要作用者，而是站在生产过程的旁边，起着机器作用于劳动对象的中介作用，完成一些辅助作业，防止在生产过程中出现偶然的故障。

从表面上看，劳动者在直接生产过程中的主体性地位逐渐淡化，会取消劳动者在社会生产力发展过程中的主体性作用。其实则不然，劳动主体和客体之间在直接生产过程中关系的转变，不会取消劳动者在社会生产力发展过程中的主体性作用。因为“在这个转变中，表现为生产和财富的宏大基石的，既不是人本身完成的直接劳动，也不是人从事劳动的时间，而是对人本身的一般生产力的占有，是人对自然界的了解和通过人作为社会体的存在来对自然界的统治，总之，是社会个人的发展。”③ 因此，劳动者要适应时代发展的客观需要，必须要学习科学技术知识，提高个人的技能，以人的智力的发展来驾驭已成为人类在自然界活动器官的自然物质。唯有如此，才能够将科学技术转化为间接的生产力，推动社会生产力不断向前发展。

第三，科学技术凝结在劳动对象上并进而转化为直接的生产力。劳动对象是生产力的第三构成要素，它主要包含两个层面的内容，一个层

① 《马克思恩格斯全集》第31卷，人民出版社，1998，第89页。

② 《马克思恩格斯文集》第8卷，人民出版社，1998，第196页。

③ 《马克思恩格斯全集》第31卷，人民出版社，1998，第100~101页。

面是原始的劳动对象，指那些未经过科学加工和科学技术作用的自然资源，比如地下矿藏、原始森林等；另一个层面是科学的劳动对象，指那些经过劳动加工和改造过的原材料和半成品，比如，粮食、塑料、各种合金等。

在古代，由于生产力水平极端低下，人类所利用的劳动对象大都是原始的劳动对象，也即天然的自然物。但是，随着社会的发展，天然自然物被大量地开发和利用，仍然不能够满足生产力发展的需要，于是就出现了人造对象。所谓的人造对象，就是人们根据自己的需要，按照一定的自然规律创造出来的自然界先前不存在的存在，这种存在自身凝结着先进的科学技术，是科学技术的物化。起初，人造对象仅仅只是作为科学研究的对象，未被应用于生产之中。但是，在后来的生产过程中，发现人造对象作为劳动对象的一种，能够推动社会生产力的快速发展，才逐渐将人造对象广泛地应用于社会生产之中。因此，将科学技术凝结在原始的劳动对象上，生发出人造的新的劳动对象，能够推动生产力的发展，彰显科学技术的生产力作用。

总而言之，科学技术在资本主义经济中的广泛应用，改进了生产力的主体因素和客体因素，极大地推动了社会生产力的发展，从而推动了历史的发展。但是，科学技术在资本主义经济中的利用，也使科学的力量成为资本的力量，科学成为资本生产财富的手段。这样，对劳动主体来说，科学技术成为一种异己的、敌对的和统治的权力。因此，在资本主义经济中，资本的趋势是赋予生产以科学的性质，而直接劳动则被贬低为只是生产过程的一个要素。科学在劳动主体和劳动客体作用上的反差，不仅是科学的力量转化为资本的力量的必然结果，同时也是科学在资本主义经济中进一步发展的最大障碍。

第四章　前资本主义社会历史形式的比较

第一节　学界关于前资本主义社会历史形式的论争

在国内外学术界，《1857—1858 年经济学手稿》中最引人注意的理论问题，也许就是马克思关于前资本主义社会历史形式的研究，特别是关于亚细亚社会历史形式的理论，这一理论被誉为马克思主义理论中的“哥德巴赫猜想”。在近半个世纪以来，国内外无数的哲学家、历史学家、经济学家和社会学家围绕着这一问题进行了不同形式的探讨，众说纷纭，莫衷一是。归整国内外学术界的探讨，主要是围绕着“亚细亚生产方式”是什么样的历史形式、“亚细亚生产方式”的特征，以及马克思晚年是否放弃了对“亚细亚生产方式”的研究等问题展开研究的。

一　“亚细亚生产方式”是什么样的历史形式

针对“亚细亚生产方式”是一种什么样的历史形式，国内外学者展开了激烈的讨论，并形成了以下几种最具有代表性的观点。

第一种观点认为“亚细亚生产方式”是原始社会。我国第一位对“亚细亚生产方式”发表看法的学者是郭沫若，他在 1928 年发表论文，对“亚细亚生产方式”是一种什么样的历史形式问题发表了自己的看法。在他看来，马克思在《政治经济学批判》序言中所列举的四种生产方式就是原始社会、奴隶制社会、封建制社会和资本主义社会，马克思所说的“亚细亚生产方式”就是指古代的原始公社社会。郭沫若的这种观点，与苏联史学界20年代提出的社会历史形式发展的五阶段论是吻合的。到了20世纪80年代后半期，随着《马克思恩格斯全集》第45卷问世，学术界持原始社会论的观点越来越多，而且这一观点也逐渐被学术界所认可。

第二种观点认为“亚细亚生产方式”是奴隶制与封建制相混合的一种历史形式。持这种观点的学者们认为，马克思所描述的亚细亚社会属于阶级社会，“亚细亚生产方式”是一种独特的剥削形式，这种剥削形式有时接近封建制，有时接近奴隶制，是奴隶制与封建制的一种内在混合。

第三种观点认为“亚细亚生产方式”是亚洲特有的一种社会历史形式。苏联马列研究院院长梁赞诺夫和著名经济学家瓦尔加持这种观点，他们认为，“亚细亚生产方式”是亚洲特有的、原始的社会组织，在历史上介于原始公社和资本主义之间，亚洲根本不存在奴隶制社会和封建制社会的历史形式。

第四种观点认为“亚细亚生产方式”是封建主义在东方的变种，在本质上仍然是一种封建制社会的历史形式。这种观点在20世纪30年代的苏联学界占据上风。他们指出，在亚细亚生产方式内，主要的所有制关系是村社农民的间接财产权—村社的世袭占有权—国家最高所有权这样一种三位一体的所有制体系；剥削形式主要包括：劳役和产品的贡赋形式、地租和赋税合一的形式，以及其他产品的地租形式。这样的所有制关系和剥削形式，决定了亚细亚生产方式不可能是原始社会或奴隶制社会，而只能是封建社会。

此外，针对此问题的讨论，还有诸多观点，比如“东方社会说”“东方奴隶制说”“特殊社会说”等，在此不再一一赘述，但这些观点都从不同立场、不同视角反映了学界对“亚细亚生产方式”的认识，同时也反映了探讨这一问题，对理解马克思关于史前社会理论研究的重要性。

二 “亚细亚生产方式”的特征

既然“亚细亚生产方式”在马克思的史前史研究中占据如此重要的地位，那么“亚细亚生产方式”的特征又有哪些呢?针对此问题，学术界也产生了分歧，形成了诸多观点。归整起来，主要有以下三种最具有代表性的观点。

第一种观点是“三特征说”。即把“亚细亚生产方式”的特征概括为以下三个方面：①土地国有；②农村公社；③专制国家。

第二种观点是“四特征说”。即把“亚细亚生产方式”的特征概括为以下四个方面：①在“亚细亚生产方式”中，全部土地的所有者是君主。君主凌驾于所有共同体之上；②在“亚细亚生产方式”中，统治阶级的主要剥削形式是贡赋、徭役；③在“亚细亚生产方式”中，既有人的自然血缘联系的脐带，又有直接的统治和服从关系，即专制制度和奴隶制度；④“亚细亚生产方式”是男耕女织的自然经济。

第三种观点是“五特征说”。即把“亚细亚生产方式”的特征概括为以下五个方面：①土地国有制；②农村公社；③自然经济；④宗法血缘制；⑤专制主义国家。

总而言之，无论是“三特征说”、“四特征说”或者“五特征说”，都具有一定的合理性，都从一定层面概述了“亚细亚生产方式”特征的本来面貌。

三 马克思晚年是否放弃了对“亚细亚生产方式”的研究

关于马克思晚年是否放弃了对“亚细亚生产方式”的研究，国内外学界对此问题也进行了激烈的争论，并形成了“放弃论”、“未放弃论”和“折中论”三种不同的观点。

第一种观点是放弃论。即认为马克思晚年已不再关注“亚细亚生产方式”理论，彻底放弃了对此问题的研究。原因在于：①马克思在《资本论》第一卷出版后，其以后的著作中没有再谈及“亚细亚生产方式”。

②马克思在晚年，通过对人类学的研究，搞清楚了原始社会不像其之前描述的“亚细亚生产方式”，放弃了对这一概念的研究。

第二种观点是未放弃论。即认为马克思晚年在研究东方社会生产方式的基础上，继续探讨和研究“亚细亚生产方式”理论。原因在于：①“亚细亚生产方式”这一概念马克思引自古代史，不容否认、取消和修正。因为这种生产方式在世界古代史上是确实存在过的，而且也被诸多历史资料所证实。②从马克思晚年的读书笔记，以及《资本论》的第三卷中，仍然可以看到马克思对“亚细亚生产方式”的论述。

第三种观点是“折中论”。即认为马克思在晚年放弃了“亚细亚生产方式”的概念，但没有彻底放弃“亚细亚的生产方式”理论。因为“亚细亚生产方式”的概念是一个历史性概念，从其提出、发展到被放弃，在马克思的著作中经历了长期的演变历程，充分彰显了马克思对“亚细亚生产方式”认识不断深化的整个历史进程。马克思在晚年，随着其对历史认识视野的扩大，逐渐认识到“亚细亚生产方式”这一概念在表述人类社会原生形态方面所起的作用已经结束，但是，概念本身所反映出来的东方社会的特殊性并没有因此而消失，相反，却是马克思“亚细亚生产方式”理论的一个深化和发展。

总之，以上便是学界对前资本主义社会历史形式论争的一个简单综述，在这个综述中，我们不难发现，目前学界对马克思前资本主义社会历史形式的探讨，过多地是将注意力放置于对“亚细亚生产方式”的研究上，而很少有学者关注前资本主义的其他两种社会历史形式，也即“古典古代的生产方式”和“日耳曼的生产方式”。然而，这两种社会历史形式同样是马克思前资本主义社会历史形式的两种重要表现形式，尤其是“日耳曼的生产方式”，它为人类历史从“共同体阶段”发展到“市民社会阶段”孕育了丰厚的土壤，在马克思探究社会历史发展的演变过程中占据着十分重要的地位。因此，只有科学探讨这两种社会历史形式的基本内涵、发展演变历程，以及其与“亚细亚生产方式”之间的内在差异，才能够科学掌握马克思前资本主义社会历史形式的理论实质和演变逻辑，不断丰富和发展马克思唯物主义历史观的基本理论。

第二节　马克思对前资本主义社会历史形式的考察

一　马克思对前资本主义社会历史形式的最初研究

马克思和恩格斯合著的《德意志意识形态》的发表，标志着唯物史观的基本创立，同时也开启了马克思对前资本主义生产方式的最初研究。

在《德意志意识形态》中，马克思和恩格斯依据分工发展的不同阶段，把前资本主义所有制关系的发展，划分为三个依次递进的阶段：部落所有制；古典古代的公社所有制和国家所有制；封建的或等级的所有制。

在马克思和恩格斯看来，第一种所有制形式是部落所有制。这种所有制形式是与生产的不发达阶段相适应的。在这一所有制形式下，人们维持生存，获取生活资料的方式主要依靠狩猎、捕鱼、畜牧；尽管有时也依靠耕作，但这种耕作是以有大量未被开垦的土地为前提的。分工在这个阶段还很不发达，仅限于家庭中现有的自然形成的分工的进一步扩大。这种不发达的分工，导致了社会结构也仅限于家庭的扩大。但是，在这一阶段，家庭中已经潜藏着奴隶制，父权制的首领，管辖着部落成员和奴隶。

第二种所有制形式是古典古代的公社所有制和国家所有制。这种所有制在形成上是以几个部落通过契约或征服联合为一个城市为基础的。在这种所有制形式下，“除公社所有制以外，动产私有制以及后来的不动产私有制已经发展起来，但它们是作为一种反常的、从属于公社所有制的形式发展起来的。”[①] 奴隶制仍然被保存着，而公民仅仅具有共同支配自己那些做工的奴隶的权利。随着分工的发达，城乡之间的对立相继

---

① 《马克思恩格斯文集》第1卷，人民出版社，2009，第521页。

出现，代表着不同利益集团的国家也已具雏形，公民和奴隶之间的阶级关系也得到了充分发展。

第三种所有制形式是封建的或等级的所有制。这种所有制形式是与狭隘的生产关系，即粗陋的原始的土地耕作和手工业式的工业发展相联系的。同时，“这种所有制像部落所有制和公社所有制一样，也是以一种共同体为基础的。但是作为直接进行生产的阶级而与这种共同体对立的，已经不是与古典古代的共同体相对立的奴隶，而是小农奴。”① 在这种所有制形式下，乡村由于出现了土地所有制和束缚于土地所有制的农奴劳动，形成了明显的王公、贵族、僧侣和农民的等级阶级划分；城市由于出现了拥有少量资本并支配着帮工劳动的自身劳动，也形成了师傅、帮工、学徒，以及后来的平民短工等级结构的行会制度。

以上是马克思和恩格斯在《德意志意识形态》中对前资本主义生产方式的理解。综观马克思和恩格斯的理解，我们不难发现，他们的理解存在两大明显的特点。

第一，马克思和恩格斯所理解的最早的所有制，也即部落所有制形式，不同于后来学界所认为的原始公有制。因为，在当时，马克思和恩格斯还不可能对史前社会的性质做出科学论述。他们所理解的部落所有制，其实在本质上是私有制发展的最初形式。

第二，马克思和恩格斯对前资本主义所有制演进过程的分析，彰显出对问题理解的一般性和特殊性。因为按照他们的理解，前资本主义的所有制是经历着这样一个逻辑序列进行演进的，也即部落所有制—古典古代的公社所有制和国家所有制—封建的或等级的所有制。但是，他们也不否认，在所有制形式的演进过程中，会出现从部落所有制直接过渡到封建的或等级的所有制的现象。他们指出：“所有制的最初形式，无论是在古典古代世界或中世纪，都是部落所有制，这种所有制在罗马人那里主要是由战争决定的，而在日耳曼人那里则是由畜牧业决定的。在

① 《马克思恩格斯文集》第1卷，人民出版社，2009，第522页。

古典古代民族中，一个城市里聚居着几个部落，因此部落所有制就具有国家所有制的形式。”①

继《德意志意识形态》之后，马克思和恩格斯在《共产党宣言》和《雇佣劳动与资本》两部重要著作中，又对前资本主义的生产方式进行了不同程度的探讨。在《共产党宣言》中，马克思和恩格斯在论述前资本主义的各个历史时代时指出：“在过去的各个历史时代，我们几乎到处都可以看到社会完全划分为各个不同的等级，看到社会地位分成多种多样的层次。在古罗马，有贵族、骑士、平民、奴隶，在中世纪，有封建主、臣仆、行会师傅、帮工、农奴，而且几乎在每一个阶级内部又有一些特殊的阶层。”② 根据马克思和恩格斯的论述，我们不难发现，在这一阶段，马克思和恩格斯在对前资本主义生产方式进行探讨时凸显出两个特点。第一，在探讨时没有提到部落所有制。第二，重点从等级结构层面出发，来探讨古罗马的奴隶社会和中世纪的封建社会之间的内在差异。

在《雇佣劳动与资本》一书中，马克思也探讨了前资本主义社会的所有制形式，重点探讨了古代社会和封建社会劳动力的工作状况。在马克思看来，在古代社会和封建社会，“奴隶就不是把他自己的劳动力出卖给奴隶主，正如耕牛不是向农民出卖自己的劳务一样。奴隶连同自己的劳动力一次而永远地卖给奴隶的所有者了。奴隶是商品，可以从一个所有者手里转到另一个所有者手里。奴隶本身是商品，但劳动力却不是他的商品。农奴只出卖自己的一部分劳动力。不是他从土地所有者方面领得报酬；相反，是土地所有者从他那里收取贡赋。农奴是土地的附属品，替土地所有者生产果实。”③

根据马克思的论述，我们可以看出，在古代社会和封建社会，奴隶或农奴不管是人身自由，还是劳动力都归奴隶主和封建主所有，他们没

① 《马克思恩格斯文集》第1卷，人民出版社，2009，第583页。

② 《马克思恩格斯文集》第2卷，人民出版社，2009，第31~32页。

③ 《马克思恩格斯文集》第1卷，人民出版社，2009，第716页。

有任何自由可言。但是，马克思在这一时期对劳动力问题进行探讨时，仍然没有涉及部落所有制下的劳动力所属问题。即使到了19世纪50年代初，马克思在对东方土地所有制问题进行探讨时，提到了相当于部落所有制发展阶段的原始生产方式，但他这种探讨，并不是在社会生产方式演进的基础上开展的。

总而言之，马克思在《1857—1858年经济学手稿》之前对前资本主义社会生产方式的探讨，为我们呈现了一个比较明确的所有制形式演变场景，进一步丰富和发展了马克思唯物史观的基本内容，为我们全面把握马克思前资本主义生产方式的全貌，提供了重要的理论准备。

二 《1857—1858年经济学手稿》对前资本主义社会历史形式的系统考察

根据马克思撰写《政治经济学批判》的最初设想，前资本主义生产方式问题的研究，并不是马克思《1857—1858年经济学手稿》的研究对象。但是，马克思在撰写《1857—1858年经济学手稿》时发现，前资本主义生产方式，包括东方的和斯拉夫的公有制、奴隶制和农奴制，都是现存资本主义生产方式的前史，是其历史前提。只有搞清楚前资本主义生产方式的发展状态，才能够更好地从历史演变的层面研究资本主义社会生产方式的历史生成。因此，马克思在《1857—1858年经济学手稿》中花费了大量的篇章，详细考察了前资本主义生产方式的历史演进。

在《1857—1858年经济学手稿》中，马克思是以劳动主体与劳动客体相结合和分离的历史过程为中心线索，来对前资本主义的生产方式进行考察的，他把前资本主义的社会历史形式分为三种。

（一）第一种社会历史形式：亚细亚所有制形式

亚细亚所有制形式的社会历史形式是马克思在《1857—1858年经济学手稿》中首先探讨的一种社会历史形式。在对亚细亚的生产方式进行考察之前，马克思首先考察了这种所有制形式形成的历史前提。他认为，人类最初的所有制形式，都是以自然形成的共同体为其第一个前提的。因为“自然形成的部落共同体，或者也可以说群体——血缘、语言、习惯等等的共同性，是人类占有他们生活的客观条件，占有那种再生产自身和使自身对象化的活动（牧人、猎人、农人等的活动）的客观条件的第一个前提。”[①] 但是，这种共同体不是永恒不变的，一旦人类定居下来，它将会随着种种外界的，即气候的、地理的、物理的等条件，以及他们的特殊的自然性质——他们的部落性质——等等，而或多或少地发生变化。

这种共同体又以土地为其基础。因为“土地是一个大实验场，是一个武库，既提供劳动资料，又提供劳动材料，还提供共同体居住的地方，即共同体的基础。人类素朴天真地把土地当做共同体的财产，而且是在活劳动中生产并再生产自身的共同体的财产。每一个单个的人，只有作为这个共同体的一个肢体，作为这个共同体的成员，才能把自己看成所有者或占有者。”[②] 通过马克思以上的论述，我们不难发现，在原始共同体中，劳动主体同劳动客体是天然统一的，劳动过程就是以劳动主体对劳动客体的占有为前提开展的。

在明确了亚细亚所有制形式的历史前提和基础之后，马克思详细分析了这种所有制形式的基本特征。在马克思看来，亚细亚的所有制形式具有以下几个方面的特征。

（1）土地的占有形式，表面上表现为多样化。在这种所有制形式下，专制君主作为凌驾于一切共同体之上的总的统一体的体现者，是土地的唯一的、神授的所有者。但专制君主本身不直接地占有土地。直接占有土地的是单个部落或公社，马克思认为：“在东方专制制度下以及那里从法律上看似乎并不存在财产的情况下，这种部落的或公社的财产事实上是作为基础而存在的，这种财产大部分是在小公社范围内通过手

① 《马克思恩格斯全集》第30卷，人民出版社，1995，第466页。

② 《马克思恩格斯文集》第8卷，人民出版社，2009，第124页。

工业和农业相结合而创造出来的。”[①] 共同体或公社中单个的人，是土地的间接占有者。因为单个的人是直接从事生产的劳动者，他必须要间接占有土地，才能使其劳动顺利开展，从而创造出单个部落共同体上交专制君主的贡赋。

（2）单个公社能够独立存在，单个人则不能独立存在。因为在公社内部，单个人只能同自己的家庭一起，独立地在分配给他的份地上从事劳动。

（3）国家职能具有特殊性。在这一所有制形式下，国家在公共工程和交通条件的建设上，承担了特殊的经济职能。因为在马克思看来，“在这种情况下，那些通过劳动而实际占有的共同的条件，如在亚细亚各民族中起过非常重要作用的灌溉渠道，还有交通工具等等，就表现为更高的统一体，即凌驾于各小公社之上的专制政府的事业。”[②]

通过以上马克思对亚细亚所有制社会历史形式的分析，我们不难发现，马克思所认为的亚细亚所有制社会历史形式是指：“劳动的个人把土地看作是自己的东西，也就是说，他是作为土地所有者而劳动、而生产的。在最好的情况下，他不仅是作为劳动者同土地发生关系，而且是作为土地所有者同作为劳动主体的自身发生关系。”[③] 显然，在马克思看来，第一种社会历史形式是以劳动主体与劳动客体之间在共同体基础上的统一关系为特征的。

（二）第二种社会历史形式：古典古代的所有制形式

古典古代的所有制形式同第一种所有制形式一样，曾经在地域上、历史上等发生一些重大的变化，是原始部落更为动荡的历史生活、各种遭遇以及变化的产物。这种社会历史形式具有以下基本特征。

（1）它同样以共同体作为其存在的第一个前提，“但不像在第一种

① 《马克思恩格斯文集》第8卷，人民出版社，2009，第124~125页。

② 《马克思恩格斯全集》第30卷，人民出版社，1995，第468页。

③ 《马克思恩格斯全集》第30卷，人民出版社，1995，第492页。

情况下那样：共同体是实体，而个人则只不过是实体的偶然因素，或者是实体的纯粹自然形成的组成部分。”①

（2）它不是以土地作为自己的基础，而是以城市作为农民（土地所有者）的已经建立的居住地作为自己的基础。

（3）在这种所有制形式下，公社财产即公有地，是同私有财产相分离的；单个人的财产不像在第一种所有制形式下那样，本身直接就是公社财产，在这里，单个人拥有对私有财产的占有权，公有财产和单个人的财产是分开的。因此，正如马克思所言，在这种所有制形式下，“公社组织的基础，既在于它的成员是由劳动的土地所有者即拥有小块土地的农民所组成的，也在于拥有小块土地的农民的独立性是由他们作为公社成员的相互关系来维持的，是由确保公有地以满足共同的需要和共同的荣誉等等来维持的。”②

（4）在具体的生产活动过程中，单个的人把自己的私有财产看作就是土地，然后在土地上进行自给自足的生产。同时，在生产中“把自己作为公社成员再生产出来，把自己作为小块土地的所有者并以此资格作为公社成员再生产出来。”③ 此外，公社成员再生产自己，不是通过创造财富的劳动协作来实现的，“而是通过为了在对内对外方面保持联合体这种共同利益（想象的和现实的共同利益）所进行的劳动协作来再生产自己。”④

（三）第三种社会历史形式：日耳曼制的所有制形式

日耳曼制的所有制形式作为第三种社会历史形式，不同于前两种所有制形式。针对这种社会历史形式，马克思在《1857—1858年经济学手稿》中进行了简要概述。在他看来，所谓的第三种社会历史形式指的

① 《马克思恩格斯全集》第30卷，人民出版社，1995，第468页。
② 《马克思恩格斯全集》第30卷，人民出版社，1995，第470页。
③ 《马克思恩格斯全集》第30卷，人民出版社，1995，第471页。
④ 《马克思恩格斯全集》第30卷，人民出版社，1995，第471页。

“就是劳动者只是生活资料的所有者，生活资料表现为劳动主体的自然条件，而无论是土地，还是工具，甚至劳动本身，都不归自己所有。”[①] 依据马克思的概述，我们不难发现，马克思是从劳动主体与劳动客体的分离状况出发，来对第三种社会历史形式进行阐释的。这种社会历史形式具有以下独特的内在特征。

（1）在这种所有制形式下，公社成员本身既不像在东方特有的形式下那样是共同财产的所有者，也不像在罗马的、古希腊的形式下那样，土地为公社所占领，是罗马的土地；而是作为公社成员的单个的人，对土地拥有私有权。此外，作为与单个人财产不同的公有地，比如猎场、牧场、采樵地等，只是作为特定形式的生产资料而存在的个人财产的补充，它们是不能加以分割的。

（2）公社成员对土地拥有私有权的特殊性，决定了公社在本质上表现为一种联合，而不是联合体，表现为以土地所有者为独立主体的一种统一，而不是表现为统一体。基于公社形式这种变化，决定了其只能起两个方面的作用：一是作为语言、血统等的共同体，是个人所有者存在的前提；二是作为一种特殊的经济存在，它只能是被每一个个人所有者以个人所有者的身份来使用，而不是以国家代表的身份来使用。

（3）在这种所有制形式下，公社的存在和公社财产的存在，表现为独立主体相互之间的关系，每一个单独的家庭就是一个经济整体，它本身单独构成一个独立的生产中心，手工业仅仅只是妇女的家庭副业而已，而不是公社的主要行业。

以上便是马克思在《1857—1858 年经济学手稿》中对前资本主义三种社会历史形式发展演变历程，以及内在特征的详细分析。通过马克思的分析和探讨，我们不难发现，马克思是循着历史上劳动主体与劳动客体，从统一到分离的演变序列进行探讨的。第一种社会历史形式展现的是劳动主体与劳动客体的统一，第二种和第三种社会历史形式展现的是

① 《马克思恩格斯全集》第 30 卷，人民出版社，1995，第 494 页。

劳动主体与劳动客体的分离。马克思这种考察前资本主义社会历史形式的方式，是马克思继《德意志意识形态》之后，在唯物史观的指导下考察社会历史形式演进的进一步发展，一方面科学展现了前资本主义社会历史形式的基本样态，另一方面进一步丰富和发展了唯物史观关于生产力与生产关系决定社会历史形式的基本理论。

三 《1857—1858年经济学手稿》之后马克思对前资本主义社会历史形式的探讨

在《1857—1858年经济学手稿》深刻探讨前资本主义社会历史形式的基础上，马克思在其以后的研究生涯中，继续探讨了前资本主义社会的历史形式。但是，马克思接下来的探讨不同于《1857—1858年经济学手稿》中的全面探讨，而是有所侧重的。即重点侧重于对史前时期的社会历史形式，也即亚细亚的社会历史形式的探讨。

关于亚细亚的社会历史形式，马克思在19世纪50年代初就有所研究，但当时主要研究的是东方社会，其目的是说明资产阶级在为新世界创造物质基础的过程中，对东方社会进行大肆的殖民活动的实质。但是，他这种对东方社会和资本主义社会两种并存的社会历史形式的分析，为其在以后重新探讨这一问题产生了极其重要的影响。

马克思在《1857—1858年经济学手稿》中探讨前资本主义的社会历史形式时，尽管也谈到了亚细亚的所有制形式，但他不是从前资本主义生产方式演进的角度来探讨的，而仅仅只是将其看作第一种社会历史形式的一个重要组成部分。只有到1859年的《〈政治经济学批判·第一分册〉序言》时期，马克思才第一次从社会生产方式演进序列的角度，提出了亚细亚生产方式的范畴。他指出："大体说来，亚细亚的、古代的、封建的和现代资产阶级的生产方式可以看做是经济的社会形态演进的几个时代。"[①] 这是马克思继《德意志意识形态》之后对社会经济形态演进

① 《马克思恩格斯全集》第31卷，人民出版社，1998，第413页。

序列的又一系统表述，它进一步深化了马克思在《1857—1858 年经济学手稿》中对亚细亚所有制形式的理解，即把亚细亚所有制形式概述为人类社会经济形态演进的初始生产方式。同时也说明，马克思开始了解到土地公有制是历史的起点，是人类最早的所有制关系。但是，到这个时候为止，马克思对亚细亚所有制形式的状况仍不甚了解。

19 世纪 70 年代，俄国和欧美学术界针对人类史前社会和前资本主义社会其他历史形式的研究，取得了突破性的进展。在俄国，学者们围绕着农村公社和土地所有制历史问题，进行了广泛的研究，出版了赫列勃尼科夫的《蒙古入侵前俄国历史上的社会和国家》、哈克斯特豪森的《俄国的土地制度》等学术专著。在欧美，学者们围绕着斯拉夫民族的史前状况进行了深入研究，出版了毛勒的《领主庄园史》和《乡村制度史》、汉森的《特利尔专区的农户公社》以及卡尔德纳斯的《试论西班牙土地所有制的历史》等学术专著。俄国和欧美学者对史前史研究所取得的这些丰硕的学术研究成果，深深地吸引了马克思，使其产生了继续对前资本主义社会历史形式进行深入研究的浓厚兴趣。马克思花费了大量的时间和精力认真研读了这些著作，通过研读，进一步拓展和开阔了其对史前社会的研究领域和研究视野。

1877 至 1880 年，马克思进一步阅读了乌蒂塞诺维奇、柯瓦列夫斯基等俄国学者关于家庭公社，以及公社所有制研究的相关专著，丰富和发展了其对史前社会所有制形式研究的理论。特别值得一提的是，在 1880 年下半年和 1881 年初，马克思仔细研读了美国人类学家摩尔根的《古代社会》一书，并撰写了《摩尔根〈古代社会〉一书摘要》。此外，马克思还对梅恩的《古代法制史讲演录》、拉伯克的《文明的起源和人的原始状态》、菲尔的《印度和锡兰的雅利安人村社》等著作进行了认真的研读，并分别做了详尽不一的摘录。

通过 19 世纪 70 年代后半期到 80 年代初，马克思对俄国和欧美学者关于史前社会历史研究成果的深入研究，使其对史前社会，尤其是亚细亚的社会历史形式有了新的认识。这种新的认识主要体现在 1881 年 3

月，马克思致俄国《祖国纪事》杂志编辑部和维·伊·查苏利奇的复信草稿中。在给维·伊·查苏利奇复信的三封草稿中，马克思对亚细亚所有制形式的特征进行了重新界定。他指出："并不是所有的原始公社都是按照同一形式建立起来的。相反，从整体上看，它们是一系列社会组织，这些组织的类型、生存的年代彼此都不相同，标志着依次进化的各个阶段。俄国的公社就是通常称做农业公社的一种类型。"[①] "同样在亚洲，在阿富汗人及其他人中间也有'农村公社'。但是，这些地方的公社都是最近类型的公社，也可以说，是古代社会形态的最近形式。"[②] 显然，在这里，马克思已经意识到存在于亚细亚的各种"农村公社"，在本质上，其实只是古代社会形态的一种最新发展。

在对亚细亚的社会历史形式进行新的认识的基础上，马克思紧接着又区分了现存的农村公社同原始社会典型形式之间的差异。在马克思看来，原始公社是建立在血缘亲属关系基础上的，而农村公社则割断了公社社员之间血缘上的联系，使公社在本质上成为一种没有任何血缘联系的自由人的联合体。同时，原始公社的生产是社员共同进行的，房屋以及劳动产品归社员共同所有；现存的农村公社则不同，生产是由单个社员分开进行的，房屋以及劳动产品归单个社员私人所有。

总而言之，马克思在《1857—1858年经济学手稿》之后，继续按照社会经济形式演进的序列，探讨了前资本主义社会的生产方式，尤其是亚细亚的社会生产方式。经过探讨，马克思认为，"各种原始公社（把所有的原始公社混为一谈是错误的；正像地质的形成一样，在这些历史的形成中，有一系列原生的、次生的、再次生的等等类型）的解体的历史。"[③] 可见，在马克思看来，原始社会的整个发展阶段都被看作原生的社会形式。在这一社会形式的内部，会出现各种各样的社会所有制结构，诸如亚细亚所有制、古典古代的所有制、日耳曼的所有制，等等。因此，

---

① 《马克思恩格斯文集》第3卷，人民出版社，2009，第584页。

② 《马克思恩格斯文集》第3卷，人民出版社，2009，第585页。

③ 《马克思恩格斯全集》第19卷，人民出版社，1963，第432页。

亚细亚的生产方式，不是前资本主义社会的初始社会形式，而仅仅只是始初社会形式的一种内部表现。马克思这种对始初社会形式内涵的重新理解和界定，反映了他对这一问题认识的最高成就，为进一步发展其社会经济形式理论，提供了一把真正的钥匙。

第三节　前资本主义社会三种历史形式的内在比较

通过以上对马克思关于前资本主义社会三种历史形式的文本考察，我们不难发现，马克思在《德意志意识形态》中，依据分工的发展状况，将前资本主义社会的三种历史形式概述为：部落所有制、古典古代的公社所有制和国家所有制、封建的或等级的所有制；在《1857—1858年经济学手稿》中，依据主体与客体的结合和分离程度，将前资本主义社会的三种历史形式划分为三种历史形式：亚细亚所有制的社会历史形式、古典古代所有制的社会历史形式、日耳曼所有制的社会历史形式。在马克思晚年，依据对欧美和俄国关于史前史的研究，将前资本主义社会的三种历史形式阐释为：原始公社制社会历史形式、奴隶制社会历史形式和封建制社会历史形式。系统比较马克思在同一时期或不同时期对前资本主义社会历史形式的认识，对于我们进一步把握马克思探讨社会历史形式演进的规律，完善和发展唯物主义历史观具有重要的理论价值。

一　同一时期三种社会历史形式的比较

（一）《德意志意识形态》时期：三种社会历史形式的比较

如前所述，在《德意志意识形态》时期，马克思依据分工的发展状况，对前资本主义社会的历史形式进行了最初探讨，并将其划分为部落所有制的社会历史形式、古典古代的公社所有制和国家所有制的社会历史形式，以及封建的或等级的所有制的社会历史形式。系统比较这三种社会历史形式，对于我们把握马克思在这一时期认识前资本主义社会历史形式的演变历程，具有重要的价值和意义。

首先，三种社会历史形式在其形成的基础上，也即所有制形式上不同。第一种社会历史形式，由于社会分工和生产不发达，其形成以部落所有制为基础；第二种社会历史形式，由于城市的出现以及社会生产的发展，其形成以公社所有制为基础；第三种社会历史形式，由于城市和乡村的对立，以及土地所有制和束缚于土地所有制的农奴劳动的发展，其形成以封建所有制为基础。究其形成基础不同的原因，主要在于社会分工的不断扩大和生产力的不断发展。

其次，三种社会历史形式下，人们生存方式不同。在第一种社会历史形式下，人们主要依靠狩猎、捕鱼、畜牧等方式维持生存。在第二种社会历史形式下，人们除了依靠狩猎、捕鱼、畜牧等方式维持生存外，还依靠农业。在第三种社会历史形式下，农业已经成了人们维持生存的主要方式，狩猎、捕鱼、畜牧等方式则是一种生存方式的辅助形式。此外，又出现了手工业、商业等新的生存方式。

最后，三种社会历史形式下的等级结构不同。第一种社会历史形式下的等级结构主要表现在父权制的部落首领、部落成员、奴隶三个层次。第二种社会历史形式下的等级结构表现在君主、贵族、公民、奴隶四个层次。第三种社会历史形式下的等级结构分为乡村和城市两个层面进行表现：在乡村，等级结构分为王公、贵族、僧侣和农民；在城市，等级结构分为师傅、帮工、学徒以及后来的平民和短工。

（二）《1857—1858年经济学手稿》时期：三种社会历史形式的比较

在《1857—1858年经济学手稿》中，马克思把前资本主义的社会历史形式划分为：亚细亚所有制的社会历史形式、古典古代所有制的社会历史形式、日耳曼所有制的社会历史形式。这三种社会历史形式是马克思继《德意志意识形态》之后，在系统研究政治经济学的基础上，提出来的三种社会历史形式，它们之间也存在内在不同。

首先，三种社会历史形式对财产的认识不同。在第一种社会历史形式下，财产主要包括土地和在土地上自然生长出来的果实。在第二种社会历史形式下，财产不仅包括了第一种社会历史形式所包括的内容，而且出现了第二类财产，即劳动工具和其他劳动资料。在第三种社会历史形式下，财产的范围又比前两种社会历史形式有所扩展，除了前两种社会历史形式所包含的内容外，又增加了劳动本身，将劳动本身也视为财产的一部分。

其次，三种社会历史形式对手工业的认识不同。在第一种社会历史形式下，手工业仅仅只在家庭中开展，而且只是妇女们所从事的副业，是土地财产的附属品。在第二种社会历史形式下，手工业和城市的发展，已经不再像第一种社会历史形式下那样，是土地财产的附属品，而是包括在土地财产之内。在第三种社会历史形式下，手工业取得了重要发展，在某种程度上有代替农业和其他产业的趋势，成为社会财产中的重要组成部分。

再次，三种社会历史形式对私人所有和共同体所有关系的认识不同。在第一种社会历史形式中，“共同体是实体，而个人则只不过是实体的偶然因素，或者是实体的纯粹自然形成的组成部分。”① 个人虽然可以占有土地，但无法成为一个真正的私人所有者。没有自己的所有，个体就只有淹没在共同体中。在第二种社会历史形式中，私人所有已经作为一种独立的所有制形式，在一定程度上同共同体所有相抗衡，但是，这种私人所有从本质上讲，还从属于共同体下的私人所有，还受到强大的共同体的制约。在第三种社会历史形式中，个人的土地所有是真正的实体，这是真正意义上的“个体的私人所有”。尽管在第二种社会历史形式下，也是私人所有和共同体所有并存，但是此时的并存是共同体所有为前提，个人私有以共同体所有为中介；第三种社会历史形式下的并存则不是这样，在第三种社会历史形式下，私人所有和共同体所有的主次结构与第

---

① 《马克思恩格斯全集》第 30 卷，人民出版社，1995，第 468 页。

二种社会历史形式相比，正好相反，共同体所有以个人所有为中介，是个人所有的附属物。

复次，三种社会历史形式对城市与农村关系的认识不同。关于三种社会历史形式下城市与农村的关系，马克思指出："日耳曼的公社并不集中在城市中；而单是由于这种集中——即集中在作为乡村生活的中心、作为农民的居住地、同样也作为军事指挥中心的城市中——，公社本身便具有同单个人的存在不同的外部存在。古典古代的历史是城市的历史，不过这是以土地所有制和农业为基础的城市；亚细亚的历史是城市和乡村的一种无差别的统一（真正的大城市在这里只能看做王公的营垒，看做真正的经济结构上的赘疣）；中世纪（日耳曼时代）是从乡村这个历史的舞台出发的，然后，它的进一步发展是在城市和乡村的对立中进行的；现代的［历史］是乡村城市化，而不像在古代那样，是城市乡村化。"①

通过以上论述，我们不难发现，在马克思看来，第一种社会历史形式中的城市，只不过是社会机体的附着物，是多余的赘疣，是为王侯将相服务的，其兴衰取决于君主和封建主的需要，它和农村之间处于一种无差别的统一化状态，根本不存在城市和农村的分离。第二种社会历史形式中城市与农村的关系，不同于第一种社会历史形式，它不是以农村作为自己的基础，而是以城市作为农村人的已经建立的居住地，城市居民消费的是自己土地上的产品，城市的存在也不仅仅只是为了君主和封建主的需要，而是为了对外贸易。因此，在这种社会历史形式下，城市和农村还没有发生真正的分离。第三种社会历史形式与第一种和第二种社会历史形式相比，根本就没有城市，因为第三种社会历史形式不是集中在城市中，而是集中在农村中，正是因为如此，才完成了马克思期待已久的"农村城市化"。

最后，三种社会历史形式下，劳动主体与劳动客体的结合分离程度

① 《马克思恩格斯文集》第8卷，人民出版社，2009，第131页。

不同。在第一种社会历史形式中，劳动主体与劳动客体之间还具有直接的统一性；在第二种社会历史形式中，劳动主体与劳动客体已经开始有一定程度的分离，劳动主体在劳动过程中占有的可能是非劳动主体所有的财产。在第三种社会历史形式下，劳动主体与客体的分离彻底超越了第二种社会历史形式，它的这种分离不仅是劳动主体与土地、工具，以及其他劳动资料相分离，同时也是劳动主体与劳动本身在一定程度上的分离。而且在第三种社会历史形式下的劳动主体，仅仅只是生活资料的所有者。

（三）马克思晚年时期：三种社会历史形式的比较

在晚年，马克思把前资本主义的社会历史形式划分为：原生类型的社会历史形式——原始社会，次生类型的社会历史形式——奴隶社会，再次生类型的社会历史形式——封建社会。其中原生类型的社会历史形式以“农村公社”为其存在形式，次生类型的社会历史形式（含次生类型和再次生类型两种）以“农业公社”为其存在形式，这三种社会历史形式之间存在内在差异。

首先，原生类型的社会历史形式作为较早的原始社会历史形式，其是建立在公社社员的血缘亲属关系基础之上的；次生类型的社会历史形式则割断了血缘关系这种牢固而狭隘的联系，不断扩大同外界的接触和联系，建立在不断发展的农业基础之上。

其次，在原生类型的社会历史形式中，房屋、园地等均属于公社的共同物质，公社社员不占有这些财产。然而，在次生类型的社会历史形式中，随着农业的引入，公社内的房屋及其附属品园地等，可以被公社社员或农民占有，成为他们自己的私有财产。

最后，在原生类型的社会历史形式中，土地归公社共同所有，生产是由公社社员集体进行，生产的产品由公社社员共同分配；在次生类型的社会历史形式中，“虽然耕地仍然是公有财产，但定期在农业公社各个社员之间进行分配，因此，每个农民自力经营分配给他的田地，并且把产品留为己有”。[①]

通过以上比较，我们不难发现，次生类型的社会历史形式“所固有的二重性能够赋予它强大的生命力，因为，一方面，公有制以及公有制所造成的各种社会联系，使公社基础稳固，同时，房屋的私有、耕地的小块耕种和产品的私人占有又使那种与较原始的公社条件不相容的个性获得发展。”[②] 但同时，我们也应该看到，次生类型的社会历史形式所具有这种内在的二重性，在一定程度上可能会逐渐成为公社解体的根源。

二 不同时期三种社会历史形式的比较

（一）不同时期第一种社会历史形式的比较

马克思在《德意志意识形态》中的第一种社会历史形式是部落所有制社会历史形式，在《1857—1858年经济学手稿》中的第一种社会历史形式是亚细亚所有制的社会历史形式，晚年时期的第一种社会历史形式是原始公社制社会历史形式。这三个不同时期的第一种社会历史形式，都是马克思对史前社会历史形式研究的结果，它们之间既有联系，又有区别。联系反映了它们之间内在的统一性，区别反映了马克思对前资本主义同一种社会历史形式的认识，从不成熟逐渐走向成熟的发展历程。

（1）三者之间的共性

从对《德意志意识形态》、《1857—1858年经济学手稿》以及马克思晚年关于史前社会研究的文本分析，不难发现，马克思在不同时期对前资本主义社会第一种社会历史形式的认识存在一些共性。归整这些共性，主要表现在以下三个方面：第一，人们当时生存的主要方式，以狩猎、捕鱼、畜牧等农业方式为主，手工业生产处于从属地位，其存在依附于农业。第二，劳动者同他劳动的客观条件，也即劳动主体同劳动客体之间是统一的。也就是说，劳动主体和劳动客体都归共同体所有，都从属

① 《马克思恩格斯文集》第3卷，人民出版社，2009，第573页。

② 《马克思恩格斯文集》第3卷，人民出版社，2009，第574页。

于共同体。第三，政治上存在高度中央集权的东方专制主义。在这种历史形式下，政治权力是高度集中的，它统一执掌于最高的统治者手中，全部的政治生活都被打上了专制主义色彩。

（2）三者之间的区别

首先，在社会历史形式的组织机构方面，三个时期的认识是不同的。在《德意志意识形态》中，马克思认为："社会结构只限于家庭的扩大：父权制的部落首领，他们管辖的部落成员，最后是奴隶。"[①] 也就是说，在马克思看来，一夫一妻制的个体家庭先于氏族，氏族只是家庭的扩大形式，是家庭的集合体。家庭采取父权制，家庭成员奴隶般地处于父权支配下。家庭是第一种社会历史形式的最基本的组织机构。

在《1857—1858年经济学手稿》中，马克思把部落共同体作为第一种社会历史形式的最基本的组织机构。在他看来，在"第一种形式中，第一个前提首先是自然形成的共同体。家庭和扩大成为部落的家庭，或通过家庭之间相互通婚［而组成的部落］，或部落的联合。"[②] 也就是说，靠血缘、语言、习惯等共同性而自然形成的共同体，是人类占有他们生活的客观条件，占有那种再生产自身和使自身对象化的活动的客观条件的第一个前提。显然，马克思在这里发展了其在《德意志意识形态》中对第一种社会历史形式组织机构的认识，将社会组织机构定位于扩大了的家庭，也即自然形成的部落共同体。

在晚年，马克思通过对摩尔根，以及同时代思想家对史前社会第一种历史形式的细心研读，改变了他自己以往对第一种社会历史形式中个体家庭和氏族关系，以及母权制和父权制的序列的看法。明确肯定地认为，第一种社会历史形式的组织机构是氏族，而不是个体家庭。因为"按起源来说，氏族要早于专偶制和对偶制家庭；它是和普那路亚家庭大致同时的东西，但是这些家庭形式没有一个是氏族的基础。"[③] 也就是

① 《马克思恩格斯文集》第1卷，人民出版社，2009，第521页。

② 《马克思恩格斯全集》第30卷，人民出版社，1995，第466页。

③ 《马克思恩格斯全集》第45卷，人民出版社，1985，第499页。

说，在马克思看来，氏族先于个体家庭，母系氏族先于父系氏族，氏族一旦产生，就继续是社会制度的单位。

其次，在劳动产品的归属和分配上，三个时期的认识是不同的。在《德意志意识形态》时期，由于社会组织的机构是单个的家庭，家庭成员在父权制的领导下，按照一定的社会分工进行生产。生产的劳动产品最终归属于家庭所有，父权制的家庭首领依据家庭成员的实际状况，合理分配劳动产品。

在《1857—1858 年经济学手稿》时期则不同，部落共同体的每一个单个的人，仅仅只是共同体的一个肢体。部落共同体本身又分为四个层级，第一个层级是共同体的最高级——神；第二个层级是共同体的统一体——专制君主；第三个层级是小公社；第四个层级是从事生产的单个的人。单个的人作为共同体的最底层级，是唯一一个进行劳动生产的层级。他自己生产出来的劳动产品，他却不能完全占有。而是将劳动产品，以贡赋的形式上交给小公社、专制君主和神。上交这些劳动产品，一方面用于公共储备，另一方面用于支付共同体本身的费用，自己剩下的只能是勉强维持生命的最小部分。

马克思在给维·伊·查苏利奇的复信“三稿”中，谈到了其在晚年对第一种社会历史形式劳动产品的归属和分配的认识。他指出：“在尤利乌斯·凯撒时代，各集团之间、各氏族和部落之间已经逐年分配耕地，但还不是在公社的各个家庭之间分配；大概，耕种也是由集团共同进行的。”① 显然，在马克思看来，耕地是在集团内部统一分配，因此，公社成员通过集体耕种所取得的劳动产品，理应归集团统一所有，然后在集团内部统一分配。

（二）不同时期第二种社会历史形式的比较

马克思在《德意志意识形态》中的第二种社会历史形式是古典的公

① 《马克思恩格斯文集》第 3 卷，人民出版社，2009，第 584 页。

社所有制和国家所有制社会历史形式；在《1857—1858年经济学手稿》中的第二种社会历史形式是古典所有制的社会历史形式，晚年时期的第二种社会历史形式是奴隶制社会历史形式。系统分析马克思在不同时期对第二种社会历史形式的认识，不难发现，它们之间存在以下共性和区别。

（1）三者之间的共性

三者之间的共性主要体现在以下方面。第一，劳动主体同劳动客体之间的关系，逐渐由统一走向了分离。也就是说，在共同体财产公有的基础上，生发出了私有制，使土地财产除了归共同体所有外，部分可以归共同体成员占有，从而使劳动主体和劳动客体之间逐渐出现了分离。第二，阶级关系逐渐凸显，并不断走向明朗化。三个时期对第二种社会历史形式的探讨，都认为私有制的出现，使公民和奴隶之间的阶级关系不断得以发展，并且不断走向明朗化。

（2）三者之间的区别

首先，对第二种社会历史形式形成基础的认识不同。在《德意志意识形态》中，马克思把城市国家所有制，即公社所有制看作第二种社会历史形式形成的基础，而把动产私有制以及后来发展起来的不动产私有制，看作从属于国家所有制的所有制形式，受国家所有制的约束和限制；在《1857—1858年经济学手稿》中，马克思指出，“这第二种形式不是以土地作为自己的基础，而是以城市作为农民（土地所有者）的已经建立的居住地”[①] 作为基础，显然，在这里，马克思也是把以城市为基础建立起来的国家公有制作为第二种社会历史形式的基础；在晚年，马克思则改变了前期这种对第二种社会历史形式基础的认识，他指出：“不言而喻，次生形态包括建立在奴隶制上和农奴制上的一系列社会。”[②] 不难看出，马克思在这里是把奴隶制看作第二种社会历史形式构筑的基础，从而把第二种社会历史形式理解为奴隶制的社会历史形式。

---

① 《马克思恩格斯全集》第30卷，人民出版社，1995，第469页。

② 《马克思恩格斯文集》第3卷，人民出版社，2009，第586页。

其次，对公民占有财产范围的认识不同。在《德意志意识形态》中，马克思指出："公民仅仅共同拥有支配自己那些做工的奴隶的权力。"[①] 也就是说，在马克思看来，第二种社会历史形式下，公民对财产的占有方面，仅仅只占有奴隶为其做工的权力。在《1857—1858 年经济学手稿》中，马克思首先论述了公有地即国有财产，是和私有财产分开的；然后指出："单个人的财产不像在第一种情况下那样，本身直接就是公社财产，在第一种情况下，单个人的财产并不是同公社分开的个人的财产，相反，个人只不过是公社财产的占有者。"[②] 依据马克思的论述，我们不难发现，马克思认为在第二种社会历史形式下，公民占有公社的所有财产。在晚年，马克思认为，在第二种社会历史形式下，个人用益权和公有制结合起来，公共财产定期在各个社员之间进行分配，每个社员自力经营分配给他的田地，并占有自己的劳动产品。显然，马克思在不同时期对第二种社会历史形式下公民占有财产范围的认识是不同的。

最后，对国家社会职能的认识不同。在《德意志意识形态》中，马克思认为，随着社会分工的不断发展，城乡之间的对立逐渐呈现，出现了两种不同性质的国家，一种国家代表城市的利益，另一种国家代表乡村的利益。这就使国家在行使社会职能时，表现出两面性，兼顾到城乡不同阶层的利益。在《1857—1858 年经济学手稿》中，马克思在谈到国家职能时指出，国家的社会职能一方面在于保护共同体内部成员的利益，另一方面在于对抗外界其他共同体的联合侵扰。在晚年，马克思认为，国家是人民自由和人民生活的唯一中心，其存在的目的在于维护公社成员的利益。

（三）不同时期第三种社会历史形式的比较

马克思在《德意志意识形态》中的第三种社会历史形式是封建的或

---

① 《马克思恩格斯文集》第 1 卷，人民出版社，2009，第 521 页。

② 《马克思恩格斯全集》第 30 卷，人民出版社，1995，第 469 页。

等级的所有制的社会历史形式；在《1857—1858年经济学手稿》中的第三种社会历史形式是日耳曼所有制的社会历史形式，晚年时期的第三种社会历史形式是封建制社会历史形式。系统分析马克思在不同时期对第三种社会历史形式的认识，不难发现，它们之间既存在共性，又存在区别。

（1）三者之间的共性

通过对马克思在不同时期对第三种社会历史形式认识的研究，不难发现，马克思在不同时期对第三种社会历史形式的认识，是存在一些共性的。

第一，都认为第三种社会历史形式的建立起点是乡村。在《德意志意识形态》中，马克思指出："古代的起点是城市及其狭小的领域，中世纪的起点则是乡村。地旷人稀，居住分散，而征服者也没有使人口大量增加，——这种情况决定了起点有这样的变化。"[①] 可见，在这一时期马克思把乡村作为第三种社会历史形式建立的起点。同样，在《1857—1858年经济学手稿》中和在晚年，马克思也是把乡村作为第三种社会历史形式建立的起点。在《1857—1858年经济学手稿》中，他指出："古典古代的历史是城市的历史，不过这是以土地所有制和农业为基础的城市；亚细亚的历史是城市和乡村的一种无差别的统一（真正的大城市在这里只能看做王公的营垒，看做真正的经济结构上的赘疣）；中世纪（日耳曼时代）是从乡村这个历史的舞台出发的。"[②] 在晚年，他在给维·伊·查苏利奇的复信中，把第三种社会历史形式的组织形式称之为"农村公社"，显然是以农村为起点来构筑第三种社会历史形式的。

第二，这三种社会历史形式都把土地财产和农业作为自己经济制度的基础，都认为人们所从事的经济活动的目的是生产以物的形式展现的使用价值，而对使用价值的创造和占有，也是以私人享受为目的的。

---

① 《马克思恩格斯文集》第1卷，人民出版社，2009，第522页。

② 《马克思恩格斯文集》第8卷，人民出版社，2009，第131页。

（2）三者之间的区别

首先，对第三种社会历史形式的构成基础认识不同。在《德意志意识形态》中，马克思把共同体作为第三种社会历史形式的构成基础，他指出："这种所有制像部落所有制和公社所有制一样，也是以一种共同体为基础的。"① 在《1857—1858年经济学手稿》中，马克思则把公社的联合作为第三种社会历史形式的构成基础，他指出："公社便表现为一种联合而不是联合体，表现为以土地所有者为独立主体的一种统一，而不是表现为统一体。"② 在晚年，马克思把农村公社作为第三种社会历史形式的构筑基础。

其次，对手工业的地位和作用认识不同。在《德意志意识形态》中，马克思认为，在第三种社会历史形式下，手工业取得了长足发展，并占据一定的地位，且引起了社会阶级结构的变化。他指出："个别手工业者逐渐积蓄起少量资本，而且在人口不断增长的情况下他们的人数没有什么变动，这就使得帮工制度和学徒制度发展起来。"③ 在《1857—1858年经济学手稿》中，马克思则认为手工业只是妇女的家庭副业，社会的生产主要以农业生产为主。在晚年，马克思则认为手工业和农业同属于社会生产方式，但农业占据主导地位，手工业生产从属于农业生产。

再次，对第三种社会历史形式的所有制形式认识不同。在《德意志意识形态》中，马克思认为，封建时代的所有制形式，主要包括两个方面："一方面是土地所有制和束缚于土地所有制的农奴劳动，另一方面是拥有少量资本并支配着帮工劳动的自身劳动。"④ 在《1857—1858年经济学手稿》中，马克思认为，在日耳曼的所有制形式下，所有制的主要形式表现为："土地为公社所占领，是罗马的土地；一部分土地留给公社本身支配，而不是由公社成员支配，这就是各种不同形式的公有地；

① 《马克思恩格斯文集》第1卷，人民出版社，2009，第522页。
② 《马克思恩格斯全集》第30卷，人民出版社，1995，第474页。
③ 《马克思恩格斯文集》第1卷，人民出版社，2009，第523页。
④ 《马克思恩格斯文集》第1卷，人民出版社，2009，第523页。

另一部分则被分割，而每一小块土地由于是一个罗马人的私有财产，是他的领地，是实验场中属于他的一份。”[①] 在晚年，马克思认为，在这种社会历史形式下，“耕地变成了私有财产，然而森林、牧场、荒地等仍为公有财产。”[②] 显然，在这一时期，马克思是将所有制看作公有制和私有制的内在统一。

最后，对第三种社会历史形式的等级结构认识不同。在《德意志意识形态》中，马克思认为，由于封建所有制的确立，促使社会结构发生了极大的变化，乡村里出现了王公、贵族、僧侣和农民等；城市里出现了师傅、帮工、学徒以及后来的平民、短工等。然而，这些新出现的组织结构最终都归属于君主的领导。在《1857—1858 年经济学手稿》中，马克思指出：“贵族在较高的程度上代表共同体，所以他们是公有地的占有者，并且通过自己的被保护民等等来利用公有地。”[③] 也就是说，在马克思看来，贵族占有土地和工具，是统治阶级，他们利用自己的资源来统治农民，农民并不是国家公民。国家的最高统治权归属于由各个独立的家庭通过联盟而构成的共同体。在晚年，马克思认为农业公社与农业公社之间是彼此孤立、相互隔绝的，这种现实状况，决定了在公社之上有一种或多或少集权的专制制度，“俄罗斯北部各公国的联合证明，这种孤立性在最初似乎是由于领土辽阔而形成的，在相当大的程度上又由于蒙古人入侵以来俄国遭到的政治命运而加强了。在今天，这个障碍是很容易消除的。也许只要用各公社自己选出的农民代表会议代替乡级政府机关就行了，这种会议将成为维护它们利益的经济机关和行政机关。”[④] 显然，在马克思看来，这一社会历史形式下的等级结构主要包括专制君主、农民代表会议、农民三个重要部分。

总之，以上便是对前资本主义社会三种历史形式的比较分析，通过

---

① 《马克思恩格斯全集》第 30 卷，人民出版社，1995，第 472 页。

② 《马克思恩格斯文集》第 3 卷，人民出版社，2009，第 572 页。

③ 《马克思恩格斯全集》第 30 卷，人民出版社，1995，第 473 页。

④ 《马克思恩格斯文集》第 3 卷，人民出版社，2009，第 575 页。

横向比较和纵向比较，我们不难发现，无论是在《德意志意识形态》时期、《1857—1858 年经济学手稿》时期，还是在马克思晚年时期，这三种社会历史形式都是前资本主义社会在不同发展时期的实现方式，都是以土地财产和农业构成自己经济制度的基础的，都是以个人作为部落或公社成员的存在为媒介的，都是以共同体为基础的社会历史形式，它们之间的发展演变，体现了历史上劳动主体与劳动客体从统一走向分离的发展轨迹，同时也反映了社会经济关系中劳动主体对劳动客体的所有和占有关系的演进。这些历史观思想，进一步丰富和发展了唯物史观关于社会历史形式演进的基本理论。

第五章　马克思《1857—1858 年经济学手稿》中历史观的当代反思

第一节　马克思《1857—1858 年经济学手稿》中历史观的当代价值

马克思在《1857—1858 年经济学手稿》中探讨的人的发展与社会历史形式、科学技术与历史发展和前资本主义社会历史形式的比较等历史观思想，是马克思唯物史观思想发展的一个重要表现，它摒弃了传统历史观只从抽象的人、阶级斗争等层面来阐释历史发展问题的弊病，注重从现实的、从事物质性生产活动的人的发展以及科学技术等层面出发，来阐释社会历史形式的演进和社会历史的发展动力问题，实现了人的发展在历史发展过程中的社会性和实践性的辩证统一。因此，马克思在《1857—1858 年经济学手稿》中所阐释的这些历史观思想，在当代具有重要的理论价值和实践意义。

一　马克思《1857—1858 年经济学手稿》中历史观的理论价值

（一）有利于澄清和纠正各种对马克思历史观的误读和曲解

马克思的历史观从其初步形成以来，国内外一批马克思主义理论家便开始从不同侧面、不同研究视域、不同阶段对其进行诠释和解读，呈现出各式各样的、不同版本的马克思的历史观。这些对马克思历史观的不同理解，尽管在某些层面涉及了马克思历史观的本质内涵，但是并不能完全彰显马克思历史观的原貌，以及马克思历史观研究的价值旨趣，而且在更大程度上是对马克思历史观的一种误读和误解。

综观国外学者对马克思历史观的解读，最具代表性的有四种观点。第一种观点是以卢卡奇为代表的“总体性”的历史观。总体性是早期西方马克思主义者卢卡奇关于马克思历史观所提出的一种新的解释。他在《历史与阶级意识》这部代表著作中声称，“不是经济动机在历史解释中的首要地位，而是总体的观点，使马克思主义同资产阶级科学有决定性的区别。”[①] 这一解释直接颠覆了强调经济首要性的历史唯物主义基本原理，使总体的观点取代了经济在历史解释中的首要地位。第二种观点是以阿尔都塞为代表的“无主体”的、“多元决定”的客观历史观。这种历史观曲解主体与社会结构的关系，强调运用社会结构的概念取代主体的概念，把对主体的主动意义的重视同夸大主体的作用混为一谈，从根本上否认了马克思的社会历史理论同旧人本学的改造继承关系。第三种观点是以意大利德拉·沃尔佩和科莱蒂为代表的“新实证主义的马克思主义”，他们把马克思的历史观理解为一种实证的经验科学，试图把科学性和人的能动性融合在一起。在他们看来，马克思提出的“社会生产关系”这一历史唯物主义的核心概念汇合了西方哲学史上唯物主义决定论和唯心主义人道主义传统的思想，把历史研究真正纳入了科学的轨道。第四种观点是以福山为代表的“历史终结论”历史观。福山把马克思归结为“历史终结论”者，认为马克思的历史观是一种“历史终结论”的历史观。在他看来，马克思在世界普遍史的形成方面，具有无与伦比的地位。马克思批判地继承了黑格尔的历史观念，“从黑格尔那里借用了一个所谓人类行为历史性的观点，即人类社会随着时代发展从原始社会发展到更复杂、更高级的社会结构的观点。马克思也同意历史进程从根本上是辩证的，也就是过去的政治和社会组织形式包含着内部矛盾并随

① 〔匈〕卢卡奇：《历史与阶级意识》，王伟光、张峰译，重庆出版社，1989，第76页。

着时间的推移不断显现出来，最后导致社会形态的崩溃并被另一个更高级的社会形态所取代；马克思还赞成黑格尔对历史有终结可能性的看法，他曾预见一种没有矛盾的最终社会形态——共产主义社会，共产主义的实现将结束历史进程。"①

国内学者对马克思历史观的研究，也存在多种形式的理解。归结起来最具有代表性的主要有以下四种观点。第一种观点是从经济层面出发，把经济的主要因素劳动、生产力、生产关系以及科学技术等，作为历史发展的决定要素，提出了"劳动历史观""生产力历史观"等经济决定论的历史观。第二种观点是从哲学层面出发，立足于实践在历史观形成过程中的重要作用，把马克思的历史观确定为实践历史观。第三种观点是从人所从事的实践活动的选择性出发，凸显人的能动性在历史观研究过程中的重要性，把马克思的历史观理解为历史选择论。第四种观点是从生成论的角度出发，认为马克思的历史观不是历史决定论，也不是历史选择论，而是历史生成论。

综合以上国内外学者对马克思历史观的不同解读，我们不难发现，他们的解读在一定程度上抓住了马克思历史观的本质，但是，由于他们在解读过程中深受"自然态度思维"的诱惑，以及传统形而上学哲学的影响，促使他们一方面把自己从具体的、历史的存在方式和实践活动中剥离出来，以"前康德的知性"模式，去探讨和描述历史现象；另一方面又立足于理性、抽象自然、"生产力拜物教"等观点来解释马克思的历史观。显然，他们这种把外在于"人的历史"的东西强加于历史的做法，实质上是一种在观念、思维内部展开的逻辑抽象和理性思辨，这种"实体论"思维模式，根本无法理解马克思历史观之真义，只能会造成对马克思历史观本质内涵的一种误读和误解。

马克思在《1857—1858年经济学手稿》中所阐述的历史观思想，立足于现实的人所从事的物质性生产活动，从人类历史发展的根本动力出

① 〔美〕弗朗西斯·福山：《历史的终结及最后之人》，黄胜强、许铭原译，中国社会科学出版社，2003，第72~73页。

发来阐释历史发展的基本形式，科学揭示了历史发展的基本规律，摒弃了传统只从理性出发来阐释历史观的唯心主义弊病，实现了对历史观的整体性研究。因此，只有科学掌握马克思在《1857—1858年经济学手稿》中历史观的思想内涵，以及马克思在此阶段研究历史观的立足点、出发点和方法论，我们才能够从本质上澄清和纠正各种对马克思历史观理解的错误观念，还原马克思历史观的原貌。

（二）有利于进一步丰富和发展马克思的唯物史观

对于何为唯物史观，在理论界向来存在不同的理解，大多数学者将唯物史观和历史唯物主义等同起来，认为唯物史观在本质上就是历史唯物主义，只要坚持了历史唯物主义也就坚持了唯物史观。显然，这种理解是不科学的，因为它在本质上混淆了唯物史观和历史唯物主义的区别。

在马克思主义发展史上，马克思和恩格斯最早在《德意志意识形态》中论述了唯物史观的基本思想，但并未直接提出唯物史观的概念，他们只是说他们所论述的历史观不同于唯心主义历史观，也即他们的历史观是唯物主义历史观。后来的马克思主义者们，把这种唯物主义历史观简称为唯物史观。

历史唯物主义是恩格斯最早提出来的，这一概念最初提出的目的是批评当时的德国青年不热心于艰苦的研究工作，而只是把历史唯物主义作为套语，来掩饰自身历史知识匮乏的行为。后来恩格斯直到晚年，才重新启用历史唯物主义，将唯物史观和历史唯物主义等同使用，然后在马克思主义理论界就一直延续下去。列宁最早赋予历史唯物主义以新的内涵，他把唯物主义对自然界的认识推广到对人类社会的认识，将其和唯物史观区别开来。斯大林在列宁认识的基础上，又将辩证唯物主义融入进去，认为历史唯物主义是用辩证唯物主义的基本原理去研究人类社会和人类历史。从此，历史唯物主义就和辩证唯物主义有机地合为一体，成为马克思主义完整的世界观。

其实，唯物史观和历史唯物主义在本质上是根本不同的，二者之间存在很大的差异。首先，二者的内容指向不同。唯物史观的底蕴是历史观，是与唯心主义相对立的唯物主义的历史理论；历史唯物主义的底蕴则是唯物主义，是历史领域的唯物主义。其次，二者确立的理论前提不同。在《德意志意识形态》中，马克思和恩格斯谈到了唯物史观确立的理论前提，认为："全部人类历史的第一个前提无疑是有生命的个人的存在。因此，第一个需要确认的事实就是这些个人的肉体组织以及由此产生的个人对其他自然的关系。"[①] 历史唯物主义确立的前提则是辩证唯物主义及其在社会历史领域的推广和运用。

由此，我们也可以看出，唯物史观和历史唯物主义最大的差异就是研究历史观视域上的差异。历史唯物主义也对历史观进行研究，但是它在对历史观进行研究时，更多的是将对历史观的研究放置于对历史规律认识的研究上，也即将历史观理解为"关于社会（历史）发展一般规律的科学"。这种理解的根本点是将历史观归结为一种科学认识，即关于社会历史的科学认识。

毋庸置疑，从规律视域解读社会历史，是唯物史观之所以成为"唯物"的历史观之根由，这是马克思主义经典作家一再强调的，也是当今及未来必须坚守的。然而，过度侧重于对社会历史发展合规律性的研究，使这一研究在研究视域上存在很大局限。这些局限主要是指在内容的涵盖上比较狭窄且片面，往往重物轻人，甚至见物不见人，比如，将历史理解为物质条件和关系的运动变化和发展过程，而忽视了历史的主体是人，历史在本质上是人的活动的过程。因此，这一研究视域不可能揭示历史运行的合目的性。

马克思在《1857—1858 年经济学手稿》中探讨历史观时，摒弃了历史唯物主义研究视域的片面性，注重从历史主体，也即从事现实物质性生产活动的人出发来研究历史观。在《1857—1858 年经济学手稿》中，马克思不仅提出了历史的"主体是人，客体是自然"这一重要命题，而

① 《马克思恩格斯文集》第 1 卷，人民出版社，2009，第 519 页。

且还在“货币章”中，首次提出了人的发展与三大社会历史形式理论，并在“资本章”中，较为详尽地考察了作为历史主体的人的社会发展性及其本质规定性。不难看出，在这里，马克思进一步发展了其在《德意志意识形态》中把唯物史观界定为“关于现实的人及其历史发展的科学”的观点。在《德意志意识形态》中，马克思指出：“这里所说的个人不是他们自己或别人想象中的那种个人，而是现实中的个人，也就是说，这些个人是从事活动的，进行物质生产的，因而是在一定的物质的、不受他们任意支配的界限、前提和条件下活动着的。”① “人们是自己的观念、思想等等的生产者，但这里所说的人们是现实的、从事活动的人们，他们受自己的生产力和与之相适应的交往的一定发展——直到交往的最遥远的形态——所制约。”② 可见，在马克思的理解中，“现实的人”就是“从事实际活动的”人，“现实的人及其历史发展”当然就是指现实的人及其改造自然和社会的实践活动。由此推出，“关于现实的人及其历史发展的科学”，也就是关于现实的人及其改造自然和社会的实践的科学。

通过分析，不难发现，马克思在《1857—1858年经济学手稿》中强调从人的发展角度出发来理解整个社会历史，以及社会历史形式的演进，科学地指明了作为历史主体的人在社会历史发展过程中的重要作用，从而进一步丰富和发展了唯物史观的本质内涵。

（三）有利于实现自然观和历史观的辩证统一

综观历史观发展演变的历程，我们不难发现，从古希腊的英雄人物创造历史的主观唯心主义历史观，到中世纪的宗教哲学神学历史观，以及德国古典哲学时期以黑格尔为代表的客观唯心主义历史观，其在理论本质上，都是把人类历史的根源或形成动因归结为一种与人们的社会生活无关的东西，或者是某种全能的“神”“上帝”，或者是“绝对理性精

① 《马克思恩格斯文集》第1卷，人民出版社，2009，第524页。

② 《马克思恩格斯文集》第1卷，人民出版社，2009，第524页。

神”，或者是某个皇帝、英雄人物的主观意志。这样抽象片面地去理解历史观，在本质上存在两大理论缺陷。

第一，割裂了自然观和历史观的辩证统一。众所周知，自人类产生以来，统一的物质世界就分裂为人与人以外的世界两个部分。哲学对整个世界的研究也就是指哲学对人与人以外的世界的关系的研究。当哲学将研究视域放置在人的形成以及发展过程上，就形成了历史观；当哲学将研究视域放置在人以外的世界上，就形成了自然观。自然观和历史观历来是哲学研究中的两大基本问题。传统西方哲学最初的研究重点是对自然观的研究，即对宇宙本质的探讨。哲学家们对自然本源进行研究时，总是喜欢把自然现象无限多样性的统一看作不言而喻的逻辑前提，并从某种特殊的东西中去寻找这种统一。比如，泰勒斯把世界的基质看作水，从水这个特殊的东西出发去寻找自然现象无限多样性的统一；赫拉克利特把基质看作火，德谟克利特把基质看作原子，等等。只有到了苏格拉底时期，才使这种认识世界的方式和方法得到了彻底改变。苏格拉底认为，自然哲学家把感官所见的事物作为世界的本原是不可靠的，反而把灵魂的眼睛变瞎了。他主张求援于心灵世界，从心灵世界出发去探寻存在的真理。这样，苏格拉底就使哲学的研究路向，在本质上发生了根本改变，即从关注自然的自然观转向了关注人生的历史观。尽管苏格拉底已不再关注自然，而是专注于在人的伦理道德中寻找一种普遍的东西，但是他并不彻底割裂普遍东西和个别东西之间的内在关联。苏格拉底的弟子柏拉图，在承继苏格拉底思想的基础上，却将二者彻底割裂开来，他把普遍存在的东西看作独立存在的理念。柏拉图的理念论创立，开辟了哲学问题研究的新的路径。随后，哲学家们便从柏拉图的理念论出发去构造新的理论，在认识世界和改造世界的过程中，割裂自然观和历史观的内在统一。

这种割裂在德国古典哲学家费尔巴哈的思想中，表现尤为突出。就自然观而言，费尔巴哈认为，自然界这个无意识的实体，是非发生的永恒的实体，是第一性实体，是物质的、感性的实体；就历史观而言，费尔巴哈从人本主义出发解释社会生活和历史，认为人的本质是追求幸福的意向、理性和爱。显然，费尔巴哈这种认识在本质上割裂了自然观和历史观的内在统一。马克思针对费尔巴哈将历史和自然分离的观点，进行了积极批判，尤其是重点批判了费尔巴哈的直观唯物主义。马克思指出，我们仅仅知道一门唯一的科学，即历史科学。历史可从两方面考察，可以把它们划分为自然史和人类史。但这两方面是不可分割的；只要有人存在，自然史和社会史就彼此互相制约。这个制约的核心就是人类的物质生产实践及其关系。当然，在这种情况下外部自然界的优先地位仍然保存着。费尔巴哈利用的是脱离社会实践关系的直观方法，他的唯物主义自然观就成了和人类历史无关的理论。如果不强调自人类产生以来自然史和社会史的紧密联系，单纯地把自然地理环境归结为社会存在，就是一种对历史发展规律的错误认识。

第二，本质上仍然从属于唯心主义的本体论的历史观。正如上述所言，传统西方哲学家在对历史观进行认识时，常常主观地将历史观归结为某种具体的观念、意识或者精神，割裂历史观与自然观的内在关联，片面抽象地去理解历史观，显然是不科学的。分析这些历史观的本质，我们不难发现，它们在本质上仍然属于唯心主义的抽象本体论历史观。

在《1857—1858 年经济学手稿》中，马克思立足于资本主义社会生产力发展的基本状况，摒弃了传统哲学本体论的唯心主义历史观，通过对资产阶级政治经济学的研究，第一次把人类社会史的“原点”放置在现实的人所进行的物质生产和再生产上，放置在人与人之间的经济关系或社会的经济结构上，从而揭穿了各种唯心主义历史观的神秘性、片面性以及伪科学性，指出历史在本质上像其他自然过程一样，都有其自身运行的一般规律。因此，研究历史观，必须要将自然观和历史观有机地结合起来，遵从历史运行的客观规律，唯有如此，才能够真正把握马克思历史观的真正本质。

（四）有利于为各门具体的社会科学，提供科学的世界观和方法论

马克思在《1857—1858 年经济学手稿》中所阐发的历史观思想，是对唯物主义历史观的丰富和发展，是科学的社会历史观，同时也是人们认识和研究社会历史的科学方法论。之所以说它是科学的历史观，是因为它揭示了人类社会生活的本质和内在关联，阐明了社会历史发展的动力及其一般规律，因而是科学的历史观。同样，之所以说它是科学的方法论，是因为我们可以用这种科学的历史观来研究社会历史发展的一般状态。

众所知周，社会科学的研究离不开科学的世界观和科学的方法论的指导。如果脱离了科学的世界观指导，社会科学的研究将会失去正确的方向，而走向歧途；相应地，如果脱离了科学的方法论的指导，社会科学的研究将会难以得出合理正确的研究结论。马克思在《1857—1858 年经济学手稿》中所阐述的历史观思想，科学揭示了社会历史发展的基本动因和一般规律，是科学的历史观和方法论，它能够为各门社会科学研究社会发展的特殊规律，指出解决问题的根本途径。同时，它还能使人们在纷繁复杂的社会生活中抓住问题的本质和事物的内部联系，而不为一大堆细节和表面现象所迷惑，从而做出合乎客观实际的科学结论。因此，这就要求我们在进行具体的社会科学研究时，始终要坚持马克思科学历史观的指导，以历史的眼光和历史的态度，考察事物的基本发展状态和内在关联。在考察的时候，既要注意考察事物发展的整个过程，掌握全部材料的总和，又要具体地分析具体情况，实事求是地做出结论，并在实践中对其结论进行历史检验。

但是，针对马克思的历史观与各门具体社会科学之间的关系，目前，理论界存在两种错误倾向。第一种倾向是“代替论”。即认为马克思的历史观理论统领了整个社会科学理论，对它的研究可以完全代替其他各门具体社会科学的研究。面对理论界的这种错误倾向，恩格斯在批评德

国的许多青年作家时，谈了他自己对这一问题的看法。他认为："'唯物主义'这个词大体上只是一个套语，他们把这个套语当做标签贴到各种事物上去，再不作进一步的研究，就是说，他们一把这个标签贴上去，就以为问题已经解决了。但是我们的历史观首先是进行研究工作的指南，并不是按照黑格尔学派的方式构造体系的杠杆。"① 从恩格斯的论述中，我们不难看出，在他看来，"代替论"错误的根本在于把历史观所阐述的基本理论当作教条、公式，按照它来剪裁各种历史事实，到处乱套乱用，而不去做艰苦细致的具体研究工作，是违反科学历史观理论的基本要求的。

第二种倾向是"取消论"。即认为马克思的历史观和具体的社会科学一样，都属于社会科学范畴，在研究过程中，它们是平等的，遵循着共同的社会科学研究方法和理论指导，它们之间不存在孰优孰劣。否认马克思的历史观具有世界观和方法论的指导意义，否认在具体的社会科学研究中，坚持马克思科学历史观的指导。显然，这种"取消论"的认识是不科学的，是错误的。因为任何具体的社会科学在进行研究时，必须要坚持一定的社会历史观作为指导，否则所进行的任何社会科学研究将无存在的价值和意义，问题在于坚持以什么样的社会历史观为指导。马克思在《1857—1858年经济学手稿》中呈现的历史观思想，是科学的历史观和科学的方法论，因此在具体的社会科学研究中，必须要坚持这一科学世界观的指导，否则就会自觉不自觉地陷入历史唯心主义，从而使自己的研究工作走上歧途。

二　马克思《1857—1858年经济学手稿》中历史观的实践意义

马克思在《1857—1858年经济学手稿》中所阐述的历史观思想，除了对我们当今研究唯物史观具有丰富的理论价值之外，还对我们当代中

① 《马克思恩格斯文集》第10卷，人民出版社，2009，第587页。

国特色社会主义现代化建设具有重要的实践意义。

（一）有利于推进和加速中国特色社会主义现代化建设

马克思在《1857—1858 年经济学手稿》中阐述的人的发展与社会历史形式演进的思想，注重人在历史形成、历史动力，以及历史发展过程中的重要价值，对于我们在当下进行科学发展，构建社会主义和谐社会，以及推进和加速中国特色社会主义现代化建设具有重要意义。

改革开放以来，中国共产党领导全国各族人民，积聚力量、努力建设，力图把我国建设成中国特色的社会主义现代化国家。经过几十年的建设，我们确实取得了许多令人瞩目的建设成就，也使中国特色的社会主义现代化建设迈进了新的层级。但是，我们在现代化建设过程中也遇到了许多理论问题和现实难题，比如环境污染严重、社会各种矛盾突出，等等。这些问题直接危及和影响到了中国特色社会主义现代化建设的历史进程。针对此问题，党中央审时度势，立足于国际和国内形势，制定符合中国国情的建设理论、方针和政策。马克思在《1857—1858 年经济学手稿》中阐述的人的发展与社会历史形式演进的思想，为党中央制定科学发展观以及构建社会主义和谐社会的重大决策，提供了重要的理论指导。

首先，马克思在《1857—1858 年经济学手稿》中阐述的人的发展与社会历史形式演进的思想，为科学发展观的形成奠定了理论基础。发展是世界的主题，讲发展当然也就会遇到一个如何发展，以及怎样才能更好地发展的问题。在传统的发展过程中，我们只注重物的发展，而不注重人的发展，结果使各种发展问题和社会问题不断涌现，直接影响到了中国特色的社会主义现代化建设。针对这些发展过程中涌现的问题，根据 21 世纪国内外形势的新变化，依据马克思主义的相关理论，尤其是以人为本的思想理论，我国提出了科学发展观。科学发展观把以人为本作为其理论核心。所谓以人为本就是要把人民的利益作为一切工作的出发点和落脚点，一切为了人民，一切依靠人民，不断满足人们的多方面需要和促进人的全面发展。具体来讲就是在经济上，不断提高人民群众的物质文化生活水平；在政治上，尊重和保护人民的基本政治权利和各项政治自由；在社会生活上，为人民创造良好的社会生活环境。最终使人民的各项能力得到不断提升和保障，从而实现自身的全面发展。

科学发展观中所讲的这些以人为本的思想以及人的全面发展思想，与马克思在《1857—1858 年经济学手稿》中所提到的人的自身发展的三个层次，是根本一致的。因此，我们可以说，马克思在《1857—1858 年经济学手稿》中所阐述的人的发展与社会历史形式演进的思想，为科学发展观的理论制定，奠定了重要的理论基础。

其次，马克思在《1857—1858 年经济学手稿》中所阐述的人的发展与社会历史形式演进的思想，为社会主义和谐社会的构建，提供了重要指导。众所周知，建设和谐社会的最终目的，就是实现人的和谐。诚然，以人为本，从经济层面来讲，就是我们所从事的一切生产，都是以满足人的需要为根本目的。也就是说，对我们社会主义社会，无论何时进行生产，以及生产什么，最终目的都是满足人的各种需要；如果偏离了这一原则，就会使我们的社会主义建设偏离方向，走向歧途。但是，我们在进行以人为本的社会主义建设过程中，必须要处理好人与自然、人与他人以及人自身之间的关系，使整个社会和谐相处。然而，我们在当下的现代化建设过程中并没有处理好这些关系，最终导致自然环境恶化，各种社会矛盾不断凸显。因此，在今后的社会主义现代化建设过程中，我们必须要坚持马克思《1857—1858 年经济学手稿》阐述的人的发展与社会历史形式演进的思想的理论指导，和谐处理在现代化建设过程中遇到的各种矛盾和关系。唯有如此，才能够为中国特色社会主义现代化建设，创造良好的自然环境和社会环境。

总而言之，中国特色社会主义现代化建设是从宏观层面对生产力的发展进行要求的，它既要求坚持物的原则与人的原则的统一，又要求注重对个人能力的提升。因此，在中国特色社会主义现代化建设过程中，我们必须要注重对人的生存发展以及人的解放的关注，只有如此，我们才能够不断加速和推进中国特色社会主义现代化建设的进程。

（二）有利于昭示我们必须以积极主动的态度应对经济全球化

经济全球化是生产力的国际化，是经济发展的各种资源在世界范围内进行配置的结果和要求，是人类社会经济由分散的民族或国家经济共同体向统一的全球经济共同体的转变发展过程。民族经济共同体在文明时代曾经是人类社会的最大经济单元，这是经济全球化过程的起点；全球经济共同体是将来共产主义、大同社会的经济组织形式，即人类社会经济的最高组织形式，这是经济全球化的终点。这种全球范围内的发展变化趋势，不是某个国家或某些地区的个别人或少数人的要求；从历史观的观点来看，其理论实质是马克思历史发展客观性理论在当代世界范围内的体现，是为了生产力的发展，而进行的生产关系的全球范围内的调整。因此，针对经济全球化这种历史趋势，我们必须要坚持马克思在《1857—1858年经济学手稿》中所阐述的历史观思想的指导，以积极主动的态度去应对，逃避和抵触必然会受到经济全球化的惩罚。

马克思在《1857—1858年经济学手稿》中所阐释的历史观思想，具有三大理论特性。其一，创新性。因为它颠覆了前人的教化思想，在强调人是历史的主体，是构筑生产力和生产关系的内在动因的前提下，注重科学技术在生产力发展过程中的重要作用。其二，动态性。因为它认为人自身的发展推动了社会历史形式的基本演进，合理地解释了社会的进步与制度变革的内在原因。其三，客观性。因为它是站在人类活动的角度来思考并解决问题，而不是截取人类的有目的的主观活动为研究对象。这些理论以及理论特性为我们积极主动应对经济全球化提供了重要启示。

首先，启示我们要从生产力和生产关系的角度来认识经济全球化。因为生产力的高度发展形成了世界市场，而生产关系的发展则提供了资本的积累与扩张，这两方面共同作用，从整体上把握着社会化大生产。因此，我们只有从生产力以及生产关系这两个角度来分析经济全球化，才能够给予当下经济全球化的两面性以合理的解释，才能够更好地迎接经济全球化带给我们的机遇与挑战。

其次，启示我们要从整个人类社会及人类自身的发展来认识经济全球化。马克思是从整体来考察并分析历史的现状与未来的。所以，在当下的经济全球化中，我们必须要高度重视全球化的发展历史与现状，同时我们还要重视经济全球化的未来走向。唯有如此，我们才能够采取有效的发展策略与发展模式，推动经济全球化乃至整个社会的发展。人作为历史发展的主体，对社会的发展有着不可估量的作用和意义。在经济全球化的过程中，我们同样要高度重视作为历史主体的人的作用，合理配置经济全球化范围内的信息、物力以及人力资源，不断提升人类的科技创新能力。

总之，马克思在《1857—1858年经济学手稿》中所阐释的历史观思想，凭借其独有的三大内在特性，昭示我们必须以积极的心态应对经济全球化。因为只有如此，才能够使我国更好地抓住经济全球化为我们提供的机遇和挑战，不断推进中国特色社会主义现代化建设。

第二节　马克思《1857—1858年经济学手稿》历史观研究的当代启示

马克思在《1857—1858年经济学手稿》中对历史观的研究，坚持了科学的研究方法和研究态度，以发展的观点来看待历史观的演变，为我们今后在新的条件下，对历史观进行研究，提供了重要启示。归纳起来，主要有以下三个方面的启示。

一　对历史观研究必须要认真研读原著，反对篡改和曲解原著

原著是一个思想家思想的最初体现，也是一个思想家思想精髓的整体展现。恩格斯在1894年10月4日为马克思《资本论》第3卷所做的“序言”中指出：“一个人如果想研究科学问题，首先要学会按照作者写

作的原样去阅读自己要加以利用的著作，并且首先不要读出原著中没有的东西。”[①] 列宁也十分注重对原著的研读，他在《论国家》一文中，曾倡导在对马克思主义进行学习时，要注重对原著的学习，“绝对不要指望在一次短短的讲课中就能把这个问题完全弄清楚。听了这个问题的第一次讲课以后，你们应该把不理解或不明白的地方记下来，三番五次地加以研究，将来在看书、听讲中进一步把不明白的地方弄清楚。我也希望我们还能再谈一次，那时可以就所有提出的问题交换意见，检查一下究竟哪些地方最不明白。我希望除听讲以外，你们还花些时间，把马克思和恩格斯的主要著作至少读几本。毫无疑问，你们在参考书目中，在你们图书馆里供苏维埃工作和党务工作学校学员用的参考书中，一定能找到这些主要著作。不过起初也许有人会因为难懂而被吓住，所以要再次提醒你们不要因此懊丧，第一次阅读时不明白的地方，下次再读的时候，或者以后从另一方面来研究这个问题的时候，就会明白的”[②]，可见，原著虽然难懂，但是认真研读原著对一个人进行科学研究，把握被研究问题的思想精髓，意义是相当重大的。

马克思在《1857—1858年经济学手稿》中对历史观进行研究时，就十分注重对原著的研读，阅读了大量德国古典哲学家、英国古典政治经济学家和空想社会主义者的经典原著。为了系统阐述人是历史主体的观点，他认真研读了亚当·斯密的《国民财富的性质和原因的研究》、李嘉图的《政治经济学和赋税原理》、卢梭的《论人间不平等的起源和原因》和《社会契约论》等原著；为了搞清楚历史形态的演变规律以及原始社会历史形态的基本特征，他认真研读了黑格尔的《法哲学原理》、摩尔根的《古代社会》、巴霍芬的《母权论》等原著。通过对这些经典原著的细心研读，马克思深刻地领会和把握了原著作家的思想精髓以及内在缺陷，科学地探讨了历史观发展的基本问题，并得出了全新的结论。

然而，正如列宁所言，大多数原著是比较晦涩难懂的，因此，就会

---

① 《马克思恩格斯文集》第7卷，人民出版社，2009，第26页。

② 《列宁专题文集：论辩证唯物主义和历史唯物主义》，人民出版社，2009，第281~282页。

促使一些马克思主义研究者，碍于原著的研读困难，在进行马克思的历史观研究时，过多地将研读精力放在他人对原著的理解上，也即将研读精力放在对二手资料的研究上。显然，利用二手资料来研究历史观，比直接研读原著容易得多，但是二手研究资料往往会将研究者引向迷途，造成对历史观本真理论的篡改和曲解。比如，巴尔特就因为没有认真研读马克思的经典原著，而篡改和误读了马克思历史理论，对此恩格斯曾对其进行了严厉的批评。恩格斯指出："巴尔特对马克思的批评，真是荒唐可笑。他首先制造一种唯物主义的历史理论，说什么这应当是马克思的理论，继而发现，在马克思的著作中根本不是这么回事。但他并未由此得出结论说，是他，巴尔特，把某些不正确的东西强加给了马克思，相反，却说马克思自相矛盾，不会运用自己的理论！'咳，这些人哪怕能读懂也好啊！'遇到这类批评时，马克思总是这样感叹。"①

通过以上论述，我们不难看出，原著是理解思想家思想的根本，只有认真研读原著，才能够把握思想家的理论精髓。马克思在研究历史观时，尚且十分注重对经典作家原著的研读。因此，我们在对马克思历史观进行研究时，更应该立足于马克思的经典文本，从文本中发掘马克思历史观的本质内涵，远离对马克思历史观研究的二手资料，唯有如此，我们才不会篡改或曲解马克思的历史观。

二　以发展的眼光看待马克思的历史观，反对将其公式化、教条化

根据以上对马克思在不同时期历史观的逻辑梳理和系统分析，我们可以看出，马克思的历史观是发展的历史观，他对历史本质、历史发展动力以及历史规律等历史观基本问题的认识，是随着其社会实践活动的变化而不断变化的，而不是固定不变的教条。正如恩格斯所言："我们的理论是发展的理论，而不是必须背得烂熟并机械地加以重复的

---

①《马克思恩格斯文集》第10卷，人民出版社，2009，第616~617页。

教条。”[①] 因此，我们对待马克思的历史观，应坚持发展的眼光，根据其所处的社会实践状况以及其当时的关注热点，科学地揭示和看待其在不同时期的历史观。

众所周知，青年马克思时期，德国在经济上，封建私有制经济占据主导地位；在政治上，封建君主专制制度统治着整个社会；在思想领域，以黑格尔为核心的唯心主义哲学思想体系统领着人们的思想趋向。由于深受这种社会现实和社会状况，尤其是黑格尔唯心主义哲学体系的影响，青年马克思在对历史观的研究和认识上，表现出明显的黑格尔痕迹，即从唯心主义的研究视域出发去阐释其历史观思想，将历史的发展动力及历史发展的规律和本质，界定为人的自我意识活动。马克思的这种对历史观的认识，在当时来说，是符合当时的社会状况和思想潮流的。

但是，随着后来马克思对社会现实问题的关注，以及对社会现实问题认识的逐渐加深，使其改变了先前对历史观研究的唯心主义视域，而逐渐转向从社会现实的物质生产性活动出发去考察历史观，从而在《1844年经济学哲学手稿》时期形成了异化劳动史观，在《德意志意识形态》时期呈现了唯物史观的最初原像，到《1857—1858年经济学手稿》时期，又重点探讨了人的发展与社会历史形式的演进、科学技术与历史的发展，以及前资本主义的社会历史形式比较等历史观思想，进一步丰富和发展了唯物史观的基本理论。因此，我们可以说，马克思对历史观的研究和认识，是随着其所处时代以及其自身认识能力的逐渐提升，而不断发展变化的，他在不同时期对历史观认识的结论不是固定不变的，而是不断发展变化的。

诚然，马克思对历史观研究的内容不是固定不变的，而是随着社会现实和人类社会实践活动的发展而不断变化的。那么马克思对历史观研究永葆活力、固定不变的因素又是什么呢？正如列宁所言，是马克思研究历史观所采用的方法。列宁说：“马克思主义者从马克思的理论中，无疑地只

---

① 《马克思恩格斯文集》第10卷，人民出版社，2009，第562页。

是借用了宝贵的方法，没有这种方法，就不能阐明社会关系，所以他们在评判自己对社会关系的估计时，完全不是以抽象公式之类的胡说为标准，而是以这种估计是否正确和是否同现实相符合为标准的。”①

既然马克思对历史观的研究，为我们提供的更多的是认识世界和改造世界的方法，而不是一系列具体的历史定论。因此，我们在对马克思历史观进行研究时，就应该坚持发展的观点，根据马克思不同时期所处的历史境况，去科学认识其在不同历史时期的历史观，而不是将马克思在不同时期历史观研究的结论固定化、教条化。针对如何看待马克思主义的学说，恩格斯曾给出过明确的答案，他指出：“我们的学说不是教条，而是行动的指南。这个经典性的论点异常鲜明有力地强调了马克思主义的往往被人忽视的那一方面。而忽视那一方面，就会把马克思主义变成一种片面的、畸形的、僵死的东西，就会抽掉马克思主义的活的灵魂，就会破坏它的根本的理论基础——辩证法即关于包罗万象和充满矛盾的历史发展的学说，就会破坏马克思主义同时代的一定实际任务，即可能随着每一次新的历史转变而改变的一定实际任务之间的联系。”②

三　坚持用唯物史观来指导历史观的研究

通过对马克思唯物史观创立过程的系统分析，我们不难看出，马克思创立的唯物史观，既是一种科学的历史观，同时又是一种科学的方法论。说它是科学的历史观，是因为它是马克思在充分吸收人类文明一切优秀成果的基础上，提出的关于人类社会历史发展的根本观点。比如，现实的、从事物质性生产活动的人是历史的主体，生产力与生产关系的矛盾运动是历史发展的动力等科学的观点。说它是科学的方法论，是因为它提出的一系列科学观点，为我们提供了认识世界和改造世界的基本方法。比如，它将黑格尔的辩证法思想运用于对历史观的研究，认为人类历史是一个不断生成、发展、灭亡的过程集合体，重构科学的历史观，

① 《列宁全集》第1卷，人民出版社，1984，第163～164页。

② 《列宁专题文集：论马克思主义》，人民出版社，2009，第157页。

必须要立足于运动、变化、发展的客观历史事实。一切阶级社会的历史都是阶级斗争的历史，因此必须要用阶级分析方法来分析和研究阶级社会的历史观，等等。

按照通常的理解，一种理论之所以能够长久不衰，不在于它提出了什么样的观点，而在于它用什么样的方法提出了这样的观点，也就是说科学的研究方法比科学的结论更为重要、更具活力。但是，针对马克思创立的唯物史观则不是这样，马克思的唯物史观既是科学的历史观，又是科学的方法论；也就是说，马克思在唯物史观中提出的科学历史观点和马克思研究历史观所运用的方法是一致的，二者是互通的，科学的历史观点也是研究历史观的科学的方法论，科学的方法论也是研究历史观所得出的科学观点。正因为如此，我们进行历史观研究时，必须要坚持唯物史观的理论指导。

马克思在《1857—1858 年经济学手稿》中对历史观进行研究时，在研究方法上就坚持了唯物史观的理论指导。比如，在探讨历史的主体时，坚持了唯物史观中的现实的、从事物质生产活动的人是历史主体的观点，将《1857—1858 年经济学手稿》中的历史主体理解为从事经济活动的劳动者；在探讨历史的发展动力时，坚持了唯物史观生产力与生产关系矛盾运动推动历史发展的观点的指导；在探讨人类社会历史形式的基本演进时，坚持了阶级分析的方法的指导，等等。

既然马克思在研究历史观或历史问题时，就始终坚持唯物史观的科学理论指导，那么我们在研究历史观或其他历史问题时，就更应该坚持唯物史观的理论指导，唯有如此，我们才能够使我们的研究以及我们的工作走向正确的道路。正如恩格斯所言："要知道在理论方面还有很多工作需要做，特别是在经济史问题方面，以及它和政治史、法律史、宗教史、文学史和一般文化史的关系这些问题方面，只有清晰的理论分析才能在错综复杂的事实中指明正确的道路。"①

① 《马克思恩格斯全集》第 37 卷，人民出版社，1971，第 283 页。

结 语

至此，本书对马克思在《1857—1858年经济学手稿》中的历史观探讨可以告一段落了。在前面的研究过程中，本书主要探讨了《1857—1858年经济学手稿》之前马克思历史观的逻辑嬗变、人的发展与社会历史形式、科学技术与历史发展、前资本主义社会历史形式的比较，以及马克思《1857—1858年经济学手稿》中历史观的当代反思等问题，从中也得出了一系列关于马克思历史观研究的科学结论，澄清了学界关于马克思历史观研究的一些富有争议性的问题。

但是，关于马克思经济学手稿中历史观的研究，还远远没有结束，甚至可以说是刚刚开始。因为从经济学的层面，尤其是从马克思的经济学手稿层面来阐释和解读马克思的哲学历史观，一直是学术界研究比较薄弱的地方，甚至可以说是研究盲区。

马克思的经济学手稿是马克思潜心研究政治经济学的最初稿，是马克思经济科学实验的记录，其思想内涵相当丰富，既包含丰富的经济学思想，同时也包含丰富的哲学、政治学以及社会学等各个学科的思想。马克思对经济思想的研究主要包括19世纪40年代、50年代、60年代和70年代等前后相连接的四个时期，在这些不同的研究时期，马克思分别撰写了不同的经济学手稿。

首先，19世纪40年代。在这一时期，马克思在对政治经济学进行研究的基础上，首先撰写《1844年经济学哲学手稿》。但是，这部手稿并不完全是一部经济学著作，而是一部用哲学的语言和哲学的思维来探讨政治经济学问题的著作。《1844年经济学哲学手稿》之后的40年代末期，马克思在对现实经济问题进行批判的基础上，又分别发表了《雇佣劳动与资本》和《关于自由贸易的演说》等经济著作，进一步丰富和发展了其政治经济学思想。

其次，19 世纪 50 年代。这一时期是马克思对政治经济学进行重点研究的时期。其研究共分为前期、中期和后期三个时期。前期是 1850~1853 年，在这一时期，马克思在伦敦重新研究被 40 年代欧洲革命中断的政治经济学，撰写了《伦敦笔记》。中期是 1853~1856 年，在这一时期，马克思由于生活贫困，中断了对政治经济学的研究，到了 1856 年后期，马克思才重新开始对政治经济学进行研究，因此，此阶段马克思没有撰写经济学手稿。后期是 1857 年之后，在这一时期，马克思对政治经济学的研究发生了根本性的转变，即由对政治经济学研究的现实批判转向理论批判，撰写了《资本论》的第一稿——《1857—1858 年经济学手稿》。

再次，19 世纪 60 年代。这一时段马克思对政治经济学的研究，也可以分为前期、中期和后期三个时期。前期是 1861~1863 年，在这一时期，马克思撰写了《资本论》的第二稿——《1861-1863 年经济学手稿》。中期是 1863~1867 年，在这一时期，马克思撰写了《资本论》的第三稿——《1863-1865 年经济学手稿》。晚期是 1867 年之后，马克思为《资本论》第一卷的问世，进行精心准备。

最后，19 世纪 70 年代至马克思逝世，在这一时期，马克思在撰写《资本论》后两卷的基础上，继续加大对政治经济学的研究，并且扩大了其对政治经济学的研究视野，使对政治经济学的研究对象扩大到“世界历史”，即对整个人类社会经济关系演进的研究。并在其临终前的最后五年，撰写了以研究东方社会的社会转型为目的的《人类学笔记》和以研究西欧社会怎样走向资本主义社会为目的的《历史学笔记》两部重要的经济学手稿。

通过以上对马克思研究政治经济学思想演进历程的系统分析，不难看出，马克思对政治经济学的研究是在探寻人类社会历史发展，以及资本主义社会演进规律的基础上进行的，其在不同时期的经济学手稿，都内含了丰富的历史观思想，都为科学展现马克思唯物史观的整体逻辑演进，提供了重要的理论素材。

因此，只有加大对马克思不同时期经济学手稿中历史观思想的整体性研究，才能够科学把握马克思唯物史观思想的本真。然而，这一研究在当下还没有引起学者们的足够重视，其系统展开仍然是一项长期的、持续的工程，还需要学者们在今后的研究过程中加以重视，以实现对马克思历史观研究的完整性和全面性。

主要参考文献

（一）著作类

[1]《马克思恩格斯选集》第1~4卷，人民出版社，1995。

[2]《马克思恩格斯全集》第30、31、33、37卷，人民出版社，1995、1998、2004、1984。

[3]《资本论》第1~3卷，人民出版社，2004。

[4]《马克思恩格斯〈资本论〉书信集》，人民出版社，1976。

[5]《马克思恩格斯文集》第1~10卷，人民出版社，2009。

[6]《列宁专题文集：论马克思主义》，人民出版社，2009。

[7]《列宁专题文集：论辩证唯物主义和历史唯物主义》，人民出版社，2009。

[8]《列宁全集》第1卷，人民出版社，1984。

[9]〔意〕维科：《新科学》，朱光潜译，商务印书馆，1989。

[10]〔意〕克罗齐：《历史学的理论和实际》，傅任敢译，商务印书馆，1997。

[11]〔意〕马塞罗·默托斯主编《马克思的〈大纲〉——〈政治经济学批判大纲〉150年》，闫月梅等译，中国人民大学出版社，2011。

[12]〔德〕康德：《历史理性批判文集》，何兆武译，商务印书馆，1990。

[13]〔德〕黑格尔：《历史哲学》，王造时译，上海书店出版社，1999。

[14]〔德〕卡尔·西奥多·亚斯贝尔斯：《历史的起源与目标》，魏楚

雄、俞新天译，华夏出版社，1989。
[15]〔德〕施密特：《历史和结构》，张伟译，重庆出版社，1993。
[16]〔德〕哈贝马斯：《重建历史唯物主义》，郭官义译，社会科学文献出版社，2000。
[17]〔德〕费彻尔：《马克思与马克思主义：从经济学批判到世界观》，赵玉兰译，北京师范大学出版社，2009。
[18]〔德〕瓦·图赫舍雷尔：《马克思经济理论的形成和发展（1843—1858）》，马经青译，人民出版社，1981。
[19]〔英〕柯林武德：《历史的观念》，何兆武、张文杰译，商务印书馆，1997。
[20]〔英〕罗素：《论历史》，何兆武、肖魏、张文杰译，广西师范大学出版社，2001。
[21]〔英〕爱德华·霍列特·卡尔：《历史是什么》，吴柱存译，商务印书馆，1981。
[22]〔英〕汤因比：《历史研究》，刘北成，郭小凌译，上海人民出版社，1997。
[23]〔英〕G. A. 科恩：《卡尔·马克思的历史理论——一种辩护》，段忠桥译，高等教育出版社，2008。
[24]〔英〕埃里克·罗尔：《经济思想史》，陆元诚译，商务印书馆，1981。
[25]〔英〕鲍勃·密尔沃德：《马克思主义政治经济学：理论、历史及其现实意义》，陈国新等译，云南大学出版社，2004。
[26]〔英〕乔治·莱尔因：《重构历史唯物主义》，姜兴宏、刘明如译，中国社会科学出版社，1991。
[27]〔苏格兰〕哈多克：《历史思想导论》，王加丰译，华夏出版社，1989。
[28]〔美〕沃尔什：《历史哲学导论》，何兆武、张文杰译，广西师范大学出版社，2001。

[29]〔美〕J. W. 汤普森：《历史著作史》，孙秉莹、谢德风译，商务印书馆，1992。

[30]〔美〕威廉姆·肖：《马克思的历史理论》，阮仁慧译，重庆出版社，1989。

[31]〔美〕弗朗西斯·福山：《历史的终结及最后之人》，黄胜强、许铭原译，中国社会科学出版社，2003。

[32]〔美〕埃尔斯特：《理解马克思》，何怀远等译，中国人民大学出版社，2008。

[33]〔奥地利〕波普尔：《历史决定论的贫困》，杜汝楫、邱仁宗译，华夏出版社，1987。

[34]〔波〕托波尔斯基：《历史学方法论》，张家哲、王寅等译，华夏出版社，1990。

[35]〔苏〕M. A. 巴尔格：《历史学的范畴和方法》，莫润先等译，华夏出版社，1989。

[36]〔匈〕卢卡奇：《历史与阶级意识》，张西平译，重庆出版社，1989。

[37]〔秘鲁〕赫尔南多·德·索托：《资本的秘密》，王晓冬译，江苏人民出版社，2005。

[38]〔日〕望月清司：《马克思历史理论的研究》，韩立新译，北京师范大学出版社，2009。

[39]〔日〕广松涉：《文献学语境中的〈德意志意识形态〉》，彭曦译，南京大学出版社，2005。

[40]《马克思早期思想研究译文集》，熊子云、张向东译，重庆出版社，1983。

[41]〔俄〕普列汉诺夫：《论一元论历史观的发展问题》，王荫庭译，商务印书馆，2012。

[42] 顾海良：《马克思“不惑之年”的思考》，中国人民大学出版社，1993。

[43] 顾海良：《马克思经济思想的当代视界》，经济科学出版社，2005。
[44] 王亚南主编《资产阶级古典政治经济学选辑》，商务印书馆，1979。
[45] 刘永佶：《劳动历史观》，中国经济出版社，2015。
[46] 董瑞华、唐珏岚：《〈资本论〉及其手稿在当代的实践与发展》，人民出版社，2013。
[47] 姜佑福：《历史：思辨与实践——论马克思与黑格尔历史观念的基本差别》，复旦大学出版社，2013。
[48] 杨金海主编《马克思主义研究资料》（第5卷），中央编译出版社，2013。
[49]《资本论》中的历史唯物主义若干问题研究课题组：《〈资本论〉中的历史唯物主义若干问题研究》，北京燕山出版社，1988。
[50] 夏林：《穿越资本的历史时空——基于唯物史观的现代性批判》，社会科学文献出版社，2008。
[51] 高新军：《揭开历史发展之谜：〈资本论〉历史唯物主义思想研究》，中央编译出版社，2002。
[52] 张汝伦：《历史与实践》，上海人民出版社，1995。
[53] 孙承叔、王东：《对〈资本论〉历史观的沉思：现代历史哲学构思》，学林出版社，1988。
[54] 孙承叔：《资本与社会和谐》，重庆出版社，2008。
[55] 孙承叔：《真正的马克思——〈资本论〉三大手稿的当代意义》，人民出版社，2009。
[56] 沈真编：《马克思恩格斯早期哲学思想研究》，中国社会科学出版社，1982。
[57] 段忠桥：《重释历史唯物主义》，江苏人民出版社，2009。
[58] 陈宝：《资本·现代性·人：马克思资本理论的哲学意蕴及其当代意义》，安徽人民出版社，2008。
[59] 黄枬森主编《科学的社会历史观与改革》，黑龙江人民出版社，1989。

[60] 商逾:《历史规律的作用机制》，山东人民出版社，2008。
[61] 李振宏、刘克辉:《历史学的理论与方法》，河南大学出版社，2008。
[62] 张曙光:《论历史观及社会发展模式》，吉林人民出版社，2008。
[63] 韩安贵:《马克思历史观的价值内涵》，广东人民出版社，2001。
[64] 黄树光:《马克思人的解放理论与马克思历史观》，江西人民出版社，2011。
[65] 卢娟:《马克思主义历史观与现时代》，华东师范大学出版社，1992。
[66] 何怀远:《欧洲社会历史观从古希腊到马克思》，黄河出版社。
[67] 何怀远:《欧洲社会历史观》，黄河出版社，1991。
[68] 陈立新:《历史意义的生存论澄明：马克思历史观哲学境域研究》，安徽大学出版社，2003。
[69] 郭艳君:《历史与人的生成——马克思历史观的人学阐释》，社会科学文献出版社，2005。
[70] 杨耕:《马克思主义历史观研究》，北京师范大学出版社，2012。
[71] 杨耕:《危机中的重建：唯物主义历史观的现代阐释》，武汉大学出版社，2011。
[72] 尹树广:《晚年马克思历史观的变革》，黑龙江人民出版社，2000。
[73] 陈耀彬、杜志清:《西方社会历史观》，河北教育出版社，1990。
[74] 陈先达:《走向历史的深处：马克思历史观研究》，中国人民大学出版社，2014。
[75] 陈先达:《马克思早期思想研究》，北京出版社，1983。
[76] 何兆武:《历史理论与史学理论》，商务印书馆，1999。
[77] 薛华:《黑格尔对历史终点的理解》，中国社会科学出版社，1983。
[78] 张一兵:《马克思历史辩证法的主体向度》，南京大学出版社，2002。
[79] 侯名安等:《走出历史观的误区》，解放军出版社，1991。

[80] 王于主:《科学历史观新论》，辽宁人民出版社，1987。
[81] 吴仁平、彭坚等:《18世纪法国唯物主义社会历史观研究》，中国编译出版社，2009。
[82] 黄树光:《马克思人的解放理论与马克思历史观》，江西人民出版社，2011。
[83] 韩安贵:《马克思历史观的价值内涵》，广东人民出版社，2001。
[84] 胡绳武:《唯物主义历史观的形成》，四川教育出版社，1984。
[85] 庄振华:《黑格尔的历史观》，上海人民出版社，2013。
[86] 杨丽珍:《〈德意志意识形态〉中的马克思历史观新探》，科学出版社，2013。
[87] 刘卓红:《早期西方马克思主义社会历史观》，社会科学文献出版社，2011。
[88] 周峰:《人性的消解与历史的实践建构　唯物史观对人道主义历史观的变革与超越》，广东人民出版社，2006。
[89] 常江:《阐释与创新　马克思历史观的整体性研究》，中国社会科学出版社，2013。
[90] 薛勇民:《走向社会历史的深处：唯物史观的当代探析》，人民出版社，2002。
[91] 汤文曙、房玫:《现实的人及其历史发展——马克思主义社会历史观研究》，安徽师范大学出版社，2014。
[92] 吕世荣、周宏:《唯物史观的返本开新》，人民出版社，2006。
[93] 张文喜:《重建历史唯物主义历史总体观》，中国人民大学出版社，2013。
[94] 腾云起等:《唯物史观的本质及其与人本史观的对立》，华文出版社，1997。
[95] 董瑞华、唐钰岚:《〈资本论〉及其手稿在当代的实践与发展》，人民出版社，2013。
[96] 陈新夏:《唯物史观与人的发展理论》，江苏人民出版社，2013。

[97] 隽鸿飞、郭艳君：《历史唯物主义的生成论阐释及其当代意义》，人民出版社，2015。

[98] 孙麾、吴晓明主编《唯物史观与历史评价》，中国社会科学出版社，2009。

[99] 李崇福、郑祥福主编《历史唯物主义与当代中国发展》，中国社会科学出版社，2013。

（二）论文类

[1] 张钟朴：《〈资本论〉第一部手稿（〈1857-1858年经济学手稿〉）：〈资本论〉创作史研究之二》，《马克思主义与现实》2013年第5期。

[2] 顾海良：《神奇与腐朽：生产力和科学的资本主义利用形式——马克思〈1857-1858年经济学手稿〉研究》，《当代经济研究》1993年第3期。

[3] 顾海良：《对资产阶级国家经济职能的开创性研究——马克思〈1857-1858年经济学手稿〉研究》，《当代经济研究》1992年第Z1期。

[4] 顾海良：《通向〈资本论〉的思想驿站——读〈政治经济学批判（1857-1858年手稿）〉》，《高校理论战线》2012年第3期。

[5] 顾海良：《马克思对经济思想学派的评论和分析及其意义》，《经济学家》2014年第7期。

[6] 戴雪丽：《试析〈1857-1858年经济学手稿〉中的危机理论》，《理论界》2014年第1期。

[7] 陈飞：《马克思三大历史阶段理论中的自由观念：以〈1857-1858年经济学手稿〉为中心的分析》，《社会主义研究》2012年第4期。

[8] 安启念：《马克思唯物史观思想的两个维度：从〈1857—1858年经济学手稿〉谈起》，《中国人民大学学报》2011年第2期。

[9] 马俊峰：《论本源共同体三种模式及其当代意义：读〈1857-1858

年经济学手稿〉》，《贵州社会科学》2011年第2期。

[10] 梁中堂：《社会主义是历史发展的产物：纪念马克思1857-1858年经济学手稿产生150周年》，《中国特色社会主义研究》2008年第6期。

[11] 刘会强：《试论马克思世界历史理论发展的制高点——〈1857-1858年经济学手稿〉新解读》，《河南师范大学学报（哲学社会科学版）》2008年第2期。

[12] 杨兴业、邹广文：《论马克思的货币本质观：基于〈1857-1858年经济学手稿〉的文本学解读》，《马克思主义与现实》2008年第6期。

[13] 李善明：《马克思劳动力商品学说的创立——〈1857-1858年经济学手稿〉研究》，《马克思主义研究》1984年第1期。

[14] 周成启、李善明：《马克思对蒲鲁东劳动货币论的批判——学习马克思〈1857-1858年经济学手稿〉》，《贵阳学院学报（社会科学版）》1983年第1期。

[15] 张一兵：《马克思经济学语境中的历史现象学初探——〈1857-1858年经济学手稿〉"货币章"解读》，《马克思主义与现实》1999年第2期。

[16] 张一兵：《历史唯物主义、历史认识论与历史批判理论——马克思〈1857-1858年经济学手稿〉的哲学定位》，《哲学研究》1999年第10期。

[17] 张一兵：《重新遭遇异化：马克思历史现象学的最后逻辑层面——〈1857-1858年经济学手稿〉"资本章"的哲学研究》，《马克思主义与现实》1999年第5期。

[18] 孙伯鍨：《当代视域中的马克思经济哲学——〈1857-1858年经济学手稿〉研究掌握辩证法，理性地对待资本》，《学术月刊》1999年第9期。

[19] 启良：《马克思〈1857-1858年经济学手稿〉与历史研究诸问题》，

《争鸣》1992年第5期。

[20] 商德文:《论〈政治经济学批判〉结构史的形成:马克思〈1857-1858年经济学手稿〉研究》,《北京大学学报(哲学社会科学版)》1984年第3期。

[21] 吴易风:《马克思的生产力-生产方式-生产关系原理》,《马克思主义研究》1997年第3期。

[22] 左亚文:《唯物史观的历史反思与创新之路》,《江西社会科学》2011年第9期。

[23] 张俊山、张小瑛:《对生产力与生产关系范畴及其矛盾的再认识》,《教学与研究》2015年第12期。

[24] 兰玲:《从生产力、生产关系的二重性看二者的相互作用》,《生产力研究》2015年第5期。

[25] 王虎学:《"生产力和生产关系的辩证法"的再思考》,《哲学动态》2012年第9期。

[26] 褚孔志:《对分工、生产力与生产关系的再认识》,《前沿》2007年第9期。

[27] 李胜:《论马克思对生产力与生产关系认识的深化》,《兰州学刊》2007年第8期。

[28] 杨天广:《生产力与生产关系是有机的统一》,《理论导刊》1988年第8期。

[29] 夏振坤:《试论生产力与生产关系的相互作用》,《经济研究》1982年第10期。

[30] 郭宝宏:《关于当代资本主义生产力与生产关系问题的思考》,《社会主义研究》2005年第5期。

[31] 王炳德:《对生产力与生产关系矛盾运动的再认识》,《求索》2004年第4期。

[32] 何京:《生产关系对生产力多重束缚的理论意义:〈卡尔·马克思的历史理论——一种辩护〉研究》,《南京政治学院学报》2011年

第5期。

[33] 陈勇勤:《马克思“生产力-生产方式-生产关系原理”的疑问和修正》,《南京社会科学》2008年第1期。

[34] 沈建国、魏丰:《“现实的个人”与生产力、生产关系的矛盾运动》,《江苏社会科学》1993年第6期。

[35] 隽鸿飞:《政治经济学批判与唯物史观》,《学习与探索》2013年第2期。

[36] 薛德震、远志明:《论生产力与生产关系相互作用的内容和机制》,《江海学刊》1984年第6期。

[37] 刘广明:《马克思的社会历史形态理论考评》,《南京大学学报(哲学人文社会科学版)》1991年第3期。

[38] 李广平:《论劳动价值论的社会历史形态》,《中南财经政法大学学报》2003年第5期。

[39] 刘荣军:《马克思三大社会历史形态理论中的社会财富观》,《哲学研究》2009年第7期。

[40] 包大为:《〈德意志意识形态〉中“历史”与“解放”的概念理路》,《教学与研究》2015年第11期。

[41] 刘同舫、史英哲:《历史深处的未来想象:马克思从〈1844年经济学哲学手稿〉到〈德意志意识形态〉理论立场的转变》,《甘肃社会科学》2014年第1期。

[42] 杨澜涛:《论马克思主义历史哲学的基本逻辑:从〈德意志意识形态〉说起》,《湖南社会科学》2013年第1期。

[43] 杨河、于品海:《历史是这样创造出来的——马克思恩格斯关于历史创造思想研究》,《中国高校社会科学》2015年第5期。

[44] 张定鑫:《从文本重思马克思历史观》,《四川大学学报(哲学社会科学版)》2014年第5期。

[45] 杨丽珍:《马克思历史观的称谓之辩》,《哲学研究》2013年第2期。

[46] 李兵：《马克思历史观：人类解放的政治哲学基础》，《学术研究》2012年第2期。

[47] 林剑：《论工业史与商业史在马克思历史观中的地位与价值》，《哲学研究》2011年第11期。

[48] 林剑：《论马克思历史观视野中的"历史"生成论诠释及其价值》，《哲学研究》2009年第10期。

[49] 林剑：《马克思历史观视野中的生产力、生产关系及其矛盾运动》，《江海学刊》2005年第6期。

[50] 黄继锋：《马克思历史观中科学评价和道德评价的统一》，《理论视野》2013年第12期。

[51] 黄继锋：《西方马克思主义对马克思历史观的解释概览》，《思想理论教育导刊》2009年第12期。

[52] 黄继峰：《评阿尔都塞把马克思的历史观视为"反历史主义"的错误》，《南京大学学报（哲学人文科学社会科学版）》1988年第3期。

[53] 郭艳君：《马克思历史观的生成论本质》，《学习与探索》2010年第3期。

[54] 郭艳君：《马克思历史观的人学阐释》，《求是学刊》2003年第4期。

[55] 郭艳君：《历史与人的生成——马克思历史观的人学阐释》，《学习与探索》2005年第6期。

[56] 王晓升：《个人活动抑或社会结构？——马克思历史观中的观察者视角与参与者视角》，《学习与探索》2011年第4期。

[57] 王晓升：《物化批判：马克思历史观中一个不应被忽视的方法论原则》，《苏州大学学报（哲学社会科学版）》2011年第1期。

[58] 王晓升：《描述历史规律还是批判资本主义：略论马克思历史观的理论主旨》，《福建论坛（人文社会科学版）》2011年第6期。

[59] 王晓升：《马克思对社会历史的功能解释与功能主义批判》，《马克

思主义列宁主义研究》2012年第8期。
[60] 王晓升:《论马克思的两个劳动概念与两种历史解释模式》,《马克思主义与现实》2010年第6期。
[61] 王晓升:《从类的历史到个人活动的历史——论马克思历史主体观念的演变》,《探索》2002年第4期。
[62] 仰海峰:《政治经济学批判中的历史唯物主义》,《中国社会科学》2010年第1期。
[63] 孙承叔:《关于资本的哲学思考——读〈1857-1858年经济学手稿〉》,《东南学术》2005年第2期。
[64] 孙承叔:《是一种生产,还是四种生产?——读〈1857-1858年经济学手稿〉》,《东南学术》2003年第5期。
[65] 孙承叔:《试论马克思历史观的逻辑起点》,《复旦学报(社会科学版)》1983年第2期。
[66] 孙承叔:《试论"人性"在马克思历史观中的地位》,《江淮论坛》1981年第2期。
[67] 孙承叔:《关于历史单位的哲学思考——兼论马克思的社会有机体学说》,《东南学术》1999年第5期。
[68] 孙承叔:《关于唯物史观出发点的再思考》,《社会科学杂志》1985年第8期。
[69] 王东、孙承叔:《马克思历史观中的三者统一原则》,《天津社会科学》1988年第5期。
[70] 王东:《历史唯物主义主体论的生长点(论纲)》,《哲学动态》1987年第10期。
[71] 郝立新:《论马克思历史观的本质》,《教学与研究》1990年第1期。
[72] 郝立新:《富于启迪的新探索〈走向历史的深处——马克思历史观研究〉评介》,《中国社会科学》1989年第1期。
[73] 郭忠华:《马克思的历史观与"创造历史"》,《马克思主义研究》

2009 年第 12 期。
[74] 何中华:《马克思唯物史观二题新议》,《中州学刊》1995 年第 2 期。
[75] 何中华:《马克思唯物史观新诠》,《山东大学学报(哲学社会科学版)》1993 年第 2 期。
[76] 马建青:《苦难意识与马克思历史观的历史目的之维》,《社会科学辑刊》2012 年第 3 期。
[77] 程志民:《黑格尔的辩证法与马克思的历史观》,《辽宁大学学报(哲学社会科学版)》1984 年第 5 期。
[78] 李键:《马克思历史观的实践路向》,《党史博采(理论版)》2006 年第 7 期。
[79] 黄克剑:《"个人自主活动"与马克思历史观》,《中国社会科学》1988 年第 5 期。
[80] 丛大川:《马克思历史观的最低纲领和最高纲领》,《理论探讨》1996 年第 2 期。
[81] 丛大川:《人的自由发展:马克思历史观的最高视角》,《复印报刊资料(哲学原理)》1996 年第 6 期。
[82] 刘森林:《论马克思历史观对事实与价值冲突的两种解决》,《哲学研究》1992 年第 9 期。
[83] 王彦丽:《从神圣到世俗:马克思历史观的建构路径探析及现时代意义》,《西北工业大学学报(社会科学版)》2012 年第 2 期。
[84] 常江、宁文斌:《马克思历史观研究的古典经济学前提》,《北华大学学报(社会科学版)》2010 年第 5 期。
[85] 严平:《马克思的历史观及其历史方法评述——读〈德意志意识形态〉》,《江西社会科学》1988 年第 4 期。
[86] 赵福生:《福柯与马克思历史观的微观比较》,《理论探讨》2008 年第 1 期。
[87] 冯海波:《论马克思历史观的三种连续性模式》,《前沿》2010 年

第23期。
[88] 宋晓杰:《马克思历史观的双重向度与逻辑构架》,《理论与改革》2009年第6期。
[89] 刘奔:《唯物史观创立中的四个坐标转换（兼论马克思历史观和价值观的统一）》,《复印报刊资料（哲学原理）》1999年第8期。
[90] 刘奔:《马克思历史观变革的实质》,《中共福建省委党校学报》1999年第6期。
[91] 王金福:《唯物史观是马克思历史观发展的最高阶段和科学形态——与丛大川同志商榷》,《理论探讨》1996年第4期。
[92] 王金福:《超越人道主义,走向历史唯物主义——从马克思历史观的发展看马克思主义历史观的性质》,《福建论坛（人文社会科学版）》1998年第4期。
[93] 罗萍:《论马克思历史观的经济哲学基础》,《贵州社会科学》2011年12期。
[94] 杨桂森:《劳动道德价值论:马克思历史观与价值观统一的价值形态》,《深圳大学学报（人文社会科学版）》2010年第4期。
[95] 郑伟:《福山“历史终结论”及其对马克思历史观的误读》,《黑龙江社会科学》2006年第2期。
[96] 赵兴良:《以人为本:一个马克思主义世界观、历史观和价值观相统一的命题》,《江西社会科学》2007年第6期。
[97] 胡建:《马克思历史观的价值系统探纲》,《马克思主义研究》1999年第3期。
[98] 陈立新:《马克思历史观的革命变革》,《马克思主义哲学研究》2008年。
[99] 汤文曙:《历史唯物主义与人道主义的并存和统一:对马克思历史观的一种解读》,《扬州大学学报（人文社会科学版）》2008年第4期。
[100] 龚贵元:《马克思历史观三论》,《求索》2005年第7期。

[101] 郑忆石:《评阿尔都塞对马克思历史观中主客体关系的“解读”》,《学术月刊》2002 年第 11 期。
[102] 王振林:《一元史观，还是多元史观? ——论阿尔都塞对马克思的历史观的释义》,《人文杂志》1994 年第 2 期。
[103] 刘怀玉:《马克思的历史观：是“经济决定论”还是“经济支配论”——马克思“经济必然王国支配性发展”理论的当代诠释》,《理论探讨》2002 年第 1 期。
[104] 刘怀玉:《走出历史哲学乌托邦》,《中州学刊》1998 年第 6 期。
[105] 周景颢:《〈1844 年经济学哲学手稿〉在马克思主义哲学形成史上的地位（兼论马克思历史观变革的关节点）》,《江海学刊》1983 年第 3 期。
[106] 张盾:《黑格尔与马克思历史观的关系——黑格尔历史原理的“显白教诲”》,《马克思主义与现实》2008 年第 2 期。
[107] 沈亚生:《评罗德·比勒的分析马克思主义理论：马克思的历史观是唯物主义吗?》,《吉林大学社会科学学报》2010 年第 6 期。
[108] 单继刚:《人道主义与唯物史观的相容性分析：以 20 世纪 80 年代的人道主义讨论为背景》,《哲学动态》2013 年第 1 期。
[109] 陈立旭:《试析阿尔都塞对马克思历史观的解释》,《辽宁师范大学学报（社会科学版）》1999 年第 1 期。
[110] 张尚仁:《评黑格尔的历史观——兼论马克思历史观的思想来源》,《云南社会科学》1983 年第 2 期。
[111] 张明仓:《辩证决定论，还是多元决定论? ——论阿尔都塞对马克思的历史观的读解》,《青海社会科学》1998 年第 1 期。
[112] 黄云明:《论马克思的劳动历史观》,《求实》2015 年第 1 期。
[113] 刘丽:《马克思主义唯物论与历史观的相互关系研究》,《前沿》2013 年第 20 期。
[114] 孟锐峰:《论马克思哲学革命视域下的历史观》,《云南大学学报（社会科学版）》2014 年第 4 期。

[115] 孟静雅:《论波普尔的“反历史决定论”: 以马克思主义社会历史观为视域》,《山西师大学报(社会科学版)》2014年第4期。
[116] 魏则胜、杨少曼、宋猛:《异化史观与历史科学: 解答“历史之谜”的两种进路》,《深圳大学学报(人文社会科学版)》2014年第2期。
[117] 庄国雄:《实践唯物主义: 历史过程的本质及人的作用》,《探索与争鸣》1991年第6期。
[118] 孙来斌:《论五形态论与三形态论的内在统一》,《东南大学学报(哲学社会科学版)》2007年第6期。
[119] 饶涛:《柯林武德的历史哲学及其启示》,《山西师大学报(社会科学版)》2013年第1期。
[120] 陶立霞:《康德的历史观辩证: 兼论马克思的唯物史观》,《学术交流》2010年第6期。
[121] 苏方:《着力揭示科学历史观形成和发展的内在逻辑——评〈走向历史的深处〉》,《现代哲学杂志》1988年第2期。
[122] 朱宝信:《唯物史观是马克思的哲学观念——从大川先生〈唯物史观是马克思的哲学观念吗〉一文献疑》,《学术月刊》1998年第4期。
[123] 朱宝信:《评唯物史观研究的客体主体向度之分》,《社会科学辑刊》1997年第5期。
[124] 朱宝信:《论马克思哲学形成中异化史观存在的非真实性》,《唯实》2004年第1期。
[125] 朱宝信:《马克思的哲学观、自然观和历史观论纲》,《人文杂志》1993年第3期。
[126] 杨建梓:《马克思〈资本论〉哲学思想研究述要》,《中共山西省委党校学报》1992年第3期。
[127] 何中华:《历史抽象方法的合理性及其限度》,《南京社会科学》1995年第5期。

[128] 贾英健：《实践、历史与人的统一：马克思历史观念的变革》，《学术交流》2007年第8期。

[129] 刘璐璐：《试论卢卡奇的历史概念》，《学术交流》2011年第5期。

[130] 张立波：《从走向历史深处到回归生活：陈先达哲学论著的意义与地位》，《哲学动态》2011年第1期。

[131] 苗东升：《马克思的非线性历史观——兼与宫敬才先生商榷》，《哲学动态》2001年第12期。

[132] 李西祥：《马克思历史辩证法视域里的“现实的个人”》，《教学与研究》2008年第3期。

[133] 李志：《马克思哲学视野中的“历史”》，《天津社会科学》2008年第4期。

[134] 王兴国：《马克思的历史主义解释学观念》，《云南社会科学》1999年第1期。

[135] 杨鲁慧：《论马克思社会历史观与主体价值观相统一》，《当代世界与社会主义》2005年第1期。

[136] 张文喜：《自然主义与基督教神意信仰之间：对唯物主义历史观的两种误读》，《甘肃社会科学》2003年第2期。

[137] 张青松：《马克思两大理论发现第二形态探讨：兼谈知识生产和创造的历史观与价值论本体定位》，《理论探讨》2000年第6期。

[138] 刘永安：《从方法论的角度评析埃尔斯特对马克思历史观的诘难》，《理论观察》2015年第2期。

[139] 臧峰宇：《何谓“哲学科学”：兼及〈德意志意识形态〉与〈费尔巴哈论〉中的“历史科学”规定》，《江海学刊》2012年第5期。

[140] 孟亚明：《〈德意志意识形态〉：迈向经验的历史理论》，《南京社会科学》2009年第2期。

[141] 鲁克俭：《唯物史观“历史性”观念的引入：马克思〈1844年经

济学哲学手稿〉中“异化”概念新解》,《哲学动态》2015 年第 6 期。
[142] 宇成飞:《历史唯物主义的创立及时代价值:从马克思的〈1844 年经济学哲学手稿〉到〈共产党宣言〉的发表》,《中共云南省委党校学报》2013 年第 1 期。
[143] 唐瑭、陈红桂:《析“唯物史观的历史前提是现实的个人”》,《求实》2015 年第 3 期。
[144] 吴云:《论“以人为本”的价值悖论及其克服:唯物史观的视野》,《理论探讨》2015 年第 5 期。
[145] 袁杰:《马克思“现实的个人”视域下唯物史观与唯心史观的区别》,《社会科学家》2015 年第 10 期。
[146] 刘雄伟:《论唯物史观对历史虚无主义的内在超越——兼评杨天石、梁柱的历史虚无主义争论》,《社会主义研究》2015 年第 5 期。
[147] 卞桂平:《前主体性·主体性·公共性:基于马克思人的发展“三形态”的理解》,《唯实》2012 年第 3 期。
[148] 宋卫琴、岑乾明:《马克思人的发展“三形态”理论渊源、演进及本质》,《甘肃社会科学》2011 年第 6 期。
[149] 刘佑成:《马克思的社会发展三形态理论》,《哲学研究》1988 年第 12 期。
[150] 叶险明:《马克思的“五形态论”与“三形态论”》,《学术界》1992 年第 1 期。

(三) 外文类

[1] R. G. Collingwood, *The Principles of History*, Oxford University Press, 1999.
[2] A. Giddens, *Contemporary Critique of Historical Materialism*, The Macmillan Press Ltd., 1981.

[3] J. M. Levine, *The Autonomy oh History*, The University of Chicago Press, 1999.

[4] E. Fromm, *Marx's Concept of Man* (Milestones of thought in the history of ideas), F. Ungar, 1966.

[5] R. G. Collingwood, *The Idea of History*, Oxford University Press, 1971.

[6] S. B. Smith, *Reading Althusser: An Essay on Structural Marxism*, Cornell University, 1984.

[7] W. Leontief, "The Significance of Marxian Economics for Present — day Theory", *American Economic Review*, Mar., 1938.

[8] T. T. Sekine, *The Dialectic of Capital: A Study of the Inner Logic of Capitalism*, Tokyo, 1986.

[9] S. Alfredo, *The Value of Marx: Political Economy for Contemporary Capitalism*, London: Routledge, 2002.

[10] A. Shlomo, *The Social and Political Thought of Karl Marx*, Cambridge University Press, 1968.

后 记

本书是我在武汉大学马克思主义学院攻读博士学位所取得的研究成果。现在回想起来三年的学习生活，转眼即逝，一切的一切在我眼前不断呈现。美丽的武大校园、学识渊博的导师、活跃的课堂、激情飞扬的篮球场、亲切可爱的同学，还有自己在图书馆笔耕的身影。心中虽有千言万语，一时竟不知如何表达。思前想后，更多的是感叹和感谢。

首先，感谢我的恩师顾海良教授。人的一生最大的幸运和最宝贵的财富，莫过于良师的谆谆教诲。三年来，顾老师为我各方面的成长和进步付出了大量的心血。从书稿的选题到定题，从书稿的初稿到定稿，他都认真审阅、悉心指导。正是他的严格要求和认真指导，才使我的书稿思路更加清晰、内容更加充实、思想更加深刻。顾老师的学识、气度以及为人准则，对于我不仅是一种引以为荣的资源，同时也是一种永恒的导引。在此，我衷心地祝福顾老师永远健康、幸福！

其次，感谢武汉大学马克思主义学院马克思主义理论学科的左亚文教授、孙来斌教授、佘永跃教授、杨军教授、袁银传教授、曹亚雄教授等。书稿能够顺利完成，也得益于他们的谆谆教诲。各位老师对我书稿的选题、写作与修改提出了许多真知灼见，使我在以后的学术研究中终生受益。

再次，感谢我的同窗好友王会民、姚小飞、张驰、田东明、焦晓云、代红凯、俞念胜、李红梅等，在撰写书稿的过程中，我们彼此相互鼓励、相互支持，和他们在武汉大学三年的点点滴滴，将是我一生最为难忘的美好记忆。感谢我的父母、爱人，没有他们的理解和支持，没有他们的宽容和大度，书稿也不可能顺利完成。

最后，感谢我所在工作单位河南大学哲学与公共管理学院的吕世荣教授，正是她主持的河南大学哲学社会科学创新团队培育计划："哲学创新与当代中国社会发展研究"（编号：2019CXTD001）在经费方面的大力资助，才使本书能够顺利出版。

尽管本书的写作已经告一段落，但它只是我研究马克思经济学手稿历史观问题的一个起步，在研究过程中凸显的一系列新问题，还需要我在以后的研究生涯中继续努力探索。唯有如此，才不会辜负老师们和朋友们的期望！

王建刚

2019 年 7 月于河南大学

图书在版编目(CIP)数据

马克思《1857—1858 年经济学手稿》的历史观 / 王建刚著. -- 北京 : 社会科学文献出版社, 2020.3
ISBN 978-7-5201-4976-1

Ⅰ. ①马… Ⅱ. ①王… Ⅲ. ①马克思主义政治经济学-马克思著作研究 Ⅳ. ①A811.66

中国版本图书馆 CIP 数据核字(2019)第 110697 号

马克思《1857—1858 年经济学手稿》的历史观

著　　者 / 王建刚

出 版 人 / 谢寿光
责任编辑 / 吕霞云　王京美

出　　版 / 社会科学文献出版社 · 政法传媒分社 (010) 59367156
地址: 北京市北三环中路甲 29 号院华龙大厦　邮编: 100029
网址: www.ssap.com.cn
发　　行 / 市场营销中心 (010) 59367081　59367083
印　　装 / 三河市尚艺印装有限公司

规　　格 / 开　本: 787mm × 1092mm　1/16
印　张: 14.75　字　数: 210 千字
版　　次 / 2020 年 3 月第 1 版　2020 年 3 月第 1 次印刷
书　　号 / ISBN 978-7-5201-4976-1
定　　价 / 98.00 元